JN032922

イラストで見る 外国語

全単元・全時間の授業のすべて

中学校 2年

大城 賢・鈴木 渉 編著

東洋館出版社

はじめに

新学習指導要領により、小学校では、これまでの外国語活動が高学年から中学年へ移行され、高学年では教科としての外国語（英語）が導入されました。これは、英語教育の枠組みが変更されたことを意味します。当然、中学校、高等学校も、その対応が求められます。戦後の英語教育の歴史を振り返ってみても、これほど大きな変化はありません。英語教育の大改革が始まったと言えます。

今回の学習指導要領は、目標や内容が小・中・高と一貫して示されています。全体を俯瞰しながら、それぞれの学校段階の教員が、それぞれの役割を果たす必要があります。小・中・高の連携もこれまで以上に求められます。

小・中・高に共通した改訂の第１のポイントは、国際基準を参考に、「話すこと」が「やり取り」と「発表」の２領域に分けられ、領域ごとの目標が４領域から５領域に変更されたことです。『中学校学習指導要領（平成29年告示）解説　外国語編』に指摘されているように、これまでの英語の授業では、「発表」形式の活動が強調されがちでした（p.83）。「やり取り」は言語習得の研究からも、その重要性が認められています。また、日常の言語生活においては「発表」の場面よりも「やり取り」の場面が圧倒的に多いものです。実際の場面で英語を使うことを重視した改訂と考えることができます。

第２のポイントは、外国語の目標が①「知識及び技能」、②「思考力、判断力、表現力等」、③「学びに向かう力、人間性等」に整理し直されたことです。この３つは「思考力、判断力、表現力等」を中心にしながら一体的に育成していくことが求められています。中でも「思考力、判断力、表現力等」が目標として掲げられたことは、単に「知識及び技能」の習得で終わるのではなく、目的や場面、状況に応じて、思考し、判断し、表現する能力の育成が求められていることを意味しています。さらに、「主体的に学習に取り組む態度」は単にコミュニケーションへの積極性について述べたものではなく、「知識及び技能」や「思考力、判断力、表現力等」を育成する過程で、学習の見通しを立てたり、振り返ったりしながら学習を進めることができる資質・能力の育成を求めています。

第３のポイントは、「言語活動」を充実させるということです。言語活動は目的や場面、状況に応じて自分の気持ちや考えを伝え合う活動です。そして、前述した①～③の目標は、説明や練習を中心に指導するのではなく、「言語活動を通して」指導することが求められています。これは、学習（文法や語彙など）を個別に扱うのではなく、英語を使うことを通して指導することを意味しており、私たちに指導観の変更を迫るものです。

最後に、中学校から小学校へ移行された指導事項や、逆に高等学校から中学校へ移行されたものもあります。小学校で学習したことを繰り返し扱いながら、高等学校から移された内容も扱うことになります。当然、中学校は負担が大きくなることが予想されます。

そのような中、教科書を使って新学習指導要領に対応した授業をどのように創っていけばよいかを示したのが本書です。扱う教科書はNew Horizon（東京書籍）ですが、他の教科書を使っている先生方にも十分にご活用いただけるものと思います。

本書発行に当たり、コロナ禍の多忙な中、原稿をお寄せいただいた現場の先生方、また、各学年を担当された中村典生先生（第１学年）、鈴木渉先生（第２学年）、巽徹先生（第３学年）に感謝するとともに、本書が全国の先生方の外国語の授業づくりのお役に立つことを願っています。

令和４年３月吉日

大城　賢

本書活用のポイント

本書は、全単元の１時間ごとの授業づくりのポイント、学習活動の進め方と板書のイメージなどがひと目で分かるように構成されています。各項目における活用のポイントは以下の通りです。

本時の目標・準備する物

教科書の指導案に示されている目標を参考にしながらも、各執筆者が生徒の実態に応じて本単元で身に付けたい力を目標として設定しています。さらに本時で必要な教材・教具、ワークシート、掲示物等を記載しています。

本時の言語活動のポイント

毎時間、コミュニケーションを行う目的や場面、状況などを明確にした言語活動を行うことになります。ここでは、本時における中心となる言語活動をどのような意図をもって行うかについて述べています。単元のゴールにつなげるためにも、どのような内容を相手や他者に伝えたらよいか、そのことを伝えるために、単元で慣れ親しんだ、あるいは既習の語句や表現から何を取捨選択したらよいかや、話すことの順を入れ替えるなどの工夫を生徒が自分で考え、判断し、表現する場を設定する際のポイントを解説しています。

評価のポイント

本時の授業でどのような生徒の姿を見取り、評価していくかについて解説しています。「指導に生かす評価」を行うのか、「記録に残す評価」を行うのかを各領域に焦点を当てて詳述しています。

第1時

扉絵・Preview

行ってみたい国や場所を話してみよう

本時の目標

予定を尋ねたり伝えたりする表現を知るとともに、本単元の課題となる海外旅行についてイメージすることができる。

準備する物

・振り返りカード
・ワークシート（活動用）
・シンガポールの観光名所写真（掲示用）
・Small Talk に使う地図

【指導に生かす評価】
◎本時では、記録に残す評価は行わないが、目標に向けて指導を行う。生徒の学習状況を記録に残さない活動や時間においても、教師が生徒の学習状況を確認する。

本時の言語活動のポイント

本時の最初の活動である Small Talk では、教師は海外旅行について尋ねる。どこに行きたいか、何を見たいか、等、１年生で学習した表現を用いながら質問する。

大判の地図と、複数の国の写真を用意するか、スクリーン等にインターネット上の地図を投影して進める。インターネット上の地図では、意見が上がると同時にその国へ飛んでいく体験が出来るため、生徒から多くの国名が上がることが予想される。また、この時、社会科で使用している教科書や、小学校の英語の教科書等を題材にすると、生徒も学習を想起でき、教科横断的な要素も含むことができるだろう。

Small Talk のまとめとして、生徒と教師のやりとりの中で、本単元の舞台であるシンガポールを紹介し、導入とする。

本時の展開 ▷▷▷

1 Small Talk をする

教師が地図を見ながら海外旅行で行ってみたい国はどこか、生徒に尋ねる。どんな見どころがあるか等をさらに尋ねる。この際、教師は自身の写真やシンガポールの写真を用いながら導入することで海外旅行についての興味関心を高めるようにする。

2 教科書 Preview リスニングで本単元の全体を捉える

登場人物がゴールデンウィークの予定について話す動画を視聴する。１回目は登場人物や何について話しているかを確認し、２回目からは聞き取るポイントを示して３回視聴させる。「朝美の予定は？」「クック先生が今度くれるものは？」「その他聞き取れたこと」

Unit 1／A Trip to Singapore
036

授業の流れ

本時の主な活動について、そのねらいや流れ、指導上の留意点をイラストとともに記しています。その活動のねらいを教師がしっかりと理解することで、言葉かけや板書の仕方、教材の使い方も変わってきます。この一連の活動で、自分の考えや気持ちを表現し、生徒同士でやり取りをするといった目指す姿が見えてきます。

※本書の編集に当たっては、令和３年発行の東京書籍の外国語教科書を中心に授業を構成しています。
各 Unit の時数を確認し、学習指導要領に即した指導事項や関連する言語活動を確かめてください。

1 行ってみたい国や場所を Small Talk で聞き合おう

活動のポイント：生徒同士のやり取りを通して海外旅行への関心を高める。

What country do you want to go?
Singapore?
I want to go to India!!

A) Do you like to travel?
B) Yes, I do.
A) What country do you want to go to?
B) I want to go to the U.K.
A) Oh, the U.K. Why?　B) I like Harry Potter!

生徒のやり取りに耳を傾け、言いたくても言えていない表現や、聞きたい疑問文の形等をフォローする。ミスはあまり気にせず、言いたい表現を引き出すイメージで。

3 未来の表現 be going to を説明

本単元のテーマが「未来のことについて話すとき」であることを確認し、be going to を導入する。生徒たちがゴールデンウィークや週末にどこに行くか、を改めて Small Talk させてもいいだろう。教師が見本を見せた後、週末の予定について伝え合わせる。

4 単元の自己目標を設定し、本時の振り返りをする

本単元の目標を確認する。この振り返りシートは単元を通して毎回使用するため、使い方を説明し、初回は特に丁寧に記述させたい。Point of View に対する現時点の考えを書かせておくと振り返りに役立つ。

第1時
037

Unit 0 / Unit 1 / Unit 2 / Unit 3 / Stage Activity 1 / Unit 4 / Unit 5 / Unit 6 / Unit 7 / Stage Activity 3

本時の中心となる活動・板書・ワークシート

本時の目標を達成するための中心となる活動を取り上げ、指導のポイントや流れをイラストとともに記しています。また、板書例は50分の流れがひと目で分かるように構成されています。ワークシートについては、赤字が生徒の記入例になっています。

特典ワークシート

本書で紹介するワークシートは東洋館出版社ホームページ内にある「マイページ」からダウンロードすることができます。配付用のワークシートと、生徒の記入例入りのワークシートを収録しています。何も記載されていないワークシートを実際の指導で活用ください。形式は PDF データになります。入手方法の手順は P.289を参照ください。

単元計画ページ

各単元の冒頭には、「単元の目標」「単元の評価規準」「単元計画」を記載したページがあります。上段右には、「指導のポイント」「評価のポイント」を記載しています。さらに、単元計画の枠下には、単元終了後に行う授業について記載しています。

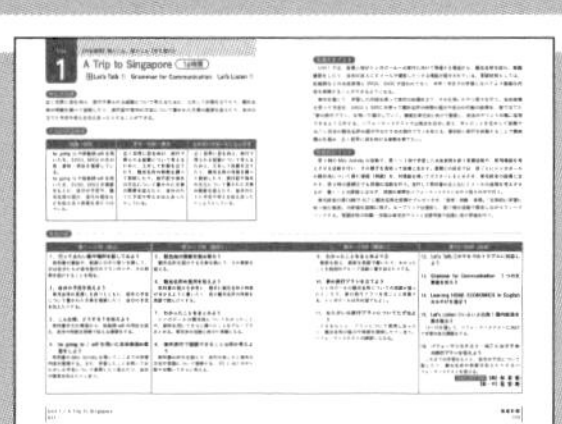

イラストで見る全単元・全時間の授業のすべて
外国語 中学校 2年
もくじ

外国語教育における
授業のポイント

中学校外国語
新学習指導要領のポイント

コミュニケーションを行う目的、場面、状況などを明確にした言語活動を！

1 中学校　外国語の改訂の概要

中学校外国語における改訂の概要は、以下の通りです。

⑴　４領域から「話すこと」が［やり取り］と［発表］に分けられ５領域となります。

⑵　外国語の目標において「知識及び技能」「思考力、判断力、表現力等」「学びに向かう力、人間性等」のように、育成を目指す資質・能力が整理し直されています。

⑶「互いの考えや気持ちなどを外国語で伝え合う言語活動を通して」指導することが明記されています。

⑷「授業は外国語で行うことが基本」と明記されています。

⑸「大文字、小文字」及び「終止符、コンマ」は小学校へ移行されました。

⑹　３学年間で指導する語は、改訂前の1200語～1600語から、小学校で学習した600～700語に1600語～1800語程度の新語を加えた語数になります。

⑺　言語材料については、発達の段階に応じて、生徒が受容するものと発信するものとがあることに留意して指導することが示されています。

⑻　以下の文法項目が高等学校から移行されています。

・感嘆文のうち基本的なもの
・主語＋動詞＋間接目的語＋｛that で始まる文 /what で始まる文｝
・主語＋動詞＋目的語＋原型不定詞
・主語＋ be 動詞＋形容詞＋ that で始まる節
・現在完了進行形
・仮定法のうち基本的なもの

以上のことを十分に確認し、指導に当たることが必要となります。

2「言語活動を通して」求められる資質・能力を育成する

⑴　言語活動とは

『中学校学習指導要領(平成29年告示)解説　外国語編』(以下、「学習指導要領解説」) では「言語活動は、『実際に英語を使用して互いの考えや気持ちを伝え合うなど』の活動を基本とする（p.85)」と記されています。従来は、言語材料についての理解や練習も言語活動と称していましたが、これからは、それらの活動は「言語活動」とは区別されることになります。それは、従来の「言語活動」が理解や練習だけで終わっていたことが多かったためです。言葉の本来の役割は「自分の考えや気持ち」を伝え合うことです。外国語といえども言葉に変わりはありません。したがって、互いの考えや気持ちを伝え合う活動を基本とする言語活動は、言葉の本来の役割を授業においても体験させることを意味します。

⑵　目的、場面、状況等を明確にした言語活動とは

従来の英語の授業では「目的や場面、状況等」を明確にしないまま、英語の文が導入されることが多くありました。例えば、You have money. の疑問文は Do you have money? ですが、この Do you have money? は「目的や場面、状況」によっては「(すみませんが) お金を貸してくれませんか」にもなりますし、強盗が暗やみで一人歩きの女性に言うときは「金を出せ」という意味になります（和

泉伸一；2014年の沖縄での講演で言及)。「目的や場面、状況等」が示されない限り、言葉は何のために発せられたのか分かりません。もちろん音声に出して発話する場合は「目的や場面、状況等」が示されないと、どのような調子で発話すればよいかも分かりません。

言葉を学ぶには、言語形式（文法、語彙等）や意味（言語形式で表される意味）のほかに言語機能（目的、場面、状況等によって決定される言葉の機能）を学ぶ必要があります。ですから、「目的や場面、状況等」を明確にして言葉を学ぶ必要があるのです。実際のコミュニケーションでは必ず「目的や場面、状況等」があります。今回の学習指導要領において「目的や場面、状況等を明確にした言語活動」が明示されたことによって、授業は実際に英語を使うことを想定したものに変更することが求められていると考えることができます。

⑶ 「言語活動を通して」指導するとは

従前の学習指導要領は、目標や内容を示すことが中心となっていました。しかし、改訂された学習指導要領では、教師の指導法にも具体的に踏み込んでいます。「言語活動を通して」という記述もその１つです。これは、従来のように理解や練習を中心とするのではなく、言語活動（実際に自分の考えや気持ちを伝え合う）を通して指導することを求めています。「学習指導要領解説」には、以下のように記されています。

> 外国語学習においては、語彙や文法等の個別の知識がどれだけ身に付いたかに主眼が置かれるのではなく、児童生徒の学びの過程全体を通じて、知識・技能が、実際のコミュニケーションにおいて活用され、思考・判断・表現することを繰り返すことを通じて獲得され、学習内容の理解が深まるなど、資質・能力が相互に関係し合いながら育成されることが必要である。(p. 7)

ここでは、個別の知識がどれだけ身に付いたかに主眼が置かれるのではなく、言語活動を通して知識・技能を習得させていくことが大切であると示されています。従来の指導においては、十分に知識として理解し、練習を重ねた上で、実際に使ってみるという指導観があったように思います。筆者はそのような指導観を単線型の指導観と呼んでいます。「言語活動を通して学ぶ」ということは、「使いながら学ぶ、学びながら使う」という複線型の指導観に転換することを求めています（下図参照）。この指導観に立つことが学習指導要領の求めている指導法に沿うことになると筆者は考えています。

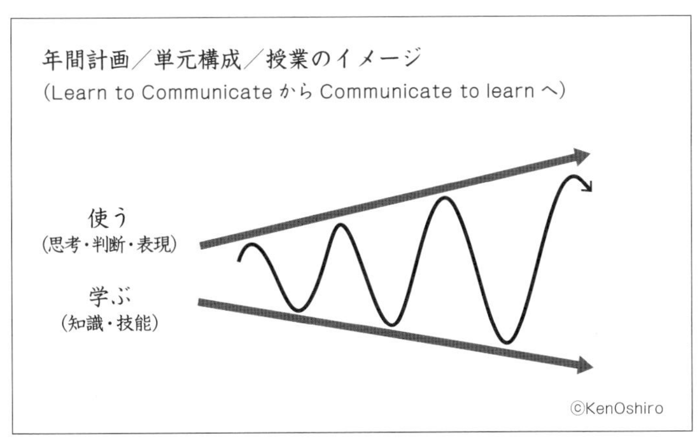

図　年間計画／単元構成／授業のイメージ

⑷ 「言語活動」の設定に際して留意すべきこと

「言語活動」の設定に際して留意すべき点を挙げます。１点目は「言語活動を通して」指導するといっても学習（理解や練習）が全く不要だということではないということです。レディネスが形成されていないと、「言語活動を通して」と言われても難しいものです。生徒の実態を把握しながら課題を設定することがポイントとなります。

２点目は、「間違いを恐れるな」という気持ちを生徒にもたせることは大切ですが、間違いが定着することは避けなければなりません。ですから図に示しているように、「使う」と「学ぶ（理解と練習）」を「行きつ戻りつ」しながら使う能力（思考力、判断力、表現力）を高め、学び（知識・技能）を深めていくことが大切です。

３点目は、「読む書く」の場合は別ですが、「聞く話す」においては即興的な対応力が求められます。ですから「授業は英語で行うことを基本とする」ということが求められるのです。授業を英語で行い、自分の考えや気持ちを伝え合う対話的な言語活動を行わない限り、即興的な能力を生徒に付けることは難しいものとなります。

４点目は、「言語活動」においては「既習表現」を繰り返し活用できるように指導計画を立てるということです。従来の授業は、「既習表現」が単元内や、よく言っても学年内に限定されていたことが多かったように思います。「学習指導要領解説」には、「小学校第３学年から第６学年までに扱った簡単な語句や基本的な表現などの学習内容を繰り返し指導し定着を図る」というように学校種を越えて「繰り返す」ことを記しています。これからは、「既習表現」をもっと広い範囲で捉えた上で、単元や学年を越えて、「既習表現」を繰り返し活用させるような手立てが必要です。

最後に、言語活動においては、伝えたいという気持ちを十分に育むことが大切です。伝えたいという気持ちがない限り、言語活動は成功しないどころか、成り立ちません。サヴィニョン（2009）は「私たちはコミュニケーションをしたいという気持ちと、コミュニケーションの経験があって初めて、文法を習得することができる」と述べています。伝えたいという気持ちを育むために、生徒の興味・関心のある話題を取り上げ、他教科等や学校行事とも関連させながら課題を設定し、対話的な言語活動を進めることが大切です。

3 主体的・対話的で深い学びによる授業改善

「学習指導要領解説」では、「主体的・対話的で深い学び」は１単位時間の授業の中で全てが実現されるものではないことを記し、以下のような視点に立って授業改善を進めることを求めています。

①主体的に学習に取り組めるよう学習の見通しを立てたり学習したことを振り返ったりして自身の学びや変容を自覚できる場面をどこに設定するか。
②対話によって自分の考えなどを広げたり深めたりする場面をどこに設定するか。
③学びの深まりをつくりだすために、生徒が考える場面と教師が教える場面をどのように組み立てるか。（P.83（数字は筆者による））

①は単にコミュニケーションの積極性を述べたものではありません。見通しをもって粘り強く取り組み、自らの学習を調整する力を育成することが求められます。②は生徒同士の対話をはじめ、あらゆる人や書物等の考えを手掛かりに自らの考えを広げることができる力の育成を求めています。授業の場面ではペアやグループ学習等も効果的な活動となります。③は習得・活用・探究という学びの過程の中で、各教科等の特質に応じた「見方・考え方」を働かせながら知識を相互に関連付けたり、情報を精査して考えを形成したり、問題を見いだして解決策を考えたり、思いや考えを創造したりすることです。

筆者はこの３つの能力を育むためには、外国語の特質に鑑みて「言語活動を通して学ぶ」ということを基本にすることが大切だと考えています。つまり、対話が他教科等のように日本語でなされてはあまり意味がありません。英語の対話を通して「対話的な学び」が起こるように仕組むことが大切です。また、「主体的な学び」は、英語で自分の考えや気持ちを伝え合うからこそ、英語特有の「見方・考え方」を働かせ、解決策を考え、思いや考えを創造することができます。そして、実際に英語を使っていく中で、気付きが起こり「深い学び」につながると考えています。

4 学習評価のポイント

(1) 外国語における評価の観点

学習指導要領が改訂され、目標や内容が再構成されたことに伴い、当然評価もそれに合わせて変わることになります。従前の評価は、①コミュニケーションへの関心・意欲・態度、②表現の能力、③理解の能力、④言語や文化についての知識・理解の4つの観点で構成されていました。これらの4つの観点は明確に区別することができました。

今回は、①知識・技能、②思考・判断・表現、③主体的に学習に取り組む態度の3観点で評価します。それらの3つは一体的に指導し育成されることになっています。先ほどの言語活動の項で述べたように、従来の指導は単線型とも言えるものでした。つまり指導においても「言語や文化についての知識・理解」の部分、「表現（話す書く）・理解（聞く読む）の能力」の部分、そして、「コミュニケーションへの関心・意欲・態度」というように、どちらかというと指導においても区別することができました。ですから、それぞれの指導に合わせて評価も比較的容易に区別することができました。ところが今回は3つの観点を一体的に指導していきます。言い換えると言語活動を通して3つの資質・能力を育成することになります。図でも示したように、授業は「知識・技能」と「思考・判断・表現」の部分が「行きつ戻りつ」しながら、指導は連続的に行われることになります。したがって、それぞれの領域を明確に区別することが難しくなります。

さらに、今回の学習指導要領では5領域と3観点の目標が別々に示されています。ということは、5領域と3観点のマトリックスを作成し、評価データを集める必要があります。例えば「聞く」領域においては、「知識・技能」「思考・判断・表現」「主体的に学習に取り組む態度」の3観点に分けて評価する必要があります。つまり、合計「5領域×3観点＝15スロット」の評価データを集めることになります。

これらの評価を行うには、学期末や学年末に一気にやることなど不可能です。年間計画を作成する際に、しっかりと評価計画を立て、満遍なく評価データを集める必要があります。

(2) 評価を行う際の留意点

(1)に述べたことは評価規準（のりじゅん）のことです。実際に評価を行う際は、評価規準ごとに、a、b、cの段階を決める評価基準（もとじゅん）を作成しなければなりません。同じ学校で複数の教師が授業を担当している場合は、担当者同士で評価基準を共有しておく必要があります。そうでないとクラス間でばらつきが起こり、生徒は不公平感をもつことになります。また、評価基準は生徒と共有し、生徒も自らの学習に役立てることができるようにすることが大切です。当然、指導者も自らの授業改善に役立てることが大切です。

（大城　賢）

【引用文献】

・サンドラ・サヴィニョン［著］（草野ハベル清子／佐藤一嘉／田中春美［訳］）『コミュニケーション能力』、法政大学出版局、2009

第２学年における指導のポイント

考えや気持ちを伝えあう言語活動を大切に！

1 第２学年における指導内容

(1) 聞くこと

中学校学習指導要領（平成29年度版）には、聞くことの指導に関して、段階的な４つの言語活動についての記述があることから、それらに基づいて、考えていきましょう。

(ア) 日常的な話題について、自然な口調で話される英語を聞いて、話し手の意向を正確に把握する活動。

授業の指導課程の中で、じっくり「聞く」活動を繰り返し行うことが重要であるということです。例えば、教師が授業の最初に春休みの出来事について生徒に話しかけたり（Unit 0 第１時）、教師とALT が最近見つけたインターネット記事について生徒に話しかけたり（Unit 2 第１時）、教師や ALT がモデルスピーチを聞かせたり（Unit 5 第４時）、生徒に英語をじっくりと聞かせる時間を設定してほしいと思います。ともすれば、私たち教師はすぐに生徒に「話す」「書く」活動を求めがちではないでしょうか。生徒が英語を習得するためには、まず、教師が英語をじっくり聞かせてあげることが必要なのです。

(イ) 店や公共交通機関などで用いられる簡単なアナウンスなどから、自分が必要とする情報を聞き取る活動。

このような聞き方を「選択的聞き取り（selective listening)」と言い、私たちも普段から行っています。例えば、東京からの新幹線に乗り仙台駅近くになると、車掌さんがすべての在来線の運行状況をアナウンスしてくれますが、私はすべての情報を注意深く聞くことはなく、自分が乗る在来線の情報だけを集中して聞きます。このように、日常生活では何らかの目的をもって聞くことが多いわけです。ですから、生徒にも聞く際の状況や目的を明示して、どういう情報が必要かを考えさせたうえで、その部分に集中して聞き取る活動を行ってほしいと思います。例えば、留守番電話を５W１Hに注目して聞かせたり（Unit 3 第12時）、電車が遅延している状況で、目的地に行くために、電車の運行状況などの必要な情報を聞き取らせたり（Let's Listen 4）してほしいと思います。

(ウ) 友達からの招待など、身近な事柄に関する簡単なメッセージを聞いて、その内容を把握し、適切に応答する活動。

(エ) 友達や家族、学校生活などの日常的な話題や社会的な話題に関する会話や説明などを聞いて、概要や要点を把握する活動。また、その内容を英語で説明する活動。

前者を「反応的聞き取り（responsive listening)」、後者を「相互作用的聞き取り（interactive listening)」と言います。例えば、相手の好きなことの話を聞いて、それに関する質問をしたり（Stage Activity 1 第１時）、ある人物の伝記を聞いて、各パラグラフの概要を１文で書かせたり（Let's Read 3 第１時）、聞いた内容をメモや写真等をもとに相手に説明（リテリング）したり（Unit 1 第５時）を指しています。このように、「聞いた内容を書く」や「聞いた内容を話す」という活動は、高等学校で本格的に行われる複数の領域を関連付ける統合的な言語活動を視野に入れているものなので、大切に行っていただきたいと思います。ただ、ここでの統合的な言語活動は、あくまで聞くことの指導の一環であることをおさえ、聞いた内容を適切に表現しているかということを念頭において指導することが重要です。ですから、この活動においては、語句や文を選択させたり、単語のみでの発話・筆記させたりする配慮を行うことや、発話・筆記した言語材料の正確さを求めたりしないという配慮を行いましょう。

⑵ 読むこと

中学校学習指導要領（平成29年度版）には、読むことの指導に関して、段階的な４つの言語活動についての記述があることから、それらに基づいて、考えていきましょう。

㋐ 書かれた内容や文章の構成を考えながら黙読したり、その内容を表現するよう音読したりする活動。

練習のための黙読や音読は重要です。例えば、生徒から１語遅れて教師が追いかけて読んだり、聞こえてきた音声の後を追いかけるように音読する「シャドーイング（shadowing）」などさまざまな音読練習の工夫をしましょう（Unit 1 第６時や Unit 4 第６時)。しかし、練習のためだけに行うのではなく、それぞれの特徴を生かしたうえで、それぞれの目的に応じて音読や黙読を行うことが求められています。例えば、対話文やスキットにおいては、登場人物になりきって、生徒同士で交互に読んだり（Unit 3 第３時や Let's Read 2)、説明文や伝記においては、ニュースキャスターになりきって、音読したり（Let's Read 1や Let's Read 3）などが考えられます。一方、黙読については、生徒自身のペースで読んだり、繰り返し読んだりすることができることから、概要や要点の把握といった内容理解の問題（Round 1や Round 2）に答えるために黙読させることが重要です（Let's Read 1 第３時)。

㋑ 日常的な話題について、簡単な表現が用いられている広告やパンフレット、予定表、手紙、電子メール、短い文章などから、自分が必要とする情報を読み取る活動。

読む際の状況や目的を明示して、どういう情報が必要かを考えさせたうえで、その部分に集中して読み取らせる活動を行うことの重要性を示しています。例えば、カレーの歴史や変化を理解するために、事実を理解させたり（Unit 2 第５時)、ユニバーサルデザインについて書かれている文書を読んで、相手の考えや気持ちを読み取らせたり（Unit 5 第７時）が考えられます。このように、自分が必要とする情報をピンポイントで読み取ることを「スキャニング（scanning)」と言います。スキャニングのような読み方は、一語一語の意味にも注意を払い、詳細までじっくり読み進めていく精読（intensive reading）とは異なる読み方であることは言うまでもないでしょう。

㋒ 簡単な語句や文で書かれた日常的な話題に関する短い説明やエッセイ、物語などを読んで概要を把握する活動。

㋓ 簡単な語句や文で書かれた社会的な話題に関する説明などを読んで、イラストや写真、図表なども参考にしながら、要点を把握する活動。また、その内容に対する賛否や自分の考えを述べる活動。

このように概要や要点を短時間でとらえるような読みを「スキミング（skimming)」と言います。例えば、クラスの好きな映画に関する調査の内容や結果が書かれている文章について大まかにどのようなことが書かれているのかを把握するために読むことが考えられます（Unit 6 第３時 Read and Think 1 Round 1)。また、ここで求められている読みには、詳細や主張を理解するために読んだり（Unit 6 第４時 Read and Think 1 Round 2)、目的に合わせて読んだりすること（Read and Think 2 Round 3）が重要になります。さらに、ホームステイでよくある日米の生活習慣や文化の違いに関する文章を読んで、それに対する意見を書いたり（Unit 4 第８時)、世界遺産であるベネチアの問題に関する文章を読み、それらの問題を解決するにはどうしたらよいかを伝えあったり（Unit 7 第７時 Read and Think 1 Round 3）する活動も求められています。読んだことを基に話したり、書いたりする技能統合型の活動を行う際には、それがあくまで読むことの指導の一環であることをおさえ、書くことへのつまずきに配慮したり、正確さへの指導や評価が行き過ぎないように注意したりすることは、「聞くこと」の指導でも説明した通りです。

(3) 話すこと［やり取り］

中学校学習指導要領（平成29年度版）には、「話すこと［やり取り］」の指導に関して、段階的な3つの言語活動についての記述があることから、それらに基づいて、考えていきましょう。

(ア) 関心のある事柄について、相手からの質問に対し、その場で適切に応答したり、関連する質問をしたりして、互いに会話を継続する活動。

このことは、中学校学習指導要領（平成29年度告示）において、「話すこと［やり取り］」の領域が新設されたことが強く関連しています。各単元でSmall Talkを継続的に行い、少しずつやり取りの能力を身に付けることができるようにしましょう。Small Talkでは、伝えたいことを伝えることができるように、既習表現を想起させる指導を行うことで、言語材料の定着を図ったり、発信語彙を増やしたりすることは重要です（知識及び技能）。しかし、それだけにとどまらず、対話を継続することができるような表現を段階的に使わせていくことも求められています。小学校の外国語活動及び外国語科においては、対話を続けるための基本的な表現（対話の開始、繰り返し、一言感想、確かめ、さらに質問、対話の終了）を学習してきたことを踏まえた指導を行っていただきたいと思います（『小学校外国語活動・外国語研修ガイドブック』）。具体的には、中学校においては、①相手に聞き返したり確かめたり、②相づちを打ったり、つなぎ言葉を用いたり、③相手の答えを受けて自分のことを伝えたり、④相手の答えや自分のことについて伝えたことに関連する質問を付け加えたりすることなどの指導が求められています（文部科学省　2019: 61）。このような対話を継続するための表現を指導することによって、相手へ配慮をしながらコミュニケーションを図ろうとする態度を育成したいものです（学びに向かう力、人間性等）。

(イ) 日常的な話題について、伝えようとする内容を整理し、自分で作成したメモなどを活用しながら相手と口頭で伝え合う活動。

例えば、お互いの週末の予定を知るために、まず自分の週末の予定をメモし、次いでそのメモを基に相手とやり取りを行ったり（Unit 1 第4時）、学校のルールについてのポスターを作ったうえで、それについてやり取りを行ったり（Unit 4 第4時）することなど考えられます。メモを取った上で話すということは、第1で述べた即興で伝えあうことと一見すると矛盾するようにも見えます。しかし、自分の考えを英語で即興で伝えることは、話す話題、生徒の実態、習熟の程度によっては、困難なことが予想されます。ですから、考えを整理するための時間を確保し、メモを取らせたうえでやり取りをさせることによって、伝えたい内容を英語で表現するゆとりが生まれるでしょう。簡単なメモを基にやり取りを行う活動を継続して行うことで、即興でやり取りすることができる能力も次第に身についていきます。

(ウ) 社会的な話題に関して聞いたり読んだりしたことから把握した内容に基づき、読み取ったことや感じたこと、考えたことなどを伝えた上で、相手からの質問に対して適切に応答したり自ら質問し返したりする活動。

例えば、ユニバーサルデザインに関する文章を読んで得た情報や、自らの考えをもとに、なぜユニバーサルデザインの考え方が大切なのかを話し合ったりすることが考えられます（Unit 5 第9時）。このような「聞いた内容を話す」「読んだ内容を話す」という活動は、高等学校で本格的に行われる複数の領域を関連付ける統合的な言語活動を視野に入れているものです。

以上3点に共通するのは、「話すこと［やり取り］」の言語活動が、原稿を用意してからのやり取りと異なっていることです。即興で英語のやり取りをしたり、メモや図をもとにやり取りしたりすることは、小学校外国語科や中学校1年生の指導の中でも行われてきていることですが、簡単にできることではありません。ですから、頑張っている生徒を認めることで生徒の話す意欲を引き出し、大事な言語材料を全体で共有しながら、段階的に指導していくことが重要でしょう。即興的なやり取りには言語的な誤りはつきものです。過度にミスを指摘せず、適宜フィードバックを行ったり、生徒に自らの英語について考えさせたりするとよいでしょう。

⑷ 話すこと［発表］

中学校学習指導要領（平成29年度版）には、「話すこと［発表］」の指導に関して、段階的な３つの言語活動についての記述があることから、それらに基づいて、考えていきましょう。

㋐ 関心のある事柄について、その場で考えを整理して口頭で説明する活動

例えば、事前に原稿を用意したり発表練習したりすることなく、即興で伝えたい内容や考えなどをまとめて口頭で発表する活動を指しています。例えば、週末の出来事について即興で発表させたり、春休みの出来事について即興で発表させたり（Unit 0 第２時)、相手が夢のためにしていることについて即興で助言したり（Unit 3 第６時）することなどが考えられます。このような即興的な言語活動が重視されるのには、生きて働く「知識・技能」を習得するには、既習の言語材料を繰り返し実際のコミュニケーション場面で活用することが何よりも重要だと考えられているからです。私たちの日常生活を振り返ってみても、見聞きしたことや体験したことを日本語で語る機会が多いことに気づかせられるでしょう。とは言え、英語で即興で話すのは簡単なことではありません。ですから、生徒の実態や習熟の程度に応じて、実物、写真、イラスト、タブレット端末等を補助として用いるとよいでしょう。実物や写真等があることで、話し手にとっては話す内容を想起しやすく、聞き手にとっては分かりやすく情報を提供することになります。継続的に指導を行い、その場で考えを整理して口頭で発表することができる能力を育てていってほしいと思います。

㋑ 日常的な話題について、事実や自分の考え、気持ちなどをまとめ、簡単なスピーチをする活動。

例えば夏休みの旅行計画のプランをワークシート等にメモし、発表したり（Unit 1第11時)、あるテーマを与え、それについての考えを図式化した上で、スピーチを行ったりすることなどが考えられます（Unit 5 第１時)。その際、話し手にとって伝えたい事実、考え、気持ちなどの順番を考えたり、話のテーマに沿った展開になっているかを確認したりする時間を設けることも大事な指導になります。それだけではなく、それらが聞き手に分かりやすい展開や構成になっているかを考えたり、聞き手にとって分かりやすい語句や表現を調べたり考えたりする時間を確保することも大切にしたいものです。なぜなら、相手に配慮したコミュニケーションを行おうとする態度は「学びに向かう力、人間性等」の資質・能力の涵養にとって大切なことだからです。

㋒ 社会的な話題に関して聞いたり読んだりしたことから把握した内容に基づき、自分で作成したメモなどを活用しながら口頭で要約したり、自分の考えや気持ちなどを話したりする活動。

例えば、シンガポールの観光名所を紹介する文章を４～６コマ漫画にまとめ、それを英語で説明したり（Unit 1 第５時)、時計の歴史についてまとめられた文章の概要をキーワードで示し、それらをリテリングしたり（Let’s Read 1）することなどが考えられます。㋑とも関連しますが、このような活動を行う際に気を付けたいことは、原稿を読み上げる活動にならないように、メモ等の書き方を指導するということになります。その際よく用いられているのが、キーワードやキーフレーズのみを書かせる、マッピングの手法です（Unit 5 第３、６、９時)。原稿を読み上げることは音読になりますので、「読むこと」の指導であり、「話すこと［発表］」の能力の育成につながらないことを自覚しましょう。「話すこと［発表］」の能力の育成に必要なのは、考えや思いなどをその場で英語にするプロセスです。したがって、マッピングやメモを基に、その場で発表したり、質問したりすることは、「話すこと［発表］」の能力の育成につながると考えられるわけです。

⑸　書くこと

中学校学習指導要領（平成29年度版）には、書くことの指導に関して、段階的な４つの言語活動についての記述があることから、それらに基づいて、考えていきましょう。

㋐　趣味や好き嫌いなど、自分に関する基本的な情報を語句や文で書く活動。

これは、自分の名前、出身地、好きなもの、できること、希望、夢などの相手に理解してほしい情報を、簡単な語句や文を用いて書くという活動です。これらの活動については、１年生で数多く行われているので、そちらを参考にしていただきたいと思います。ここでは、「書くこと」が苦手な生徒に対しての指導を考えてみましょう。例えば、自分のことについて、簡単な語句や文を用いて、発表ややり取りを行った後で、書かせるという指導が考えられます（Unit 3 第６時）。また、キーワードを書きだした後で、マッピングを作り、その後に書くというステップを経ることも考えられます（Unit 4 第12、13時）。さらには、教師等によるモデルを見せたり、使用すると便利な語句や表現を提示したり（Unit 3 第12時）、辞書の使用を促したり（Unit 5 第２時）することも、苦手な生徒にとっては役に立つことでしょう。

㋑　簡単な手紙や電子メールの形で自分の近況などを伝える活動。

例えば、留守番電話のメッセージを聞いて内容を理解し、相手に返信メールを書かせたり（Let's Write 1）、ホストファミリーに感謝の気持ちを手紙で伝えたり（Let's Write 2）などが考えられます。手紙を書く活動は、１年生ではグリーティングカードや旅先からの絵葉書（Let's Write 1, Let's Write 2）、２年生ではお礼状、３年生ではファンレターや投稿文（Let's Write 1）とステップアップしていくこともおさえておくとよいと思います。指導の際は、まず、メールや手紙を書く際の基本的な構成（例：タイトル、初めのあいさつ、導入、内容、まとめ、終わりのあいさつ、署名）と表現（例：Thanks for your email. Take care. I hope to hear from you.）を確認します。日本語でも手紙を書く習慣がない生徒たちには、英語で手紙を書くことはハードルが高いことが予想されるからです。その後、受け手を意識し、状況設定を明確にした上で、自分の考えや気持ちなどを伝えるために、書くことが重要です。

㋒　日常的な話題について、簡単な語句や文を用いて、出来事などを説明するまとまりのある文章を書く活動。

１年生では冬休みの出来事（Unit 10）や１年間の思い出（Unit 11）について書いて説明させる活動をしてきていることを踏まえ、２年生では、おすすめのレストランを紹介するために、自分の考えやおすすめの理由について書かせたり（Unit 2 第10時）、自分の将来や夢やその実現のためにすべきことを、具体例や理由をあげながら書かせたり（Unit 3 第６時）することなどが考えられます。このような指導をするにあたっては、まとまりのある文を書くことができるような指導を行うことが大事になってきます。そのためにも、自分の考えや気持ちなどを整理したメモを作成させたり、書いた文と文の順序に注意を払ったり、全体として一貫性のある文章になっているかを考える時間を設定しましょう。

㋓　社会的な話題に関して聞いたり読んだりしたことから把握した内容に基づき、自分の考えや気持ち、その理由などを書く活動。

２年生では、ユニバーサルデザイン（Unit 5）や世界遺産（Unit 7）のような社会的な話題について聞いたり読んだりすることは求められるものの、それについての意見や感想を求める活動はあまり設定されていません。一方、３年生では、絶滅危惧種を守るために必要だと思うことや自分の考えなどを記事にしたり（Unit 3）、国を超えて助け合う大切さや自分に何ができるのかを書いたり（Unit 6）などの活動が想定されています。

2 第２学年における指導の工夫

(1) 指導体制の工夫

(ア) ALT 等を活用した指導体制の充実

生きた英語に触れる機会を一層充実するため、ネィティブ・スピーカーや英語が堪能な地域人材などの協力を得ることが重要になります。正しい英語の発音が身に付くことは言うまでもありません。「授業を実際のコミュニケーションの場面とする」ためにも大事なことです。例えば、Small Talk などの導入時に ALT の標準的な英語を聞かせたり（Unit 2 第１時、Unit 4 第14時)、職業体験での経験を ALT に書いて伝えたり（Unit 3 第11時)、ALT に対して地元の観光名所等を口頭で説明したり（Unit 7 第９・10時）など、ALT 等を活用することが考えられます。このような機会を多く設定することによって、英語で情報や考えを聞いたり、伝えたりする必然性のある活動になるでしょう。

(イ) ペア・ワーク、グループワークなど様々な学習形態の活用

教師の英語を聞くことを通してのみでは、考えや気持ちを伝え合う力の育成は難しいでしょう。ですから、生徒が英語で考えや気持ちを伝える場面を数多く設けることが必要で、そのためにも、ペア・ワークやグループ・ワークを多く設定しましょう。例えば、Small Talk を通した、ペアでやり取りをさせる活動が考えられるでしょう。Small Talk は２年生のすべての単元で行われており、日常的なトピックを通して、情報や考えなどを即興でやり取りする力を育成します。また、ペアやグループで、スピーチ練習を行ったり（Unit 5 第１時)、リテリングしたり（Let's Read 1)、書いた文を読み合ったり（Unit 4 第13時)、様々な工夫をして、考えや気持ちを伝え合う活動を取り入れて欲しいと思います。ペアやグループの活動には、英語力だけではなく、互いに学び合いたいと思う「学習集団」づくりが欠かせないでしょう。

(2) ICT 端末を活用した授業づくり

文部科学省（2021)「外国語の指導における ICT の活用について」によれば、ICT 活用の利点としては３点あげられているので、それぞれのポイントについてまとめます。

(ア) 言語活動・練習

ICT 端末を使って、Web 記事を書いたり、読んだり（Unit 2)、Google スプレッドシートを活用して生徒全員が一度に振り返りをしたり（Unit 2 第６時)、「話すこと」のパフォーマンスを録画し繰り返し見られるようにしたり（Unit 6）することによって、言語活動の充実を図ることが可能になります。また、ICT 端末上でテストを行ったり、フィードバックをしたり、パフォーマンステストを録画することで、後日じっくり評価したりなど様々な工夫が期待されています。

(イ) 交流・遠隔授業

姉妹校等とつながり、即興でやり取りを行うことで、遠隔地や海外等の児童生徒、英語話者との本物のコミュニケーションを行うことができます。

(ウ) コンテンツ・授業運営

例えば、デジタル教科書を使いながら、本文を紹介することで、コミュニケーションのモデルを提示したり、板書や説明時間の短縮になったりするメリットがあります（Unit 2 第３時、Unit 5 第１時)。また、Google Earth、YouTube、各地域のライブカメラすることで、興味・関心のみならず、日本語を介さずに英語のまま理解することができるでしょう（Unit 7 第２時)。

（鈴木　渉）

言語活動のポイント

英語で考えや気持ちを伝え合うことが最優先

NEW HORIZON 2／**Unit 1**

1 行ってみたい国や場所を Small Talk で聞き合おう

活動のポイント：生徒同士のやり取りを通して海外旅行への関心を高める。

What country do you want to go?
Singapore?
I want to go to India!!

A) Do you like to travel?
B) Yes, I do.
A) What country do you want to go?
B) I want to go to the U.K.
A) Oh, the U.K. Why?　B) I like Harry Potter!

生徒のやり取りに耳を傾け、言いたくても言えていない表現や、聞きたい疑問文の形等をフォローバックする。ミスはあまり気にせず、言いたい表現を引き出すイメージで。

英語で考えや気持ちを伝え合おう

毎回の授業で、コミュニケーションを行う目的や場面、状況に応じて、互いの考えや気持ちを伝え合う活動を大事にしましょう。その1例が Small Talk です。そのような活動を継続的に行うことで、「生きて働く知識及び技能」、つまり、実際のコミュニケーション場面で使える英語力が身に付きます。

複数の領域を効果的に関連付けよう

4領域をバランスよく指導するだけではなく、複数の領域を統合した言語活動も求められるようになりました。具体的には、聞いたり読んだりして得られた情報を理解し、それを基に「思考・判断」したことを、話したり書いたりして「表現」することで、英語力を高めようとするものです。

言語活動を行う上での留意事項

言語活動「前」では、コミュニケーションの目的や場面、状況に応じて、使用する語彙や文法を生徒自身に「思考・判断」させてください。教えすぎに注意しましょう。言語活動「中」には、どのような内容を伝えるとよいのか、どのような語彙や文法を用いるとよいのかについて、フィードバックしましょう。言語活動「後」には、同じ言語活動に再度取り組ませましょう。1度目の相手とは異なる相手とやり取りしたり、同じ相手であれば制限時間をかけたりする工夫も必要です。このようなステップを経ることで英語力が向上します。

ワークシート活用のポイント

言語活動を意識したワークシートの作成・活用

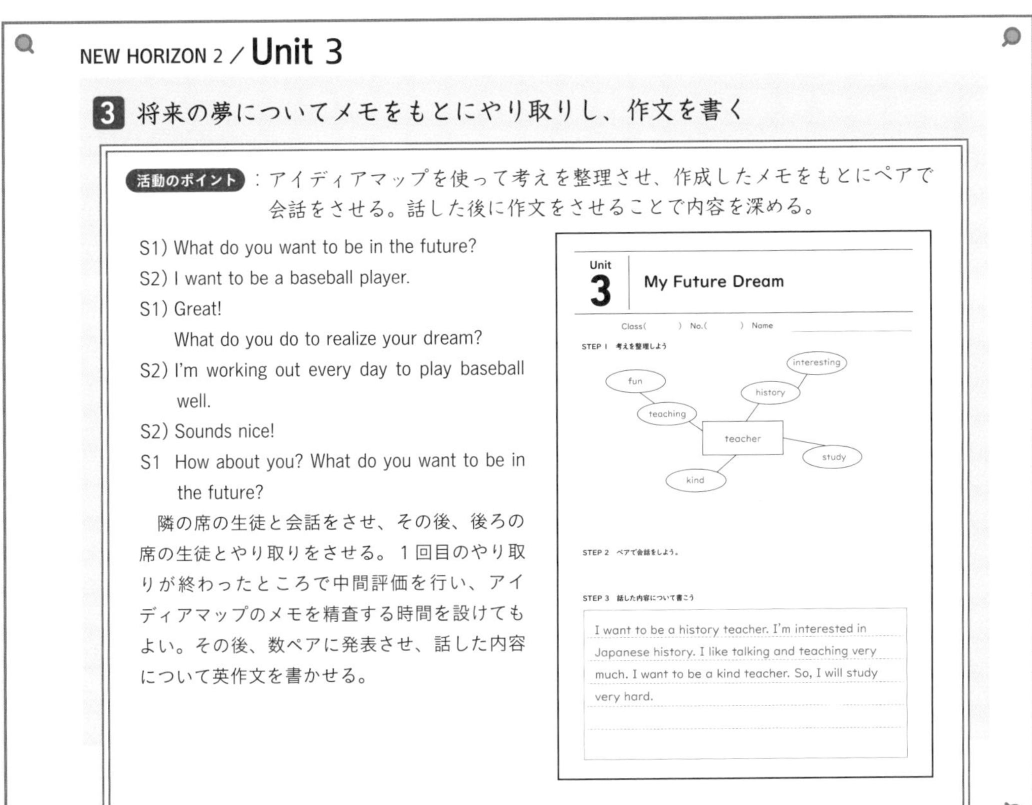

NEW HORIZON 2 ／ Unit 3

3 将来の夢についてメモをもとにやり取りし、作文を書く

活動のポイント：アイディアマップを使って考えを整理させ、作成したメモをもとにペアで会話をさせる。話した後に作文をさせることで内容を深める。

S1) What do you want to be in the future?
S2) I want to be a baseball player.
S1) Great!
What do you do to realize your dream?
S2) I'm working out every day to play baseball well.
S2) Sounds nice!
S1 How about you? What do you want to be in the future?

隣の席の生徒と会話をさせ、その後、後ろの席の生徒とやり取りをさせる。１回目のやり取りが終わったところで中間評価を行い、アイディアマップのメモを精査する時間を設けてもよい。その後、数ペアに発表させ、話した内容について英作文を書かせる。

文脈や使用場面も意識しましょう

従前のワークシートは言語材料を理解したり練習したりすることだけが目的化しているのも多く見られました。これからはワークシートは、コミュニケーションの目的や場面、状況を意識して作成しましょう。「知識及び技能」だけではなく、「思考力、判断力、表現力」の育成につながるワークシートを作成するという観点が重要です。

評価にも役立てましょう

言語活動で使用したワークシートは、その記述内容を加味し、学期末の評価に活かしましょう。特に、「聞くこと」や「読むこと」など生徒の頭の中で起こっていることは見えないので、ワークシートを活用すると良いと思います。「思考・判断・表現」や「主体的に学習に取組む態度」の評価にもつなげて欲しいと思います。

ワークシート活用の留意事項

ワークシートを作成する時には、当該単元で重点的に指導する言語材料が使われているかどうか、目的や場面、状況があるかどうか、モデルやヒントが多すぎないかを考えるとよいでしょう。ワークシートは、練習のためだけではなく、言語活動のためのものであるという観点を大切にしてください。回収して誤りをフィードバックする際には、当該単元で重点的に指導した言語材料の誤りを修正します。誤りを修正する際には、一つのやり方にこだわらず、生徒一人一人の性格や習熟度に合わせて、多様な方法を用いてください。

イラストで見る
全単元・全時間の授業のすべて
外国語　中学校２年

【中心領域】話すこと［発表］

Unit 0 My Spring Vacation （3時間）

単元の目標

自分の春休みの出来事についてよりよく知ってもらうために情報を整理して伝えたり、相手の春休みの出来事についてよりよく知るために話の概要を捉えたりするとともに、更に聞いてみたいことについて質問することができる。

単元の評価規準

知識・技能	思考・判断・表現	主体的に学習に取り組む態度
・本単元おいては、この観点について記録に残す評価は行わない。	・聞き手を意識して、自分の春休みの出来事について、情報を整理して伝えている。	・本単元においては、この観点については評価しないが、以降の単元時に本観点を評価する際の参考とする。

単元計画

第1時（導入）	第2時（展開）
1．春休みの出来事を思い出そう、伝えよう ① Small Talk を聞き最後の活動のイメージを持つ。教師の Small Talk の後に、教師は生徒とのやり取りをとおして、春休みの出来事を想起させたり、1年次に学習した内容について想起させたりする。 ②本文を読むことを通して、概要を捉えるとともに、自身が発表するうえで大切にするべきことは何かを考える。 その際にメモシートを活用し、情報を整理する。	**2．春休みの思い出を伝えよう** グループごとに他者の発表を聞く。他者の発表を参考にしたり、内容についてのやり取りをしたりすることを通して、次時の発表に何が必要かを考える。発表時や聞く際にメモシートを活用し情報を整理する。

指導のポイント

本単元では、春休みの出来事について発表したり、聞いたりすることができる。また、新しい学年の始まりの単元であり、新しい級友との初めての授業である。そこで、単に春休みの出来事を話すのではなく、自己紹介となる要素を取り入れることで、中心となる、春休みの出来事を発表する活動に必然性を持たせることができる。言語材料としては、1年次の終盤に学習した過去形を用いることとなるが、過去の出来事を時系列で並べるような過去形の文だけを使用した発表ではなく、自分の考えや感じたことなども含めるなど様々な文を入れ、1年生の総復習とするようにしたい。

メモシートを活用して、聞き取る活動や発表する活動を行うことで、それぞれのポイントとなる点をおさえる。また、発表の際には、事前にやり取りをする場を設けることで、さらに自分をよく知ってもらうための春休みの出来事を選び発表させることで、コミュニケーションには絶えず相手がおり、相手に配慮することでコミュニケーションはスムーズになることを気づかせたい。

評価のポイント

第1時の活動で、1年次で学習した語句や表現について定着しているかどうかを見取り、以後の活動のための指導の参考とする。第3時の前半では、やり取りをする場面を作り、他者がどのような情報に興味を持っているのかを確認する場を設ける。後半の活動では、前半の活動を参考に、相手が興味を持つ内容、自分が特に聞いてほしい内容を取り入れて発表しているかなど、目的や場面（相手）、状況を意識して、何を伝えることが必要なのか、どのような表現を使うことが適切なのかを考え工夫して発表しているところを見取り記録に残す評価とする。

第3時（終末）

3．春休みの思い出を伝えよう

春休みの出来事について、聞き手との関係を考えながら話す内容、文の構成、使う表現を整理しながら発表する。発表の際はメモシートを活用し発表する。

記録に残す評価【話（発表）】思
記録に残す評価【聞】知

Read and Think

春休みの出来事を思い出そう、伝えよう

本時の目標

春休みの出来事について聞き、メモを使って情報を整理する。

準備する物

・メモシート
・振り返りシート
・Small Talk に使う春休みの出来事の写真等（掲示用・映写）

【指導に生かす評価】
◎本時では、記録に残す評価は行わないが、目標に向けて指導を行う。既習の表現や語彙等が定着していない場合には、適宜反復する場面を設定し、定着を図る。

ワークシート活用のポイント

聞いた情報を表に書き込みながら整理する。
ポイント①
文ではなく、キーワードでメモを取らせることで、書くことよりも内容に意識させる。
ポイント②
メモの言語は日本語でも英語でも構わないとすることで内容に集中できるようにする。

話された内容を確認する際には英語で回答させることで、メモした情報を英語で伝える活動につなげる。
また、気になった表現や使いたい表現を書く欄を設けることで、最後の活動時に目的や場面、状況に合わせた発表ができるようにする。
本シートは、聞き取り用のメモと話す用のメモ兼用である。

本時の展開 ▷▷▷

1 Small Talk をする

教師が、春休みの出来事について写真等を使いながら紹介する。その際、過去の表現だけではなく、一年時に学習した内容を多く取り入れるようにする。

2 Read and Think

Read and Think を聞き、メモシートに聞き取れたことを記入する。記入する際は、英語でも日本語でもよい。Round 1・2をとおして、Read and Think の内容を確認する。その際、メモカードを活用しながら確認する。

2 3 メモシートを活用する

メモシート

	内容1	内容2	内容3
Who	Kaito　家族		
Where	福井県 dainaso museum		
When	2 週間前		
What	化石掘	Eat soba	
Why			
How	Fun	美味しかった	

触れられなかった情報は空欄

気になった表現・使いたい表現

It was a lot of fun.	楽しかったことを表す表現
We had a wonderful time.	楽しかったことを表す表現

3 メモシートを活用しリテリングをする

前の活動で記入したメモシートを活用し、海斗の春休みについてグループ内で発表する。教科書と全く同じ表現を使う必要はなく、自分の言葉で概要を伝えることができればよいことを伝える。また、自分と違った表現があれば参考にするように伝える。

4 本時の振り返りをする

振り返りシートに、メモシートをもとにRead and Think で聞き取れたことを書く。また、メモシートをどのように活用して聞き取ったのか、メモシートを活用してどのように海斗の春休みについて伝えたかを書く。

第2時

春休みの出来事を思い出し伝える準備をしよう

本時の目標

春休みの出来事について、メモを作成する。

準備する物

・メモシート
・振り返りシート

【指導に生かす評価】
◎本時では、記録に残す評価は行わないが、目標に向けて指導を行う。

本時の言語活動のポイント

【活動 2】
即興で春休みの出来事についてグループ内で発表させる。その際、メモシートを活用し、参考となる表現や更に聞きたくなった内容等をメモさせる。メモした内容を振り返り、伝えるときには、相手の興味関心を踏まえて発表することで伝わりやすいことを気付かせる。
また、同じ活動を次時に行うことを伝える。

【活動 3】
次時の発表のために、活動 2 で使用したメモシートを参考にし、発表用のメモシートを作成する。次の時間の発表では、発表原稿ではなく、メモシートを活用して発表することを伝える。聞き手の実態を踏まえて発表するため、複数枚メモシートを準備させる。

本時の展開 ▷▷▷

1 Small Talk をする

前時に話した教師の春休みについてやり取りをしながら確認する。その後、今一度、前時の Small Talk 聞かせる。その際にメモカードを使いながら情報を整理させる。

2 春休みの出来事を発表する

春休みの出来事についてグループ内で発表し合う。特に準備させることなく、即興で発表させる。メモシートを活用しながら他者の発表を聞き取るように促す。

2 春休みの出来事についてグループで発表する（メモカードの活用）

活動のポイント：級友の発表を聞きながら、春休みの出来事について使える表現や語彙に出合うことができるようにする。

JTE：Look at your memo card. What kind of information was interesting for you ?
C1 ：C2 went to Sendai stadium to watch a soccer game.
JTE：Why interesting?
C1 ：She likes soccer. I didn't know that. I like soccer too.
JTE：Listening to a new information is interesting.

JTE：What kind of expression do you want to use?
C3 ：C4 said "〜." I want to use it next time.

５～６名のグループで発表し合う。その際にメモカードを使用して、聞いた情報を整理する。
全員の発表を聞き終わった後にメモカードを確認し、自分が興味を持った内容はどのようなものであったかを確認する。
また、使ってみたい表現や知らなかった表現について確認し、次の時間の発表のためのメモシートを作成する。

3 次の時間に向けてメモシートを作成する

次の時間に再び春休みの出来事について発表することを伝える。その際、伝える目的や場面、状況を明確に伝える。メモシートは一枚だけでなくできるだけ多く作成するように促す。

4 本時の振り返りをする

振り返りシートに、春休みの出来事について発表したときに、どのような内容が有効であったのかを書く。また、級友が使用した表現で次の時間の自身の発表に取り入れたい表現があった場合には書き留める。

第3時

春休みの出来事を伝えよう

本時の目標

自分自身のことをさらに知ってもらうために、春休みの出来事について、メモをもとに発表する。

準備する物

・振り返りシート
・メモシート
・発表に使う春休みの写真等

【話すこと［発表］の記録に残す評価】
◎活動 3 をとおして、聞き取った内容を基相手に配慮して発表を行っているかを評価基準をもとに「話すこと（発表）」を【思考・判断・表現】の観点で評価する。

本時の言語活動のポイント

本時では本単元のまとめの活動として、メモシートをもとに春休みの出来事について発表する（活動 3 ）。学年が始まったばかりということで、互いをよく知らない級友もいることを踏まえた発表とする。

聞き手の実態を把握する活動では、グループでのやり取りをとおして相手が興味を持つことや自身について何を知っているかなどを探る。その情報をもとに複数準備したメモシートから内容を選び春休みの出来事について発表する。発表時にはメモをもとに、聞き手が理解できる表現等を使って発表することを意識させる。

本活動をとおして、自分の伝えたいことを伝える発表と相手が聞きたい内容を伝える発表があること、コミュニケーションは相手がいるからこそ成り立つことに気づかせたい。

本時の展開 ▷▷▷

1 Small Talk をする

教師の春休みの出来事について生徒と簡単なやり取りをとおして伝える。相手を複数選び、何気ない会話からはじめ、その会話の内容から春休みの出来事を伝える。

2 聞き手の実態を把握する

いつもとは違うグループを作り、５分程度自由に話す時間を設ける。

そのやり取りの中で、グループの人たちが興味を持つ話題や自分をどのくらい知っているかなどを把握する。

3 メモシートをもとに春休みの出来事について発表する活動

活動のポイント：やり取りをとおして、聞き手の実態を把握したうえで、相手に合わせて春休みの出来事について発表する。

スポーツに興味がある聞き手が多いグループでの発表。

A）Hello, my name is Taro. Do you like baseball? You know I am a member of the soccer team but I also like baseball. There was a baseball game at Sendai Stadium on March 6th. I am a big fan of all Japanease teams.
Thank you. Goodbye.

食べ物に興味がある聞き手が多いグループ

B）Hello, my name is Taro. What food do you like? I like Japanese traditional food. A week ago, I went to Iwate with my family. We ate "Wanko soba." I ate 80 cups. It was a wonderful time.

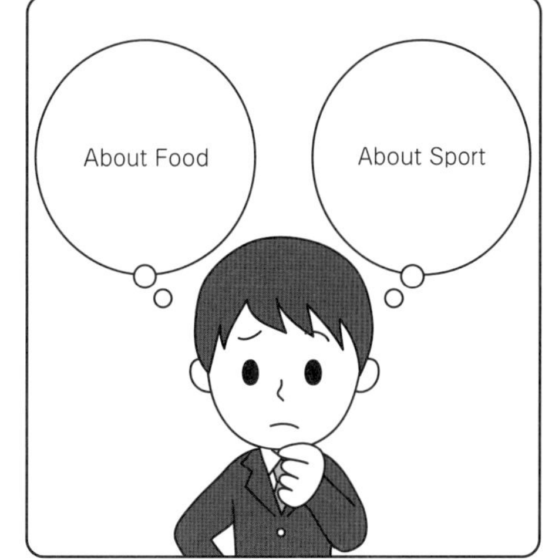

活動後の振り返りで、なぜ本時にその内容を選んだのかを振り返らせる。また、その結果、聞き手の様子はどうであったかも振り返りをさせることでコミュニケーションにおいて相手に配慮することの大切さに気付かせる。

3 準備したメモシートをもとに春休みの出来事について発表する

複数準備したメモカードから本時のグループの実態に合わせ、話す内容を決定し、春休みの出来事について発表する。

評価場面となる本活動では、タブレット等で発表の様子を録画し、記録に残す評価をする場面で振り返りシートを活用する。

4 本時の振り返りをする

振り返りシートに、なぜ複数準備したメモシートの中から発表した内容のシートを選んだのか、また、発表時にどのような配慮をしたのかを記入する。後日、評価するための参考資料とする。

本単元の Key Activity

第3時 メモカードを活用した発表（春休みの出来事）

活動の概要

第３時において、メモシートのキーワードをもとに発表をする。発表原稿を作成するのではなく、メモシートのキーワードを使用して発表することで同じ内容でも相手に配慮した表現や語彙を使うなど目的や場面、状況に合わせて、即興的に表現を選ぶことの大切さに気付かせる。メモシートは前時に複数枚準備しておき、聞き手の実態に合わせて内容から選び活用する。

活動をスムーズに進めるための３つの手立て

①メモシートの準備
いくつかのパターンを想定してメモシートを準備しておく。

②聞き手の実態の確認
やり取りをとおして気づいた聞き手の実態を確認する。

③教師とのやり取り
教師と生徒のやり取りをとおして、相手に配慮することを意識させる。

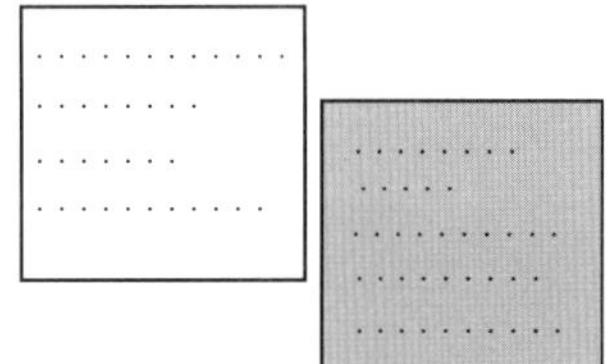

活動前のやり取り例

JTE　：You talked among your group. What did you talk about?
Group1：We talked about sports. We all like sports.
Group2：We talked about food. S3 likes eating and he ate curry and rice yesterday.
JTE　：That's nice.
Now you are going to make a speech about your spring vacation.
What are you going to talk about?
Choose one from your memo-sheet. Sport? Food? Animals? Places?
Then start.

活動前のやり取りのポイント

前の活動で得たグループの実態を教師と生徒とのやり取りとおして確認し、複数準備したメモシートから適切なものを選び春休みの出来事について発表するように促す。ただし、説明しすぎると【思考・判断・表現】の観点ではなく、【知識・技能】の観点となる可能性があるため注意する。

活動のポイント

前の活動で得た聞き手の情報をもとにメモシートから発表する内容を選び発表する。春休みの出来事を伝える活動をとおして、伝える内容を複数考え、その中から聞き手の実態、目的や場面、状況に合わせて発表する内容を選び、相手の理解を確かめながら表現することで、思考力、判断力、表現力を生かしてコミュニケーションを図るイメージを持たせることができる活動となる。

活動中のやり取り例

JTE：How did your speech go?
　　What kind of topic did you choose and why?
S1　：I made a speech about sport. All members of my group do sports.
　　They listened to my speech carefully.
JTE：That's good. You chose the right topic.
　　How about you S2.
S2　：Well, I talked about sports too. But I knew my group is not interested in sport.
　　So I talked about the food at the soccer stadium.
JTE：That's a good idea.

活動後のやり取りのポイント

何人かの生徒にどのような春休みの出来事について発表したかについて聞く。複数枚のメモシートからなぜその一枚を選んだのかを聞く。そのやりとりをとおして、その結果、発表はどのように進んだかを聞く。このやりとりをとおして、相手に配慮することの大切さに気付かせる。

Unit 1

【中心領域】聞くこと、話すこと［やり取り］

A Trip to Singapore 16時間

＋Let's Talk ①／Grammar for Communication／Let's Listen ①

単元の目標

広く世界に目を向け、旅行で得られる経験について考えるために、工夫して計画を立てたり、観光名所の特徴を調べて説明したり、旅行記や海外の文化について書かれた文章の概要を捉えたり、自分の立てた予定や考えを伝え合ったりすることができる。

単元の評価規準

知識・技能	思考・判断・表現	主体的に学習に取り組む態度
・be going to や助動詞 will を用いた文、SVOO, SVOC の文の形・意味・用法を理解している。 ・be going to や助動詞 will を用いた文、SVOO, SVOC の理解をもとに、自分の予定や、観光名所の紹介、旅行の報告などを伝え合う技能を身につけている。	・広く世界に目を向け、旅行で得られる経験について考えるために、工夫して計画を立てたり、観光名所の特徴を調べて説明したり、旅行記や海外の文化について書かれた文章の概要を捉えたり、自分のたてた予定や考えを伝え合ったりしている。	・広く世界に目を向け、旅行で得られる経験について考えるために、工夫して計画を立てたり、観光名所の特徴を調べて説明したり、旅行記や海外の文化について書かれた文章の概要を捉えたり、自分のたてた予定や考えを伝え合ったりしようとしている。

単元計画

第1～4時（導入）	第5～7時（展開①）
1．行ってみたい国や場所を話してみよう 教科書の扉絵や、教師とのやり取りを通して、次は自分たちが海外旅行のプラン作りや、その特徴を紹介することを知る。 **2．自分の予定を伝えよう** 単元全体の見通しを持つとともに、相手の予定について書かれた文章を理解したり、自分の予定を伝えたりする。 **3．こんな時、どうする？を伝えよう** 教科書本文の場面から、助動詞 will の用法を捉え、自分の判断を即興で伝える練習をする。 **4．be going to / will を用いた未来表現の復習をしよう** 教科書の Mini Activity を用いてここまでの学習内容を整理する。また、学習したことを用いておたがいの予定について質問したり答えたり、自分の意思を伝えたりし合う。	**5．観光地の情報を読み取ろう** 観光名所を紹介する文章を読んで、その概要を捉える。 **6．観光名所の見所を伝えよう** 教科書の紹介を参考に、相手に観光名所の特徴が分かるように書いたり、他の観光名所の特徴を英語で読んだりする。 **7．わかったことをまとめよう** シンガポールの観光地についてわかったことや、資料を用いてさらに調べたことをグループでまとめる。単元末の活動に向けた準備となる。 **8．海外旅行で経験できることは何か考えよう** 教科書の作文を読んで、旅行の楽しさと海外の文化や言語について理解する。JTE と ALT のやり取りを聞いてさらに考える。

指導のポイント

Unit 1 では、登場人物がシンガポールへの旅行に向けて準備する場面から、観光名所を訪れ、動画撮影をしたり、日本の友人に E メールで報告したりする場面が紹介されている。言語材料としては、助動詞などの未来表現と SVOO、SVOC が扱われており、中学 1 年生での学習に比べてより複雑な内容を表現することができるようになる。

単元を通して、学習した内容を使って旅行の計画を立て、それを用いたやり取りを行う。未来表現を使って予定を、SVOO と SVOC を使って観光名所の特徴の紹介や自分の行動の説明を、班で立てた「夢の旅行プラン」を用いて紹介していく。情報を単元末に向けて整理し、終末のやりとりの際に活用できるよう工夫する。パフォーマンステストでは視点を日本に変え、学んだことを生かして即興で ALT に日本の観光名所の紹介やおすすめの旅行プランを伝える。擬似的に旅行を体験することで興味関心を高め、広く世界に目を向ける姿勢を育てたい。

評価のポイント

第 4 時の Mini Activity の活動で、第 1 ～ 3 時で学習した未来表現を使う言語活動や、使用場面を考えさせる活動を行い、その様子を見取って指導に生かす。展開①の終末では、班ごとにシンガポールの観光地について得た情報（特徴）を、付箋紙を用いてポスターにまとめさせ、単元終末の指導に生かす。第 9 時の展開②でも同様の活動を行う。並行して教科書の主人公に E メールの返信を考えさせるが、書くことの評価とはせず、同様の質問をパフォーマンステストのやり取りの中で行う。

単元終末の第16時で ALT に観光名所を即興でプレゼンさせ、「思考・判断・表現」「主体的に学習に取り組む態度」の評価を記録に残す。ルーブリックは提示し、第11時の活動で照合しながらフィードバックする。言語材料の知識・技能は単元末テストと定期考査で記録に残す評価を行う。

第 9 ～11時（展開②）	第12～16時（終末）
9．わかったことをまとめよう② 概要を捉え、感想を英語で書いたり、わかったことを前回のグループ活動に書き加えたりする。 **10．夢の旅行プランを立てよう** シンガポールの観光名所についての知識が揃ったところで、夢の旅行プランを班ごとに計画する。シンガポール以外の国でもよい。 **11．おたがいの旅行プランについてたずねよう** メモをもとに、プランについて質問し合ったり、観光名所の魅力や特徴を説明したりし合う。パフォーマンステストの練習にもなる。	**12．Let's Talk ①ホテルでのトラブルに対応しよう** **13．Grammar for Communication　5 つの文構造を知ろう** **14．Learning HOME ECONOMICS in English おみやげを選ぼう** **15．Let's Listen ①いよいよ出発！機内放送を聞き取ろう** 12～15を通して、パフォーマンステストに向けて学習の自己調整をする。 **16．パフォーマンステスト・ALT におすすめの旅行プランを伝えよう** これまでの学習をもとに、自分の予定について話したり、観光名所の特徴を伝えたりするパフォーマンステストを受ける。 **記録に残す評価**【聞】知 思 態 【話・や】知 思 態

第1時

扉絵・Preview

行ってみたい国や場所を話してみよう

本時の目標

予定を尋ねたり伝えたりする表現を知るとともに、本単元の課題となる海外旅行についてイメージすることができる。

準備する物

- 振り返りカード
- ワークシート（活動 4 用）
- シンガポールの観光名所写真（掲示用）
- Small Talk に使う地図

【指導に生かす評価】

◎本時では、記録に残す評価は行わないが、目標に向けて指導を行う。生徒の学習状況を記録に残さない活動や時間においても、教師が生徒の学習状況を確認する。

本時の言語活動のポイント

本時の最初の活動である Small Talk では、教師は海外旅行について尋ねる。どこに行きたいか、何を見たいか、等、1年生で学習した表現を用いながら質問する。

大判の地図と、複数の国の写真を用意するか、スクリーン等にインターネット上の地図を投影して進める。インターネット上の地図では、意見が上がると同時にその国へ飛んでいく体験が出来るため、生徒から多くの国名が上がることが予想される。また、この時、社会科で使用している教科書や、小学校の英語の教科書等を題材にすると、生徒も学習を想起でき、教科横断的な要素も含むことができるだろう。

Small Talk のまとめとして、生徒と教師のやりとりの中で、本単元の舞台であるシンガポールを紹介し、導入とする。

本時の展開 ▷▷▷

1 Small Talk をする

教師が地図を見ながら海外旅行で行ってみたい国はどこか、生徒に尋ねる。どんな見どころがあるか等をさらに尋ねる。この際、教師は自身の写真やシンガポールの写真を用いながら導入することで海外旅行についての興味関心を高めるようにする。

2 教科書 Preview リスニングで本単元の全体を捉える

登場人物がゴールデンウィークの予定について話す動画を視聴する。1回目は登場人物や何について話しているかを確認し、2回目からは聞き取るポイントを示して3回視聴させる。「朝美の予定は？」「クック先生が今度くれるものは？」「その他聞き取れたこと」

1 行ってみたい国や場所をSmall Talkで聞き合おう

活動のポイント：生徒同士のやり取りを通して海外旅行への関心を高める。

What country do you want to go?
Singapore?
I want to go to India!!

A）Do you like to travel?
B）Yes, I do.
A）What country do you want to go to?
B）I want to go to the U.K.
A）Oh, the U.K. Why?　B）I like Harry Potter!

生徒のやり取りに耳を傾け、言いたくても言えていない表現や、聞きたい疑問文の形等をフォローする。ミスはあまり気にせず、言いたい表現を引き出すイメージで。

3 未来の表現 be going to を説明

本単元のテーマが「未来のことについて話すとき」であることを確認し、be going to を導入する。生徒たちがゴールデンウィークや週末にどこに行くか、を改めてSmall Talkさせてもいいだろう。教師が見本を見せた後、週末の予定について伝え合わせる。

4 単元の自己目標を設定し、本時の振り返りをする

本単元の目標を確認する。この振り返りシートは単元を通して毎回使用するため、使い方を説明し、初回は特に丁寧に記述させたい。Point of View に対する現時点の考えを書かせておくと振り返りに役立つ。

第2時

Scene ①

自分の予定を伝えよう

本時の目標

予定を尋ねたり伝えたりする表現を知るとともに、相手の予定について書かれた文章を理解したり、自分の予定を伝えたりすることができる。

準備する物

・振り返りカード

Unit 1

A Trip to Singapore
夢の旅行プランを立てよう

Class(　　　) No.(　　　) Name

1 単元の目標

旅行で得られる経験について考えるために、工夫した海外旅行プランを立て、自分の予定や、観光名所の特徴、自分や友だちの考えなどを、簡単な語句や文を用いて情報を整理しながら伝えることができる。

2 Unit Activity

シンガポールの観光名所について情報を得て、テーマに合った海外旅行プランを工夫して立てよう。
自分たちの予定や観光名所の特徴を、メモをもとに伝え合おう。

★パフォーマンステスト★
ALTの〇〇先生に、おすすめの旅行プランを伝えよう。(旅行プランはこちらで準備します)

3 単元計画(全16時間)

Date	主な学習活動	自己評価 A B C	振り返り・質問など (both English and Japanese OK!)
4/21	本単元の見通しをもつ 扉・Preview	Ⓐ B C	Unit1 は旅行の話だとわかった。I like traveling! なので楽しみです。
4/22	Scene1 自分の予定を伝えよう	Ⓐ B C	未来の話はとても使えそうです。Be going to だけど be ってなんだろう。
4/25	Scene2 こんな時どうする?を伝えよう	A B Ⓒ	will も未来の話なのかなと思った。be going to はどこに行ったのか。
4/26	Mini Activity 未来表現の復習をしよう	A Ⓑ C	昨日ごちゃごちゃしていたことが友だちのおかげで少し解決しました。
/	Read and Think① ガイドブックを読み取ろう	A B C	
/	Read and Think① ガイドブックを読み取ろう②	A B C	
/	調べ学習 わかったことをまとめよう	A B C	
/	Read and Think② 海外旅行で経験できることは何か考えよう	A B C	
/	Read and Think② わかったことをまとめよう②	A B C	
/	Unit Activity 夢の旅行プランを立てよう	A B C	
/	Unit Activity おたがいの旅行プランについてたずねよう	A B C	
/	Let's Talk① ホテルでのトラブルに対応しよう	A B C	

【指導に生かす評価】

◎本時では、記録に残す評価は行わないが、目標に向けて指導を行う。生徒の学習状況を記録に残さない活動や時間においても、教師が生徒の学習状況を確認する。

本時の展開 ▷▷▷

1 Small Talk をする

「今週末の予定」をテーマに Small Talk をする。始めに教師と生徒でやり取りを行い、「be going to」を用いることをつかませる。会話がスムーズに始められるよう最初の疑問文は提示してもよい。

2 Scene ① 場面を捉える音読練習

朝美はなんで Josh にメールをしたのかな？
Do you have any plans をきくため？
シンガポールに行くよと報告するため

教科書イラストから場面を捉える。教師は生徒とのやり取りで本文の導入を行う。

本文内容を確認した後、本文中の国名やキーワードを変えて TorF で確認し、理解を深める。新出語句を導入し、音読練習をする。

4 振り返りシートをポートフォリオとして活用する

活動のポイント：毎時間の学習内容を蓄積し、見通しを持って学習に取り組むことができるようにする。

毎時間の最後の5分程度で

T) OK, everyone, that's all for today.
Please write on your feedback sheet, today's mission is "Write back to Asami as if you are Josh."
Do you have any plans for the holidays?
What are you going to do?

S1) How can I start?

T) You don't need to start from the date or name.

S2) I am going to….? で OK？

T) OK! That's the main information!

4 ミッション ★新しく学習した表現を、日付と共に記入しましょう。

	使う場面やメモ(日本語でOK)	English
4/22	今より先の予定=未来 be going to+すること	I am going to practice soccer tomorrow.
4/25	今より先の予定=未来 will+すること	I will practice soccer tomorrow.
4/26	次の土曜日何する予定？と聞く	What are you going to do next Saturday?
/		
/		
/		
/		

できたことやわかったことの欄に学習した文章を書かせる形式でも構わない。

予定通りに終わらない時間もあるため、今回は英作文を書く場所と毎時の振り返りの場所を分けて提示してある。

生徒の実態に合わせて、使いやすいよう作り変えて使用してほしい。

3 p.9 Practice 朝美のメールに返信しよう

p.9 Practice では、いよいよ出発する朝美の気持ちになって読む。"Wow, what are you going to have for dinner, beef or chicken?" 等と加えることで、旅行のイメージをさらに高めることができる。また、ジョシュはどのような予定なのか自由に想像して書かせる。

4 本時の振り返りをする

生徒は、本時の活動について振り返りを行う。特に3の活動での自分の考えを書き残すよう励ます。

教師は机間指導の中で生徒の気付きを学級に共有する。

Scene ②

こんな時どうする？を伝えよう

本時の目標

教科書本文の場面から、助動詞 will の用法を捉え、自分の判断を即興で伝えることができる。

準備する物

・振り返りカード
・本文スリット（活動 4 用）
・ピクチャースライド（掲示用）
・Activity に使う部屋の写真（掲示用）

【指導に生かす評価】

◎本時では、記録に残す評価は行わないが、目標に向けて指導を行う。生徒の学習状況を記録に残さない活動や時間においても、教師が生徒の学習状況を確認する。

本時の展開 ▷▷▷

1 予測並べ替えで本文導入・スリットを使って音読練習

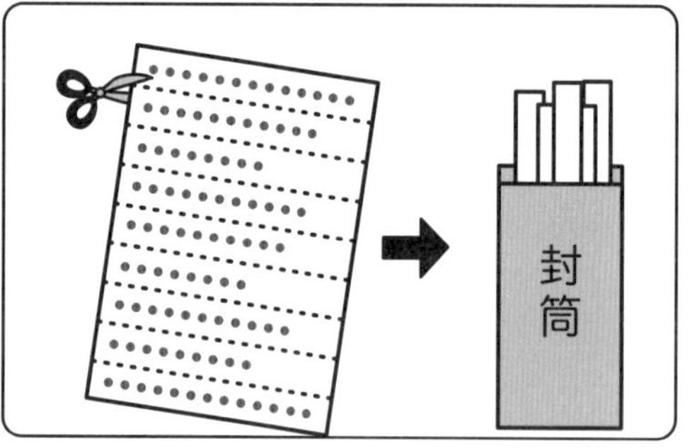

ペアに1セットずつ、スリットを配付し、机の上に並べる。教科書は閉本したまま、知っている単語を頼りにストーリーを予測しながら並べ替える。開本し、新出語句を練習する。その後スリットを使って音読練習を行う。

2 Key Sentence 助動詞 will の使用場面を説明

朝美の父のセリフから、この後の行動について考え、will の意味を捉える。

教科書の場面や状況から、will が意志を含むことに気付かせたい。

1 予測並べ替えでストーリーを作ろう

活動のポイント：知っている単語を頼りにストーリーを予測しながら何度もリスニングと対話練習をする

①教科書本文を印刷し、人物ごとに切ったものをここではスリットと呼ぶ（1文ずつに切っても可。難易度が上がる）。
②スリットをシャッフルし、封筒に入れてペアに配付する。
③2人の机の上に並べながらストーリーを予測する。
④知らない単語の意味は予測して進める。
⑤制限時間を設け、1回目のリスニングを行う。
⑥必要なら並べ替えて、2回目のリスニングを行う。
⑦聞き取れた内容の確認、新出語句の導入後、スリットを使った音読練習に取り組む。
A）役割リピート×2
B）役割読み×4
　※1回終えるごとに相手のスリットを1枚裏返す
C）自分たちのことに置き換え読み×2
　※1回終えたら地元の大きな公園やご当地メニュー等アイデアを出し合うと良い。
D）ペアを変えて対話×2

3 Practice 留学生に何をしてあげる？

willについての説明後、生徒と教師でやりとりをしながらPracticeに取り組む。その後、留学生があなたの家に遊びに来る、という設定で何をしてあげるか、「…するつもりです」という文を考え、全体で共有する。

4 単元の自己目標を設定し、本時の振り返りをする

生徒は、本時の活動について振り返りを行う。特に3の活動での自分の考えを書き残すよう励ます。

教師は机間指導の中で生徒の気付きを学級に共有する。

第4時

Mini Activity

未来表現の復習をしよう

本時の目標

相手の休暇の予定を聞き取ったり、メモをもとに自分の予定について話したり質問したりできる。

準備する物

・振り返りカード
・BINGO シート（活動 3 用）
・ピクチャースライド（掲示用）

【指導に生かす評価】

◎本時では、記録に残す評価は行わないが、振り返りの際、発話したことを文字に残すことを励ます。また、本時は「聞くこと」の指導も行う。必要な情報が聞き取れるよう事前指導をする。

ワークシート活用のポイント

本時の目標は、メモをもとに相手に自分の予定を伝えることである。教科書の流れを活用し、生徒の土日の予定を英語で自己表現させる。伝える際には、テレパシーゲームとして、ペアで同じ時間にいくつ同じことをやっているか競わせることで、相手に伝えたり、聞いたりする場面を設定したい。

自己表現活動は、生徒にとっても新しい表現を覚えるチャンスである。教科書には Tool Box という、活動を助ける表現を紹介するコーナーがある。

本時ではそれらの表現を BINGO ゲームで導入して慣れ親しみ、活動につなげていきたい。

生徒の実態に応じて、いくつか表現を追加する。

本時の展開 ▷▷▷

1 Tool Box BINGO をする

教師が、スライドを用いて週末の予定を導入し、未来表現を復習した後、教科書に出てくる行動の英語表現を練習する。

導入したら BINGO シートに 9 つ選び、記入する。その後は通常の BINGO のように進める。生徒を指名して語句を選ばせても良い。

2 Listen 海斗とメグの予定を聞く

ペアになり、海斗とメグになったつもりで、リスニングの答えを予想して対話する

必要に応じて教師が発音し、繰り返し練習して音に慣れさせる。

リスニング問題に取り組む。

2 Tool Box BINGO と 英作文

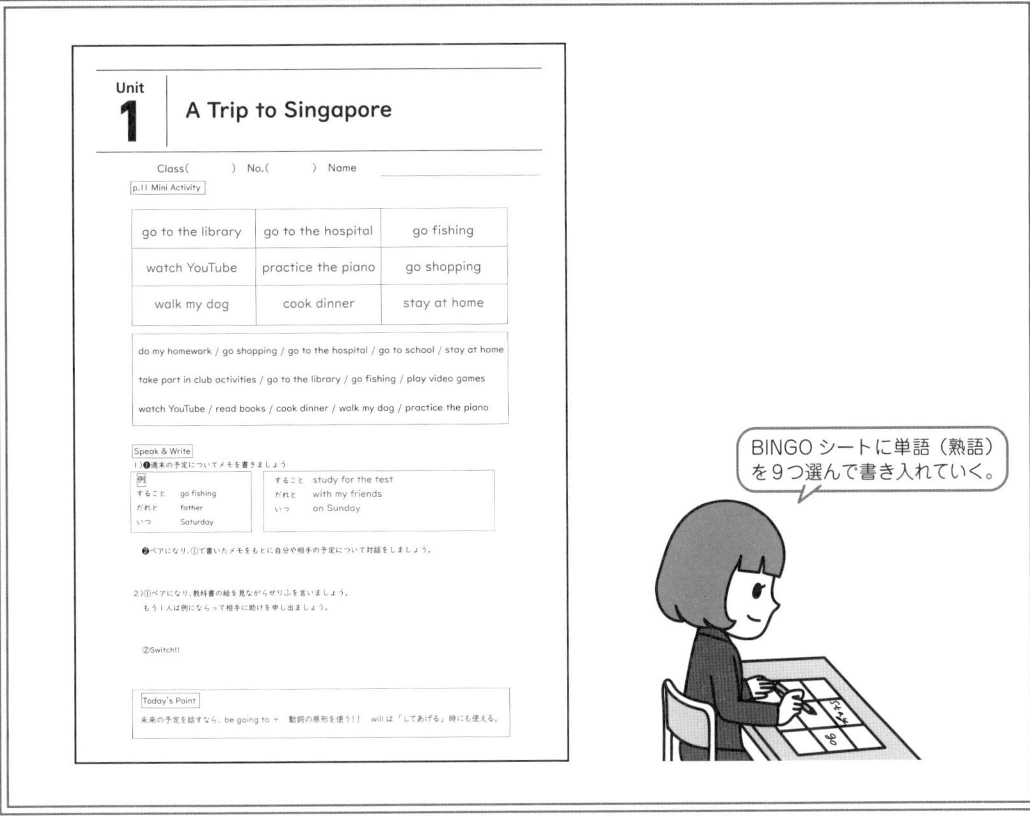

Unit 1 A Trip to Singapore

Class(　　) No.(　　) Name

p.11 Mini Activity

go to the library	go to the hospital	go fishing
watch YouTube	practice the piano	go shopping
walk my dog	cook dinner	stay at home

do my homework / go shopping / go to the hospital / go to school / stay at home

take part in club activities / go to the library / go fishing / play video games

watch YouTube / read books / cook dinner / walk my dog / practice the piano

Speak & Write

1)❶週末の予定についてメモを書きましょう

例
することgo fishing
だれとfather
いつSaturday

することstudy for the test
だれとwith my friends
いつon Sunday

❷ペアになり、①で書いたメモをもとに自分や相手の予定について対話をしましょう。

2)①ペアになり、教科書の絵を見ながらせりふを言いましょう。
もう1人は例にならって相手に助けを申し出ましょう。

②Switch!!

Today's Point

未来の予定を話すなら、be going to ＋　動詞の原形を使う!!　will は「してあげる」時にも使える。

BINGO シートに単語（熟語）を９つ選んで書き入れていく。

3 Speak & Write 週末の予定について対話しよう

生徒は、教科書の例を参考に、週末の予定についてメモを記入する。BINGO で学習した表現が役に立つことに気付かせたい。

メモをもとに自分や相手の予定について対話する。その後、伝えたかったけれど言えなかった言葉を確認し、再度対話する。

4 本時の振り返りをする

生徒は、本時の活動について振り返りを行う。特に 3 の活動で発話したことを書き残すよう励ます。

教師は机間指導の中で生徒の気付きを学級に共有する。

第5時

Read and Think ①

観光地の情報を読み取ろう

本時の目標

観光名所を紹介する文章を読んで、その概要を捉えることができる。

準備する物

・振り返りカード
・スライドカード（活動 **1** **2** 用）
・シンガポールの観光名所写真（掲示用）
・Small Talk に使う地図

【指導に生かす評価】
◎本時では、記録に残す評価は行わないが、目標に向けて指導を行う。生徒の学習状況を記録に残さない活動や時間においても、教師が生徒の学習状況を確認する。

本時の学習活動のポイント

本時から使用するスライドカードは、市販のＡ４サイズ名刺カードに印刷すると簡単に作ることができる。もちろん普通紙に印刷して切る方法でも作成できるが、複数のクラスで使うことや、保管することを考慮すると非常に使い勝手の良いアイテムである。

使用方法はリスニングでの並べ替え、本時で提案するリテリングのほか、班ごとに１人１枚受け取り、同じカードを持つ生徒同士が集まって内容を深読みし、班に持ち帰って説明し合う「パズルリーディング」、複数の単元分のカードを合わせて「基本文復習カルタ」など、多岐にわたる。

イラストなどの視覚情報は生徒の理解を助けたり、記憶に残りやすかったりと英語の学習ではとても有益である。

本時の展開 ▷▷▷

1 スライドリスニング①　イラストで内容を理解する

text book
text book

生徒は配付されたスライドをペアで説明し合う。教師は固有名詞のみ生徒とのやり取りの中で導入する。

生徒はペアで相談してスライドを順番に並べ替える。それを見ながら本文を聞き、概要を確認する。

2 スライドリスニング②　概要を捉える

The next one is ......
"The Merlion has the body of ____"?
fish!
This one!!

教師は生徒の持っているスライドを拡大したものを見せながら、内容を読んでいく。

新出語句の練習も行う。

生徒は教科書を閉じたまま、話を聞いて概要を把握し、教科書の Round 1 に取り組む。

1 2 スライドカードリスニング

活動のポイント：生徒はスライドを用いて内容を予測したり、リスニングをして内容を深く理解したりする。

①スライドカードは、教科書の内容を、教科書の挿絵や著作権フリー画像を用いて4コマ～6コマで表現したもの。名刺カードサイズに印刷したものをペアに配付する。
②2人の机の上に並べながらストーリーを予測する。絵を見て、英語で表現に挑戦しながら進める。
③制限時間を設け、1回目のリスニングを行う。必要なら並べ替えて、2回目のリスニングを行う。
④聞き取れた内容の確認や新出語句の導入も、生徒と同じスライドを見せながら行うと理解を助ける。

3 教科書での内容理解 文字と音を一致させる

開本し、再度本文を聞く。この時生徒は文字を指で追いながら聞き、文字と音を一致させる。開本したまま Round 2 に取り組む。
答え合わせをして内容を確認する。
Key Sentence の文を説明し、ペアで教科書の Practice に取り組む。

4 本時の振り返りをする

生徒は、本時の活動について振り返りを行う。Key Sentence を使って、「あなたに…の写真を見せましょう」という文を書き残す。
教師は写真の例を提示し、机間指導を行う。

第6時

Read and Think ①

観光名所の見所を伝えよう

本時の目標

観光名所を紹介する文章を読んで、その概要を捉え、キーワードで表すことができる。

準備する物

・振り返りカード
・観光地のポスター（掲示用）
・付箋紙
※1人1台タブレット端末等でも可

【指導に生かす評価】

◎本時では、記録に残す評価は行わないが、目標に向けて指導を行う。生徒の学習状況を記録に残さない活動や時間においても、教師が生徒の学習状況を確認する。

本時の学習活動のポイント

教科書の概要を英語で理解した後は、音読練習に取り組ませる。単元終末の活動につながることはもちろん、英語をアウトプットするのに音読の練習は欠かせない。授業中に繰り返す回数には制限があるため、授業びらき等で生徒に音読の目的を説明し、家庭学習につなげたい。授業の練習では新出語句や音のつながり、アクセントを捉え、家庭学習ではスラスラ読めるようになるまで繰り返し練習することを期待する。教科書に付属の QR コードで音声が聞けるようになったことで、生徒も家庭での練習がしやすくなったようだ。

本時の展開 ▷▷▷

1 スライドを使って前時の復習

教科書は閉じたまま、前時のスライドカードを使用して、ペアで協力してカードの内容を英語で確認する。音読練習をしていないため、内容をリテリングするところまでは求めない。教師の助けを得ながら全体で新出語句を練習する。

2 音読練習 Round 3

教科書を開き、音読練習を行う。

十分に練習した後、教科書 Round 3 の表を埋めて理解を深める。

2 いろいろな音読練習

活動のポイント：スライドカードを使いながら、教科書の音読練習を工夫して行う。

教科書を使った音読練習に取り組む。

おすすめしたい音読のバリエーションは以下の通り。生徒の実態や教科書の難易度に応じて変化させるが、リピートを含め音読は1時間で最低でも5回〜10回は行う。家庭学習で、1人で音読練習ができることを目標としている。

(1) one by one repeat
(2) block repeat
(3) sentence repeat
(4) 追いかけ読み（教師から1語程度遅れて生徒）
(5) one by one　交互（教師→生徒）
(6) 追いかけ読み（生徒から1語程度遅れて教師）
(7) sentence 交互（教師→生徒）（生徒→教師）
(8) ペアで(4)〜(7)
(9)「最後の1文読んだらダメ」読み（3文まで読んでOK）
(10) Buzz reading

3 わかった情報を伝え合う 他の観光地も調べよう

単元終末の活動に向けて、シンガポールの観光地について調べ学習を始める。本時はその下準備として、これまで教科書で得た情報をまとめていく。教師は、教科書 Round 3 の表に書き込んだ情報を付箋に転記してマーライオンパークに貼りつけ、例として提示する。

4 本時の振り返りをする

生徒は、本時の活動について振り返りを行う。できたことやこれからできるようになりたいこと、旅行について考えたことを書くよう励ます。

教師は机間指導の中で生徒の気付きを学級に共有する。

わかったことをまとめよう①

本時の目標

シンガポールの観光地についてわかったことや、資料を用いてさらに調べたことをグループでまとめ、伝え合うことができる。

準備する物

・振り返りカード
・観光地のポスター（掲示用）
・付箋紙
※1人1台タブレット端末等でも可

【指導に生かす評価】
◎本時では、記録に残す評価は行わないが、目標に向けて指導を行う。生徒の学習状況を記録に残さない活動や時間においても、教師が生徒の学習状況を確認する。

UNIT1　A Trip to Singapore

in the center of Singaapore

Art science museum

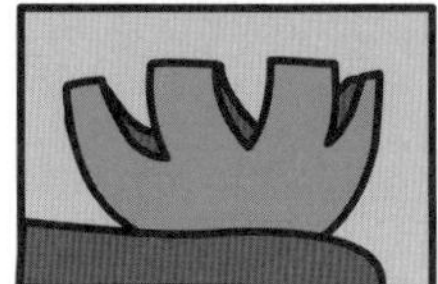

本時の展開 ▷▷▷

1 前時の復習

前時まで使用したスライドカードを使いながらペアで協力してリテリングする。

教師は、マーライオンについて web 上の地図を用いたり、写真を見せたりして生徒とやりとりをしながら、本時の活動を確認する。

2 調べ学習

教科書 Unit Activity に出てくる人気の観光地を生徒に紹介する。また、シンガポールの観光協会 HP には、観光名所が多数掲載されている。生徒は ICT 機器やガイドブックを活用して調べ学習をし、付箋にわかったことや疑問を英語で書いて貼る。

板書のポイント：生徒たちは自由に動き、付箋紙を貼ったり読んだりする。

3 これからの学習の見通しをもつ

今日作成したポスターを見て振り返りながら、今後も情報を付け加えていくこと、次は旅行の予定を立てることを伝える。キーワードが日本語の部分は、次時の学習で直していくことを伝える。

4 本時の振り返りをする

生徒は、本時の活動について振り返りを行う。

紙ポスターの場合、各担任に事前に許可を得られれば、教室内に掲示する。

第8時

Read and Think ②

海外旅行で経験できることは何か考えよう

本時の目標

旅行の楽しさと海外の文化や言語について理解するために、作文を読んで概要を捉えることができる。

準備する物

・振り返りカード
・ワークシート（活動 1 、2 用）

【指導に生かす評価】
◎本時では、記録に残す評価は行わないが、目標に向けて指導を行う。生徒の学習状況を記録に残さない活動や時間においても、教師が生徒の学習状況を確認する。

本時の学習活動のポイント

本時の内容理解では、スライドをランダムにワークシートに印刷したものを使用する。ワークシートのスライドには、数値や人物が「間違っているスライド」を紛れさせる。生徒は教科書を閉本した状態でリスニングをし、適切なスライドを選んだり、聞こえた情報を書き込んだりしていく。

第５、６時では、スライドをカードにして並べ替えを行った。生徒の実態や、本文の内容に応じて、使い分けをしている。

本時は本文中に数字が複数出てくるため、ワークシート型をとっている。

本時の展開 ▷▷▷

1 スライドリスニング①　イラストで内容を理解する

教師は、朝美の予定を確認したり、E メールという場面を説明したりしながら、本時の活動を説明する。生徒は配付されたスライドシートを見ながらリスニングをする。適切なスライドに番号をふる。ワークシートを見ながら本文を聞き、概要を確認する。

2 スライドリスニング②　概要を捉える

The next one is ……
"The Merlion has the body of ___ "?
This one!!
fish!!

教師は生徒の持っているスライドを拡大したものを見せながら、内容を読んでいく。

新出語句の練習も行う。

生徒は教科書を閉じたまま、話を聞いて概要を把握し、教科書の Round 1 に取り組む。

1 2 スライドシートでリスニング

活動のポイント：生徒はスライドを用いて内容を予測したり、リスニングをして内容を深く理解したりする。

①スライドシートは、教科書の内容を、教科書の挿絵や著作権フリー画像を用いて6コマ～8コマで表現したもの。A4サイズに印刷したものを配付する。
②教科書は閉本し、シートを見ながらストーリーのリスニングをする。絵や数値を見て、正しいスライドを選ぶ。2回目のリスニングでは、話に登場する順に番号を振ったり、他にわかったことを書き込んだりする。
③聞き取れた内容の確認や新出語句の導入も、生徒と同じスライドを見せながら行うと理解を助ける。

生徒はリスニングしながらシートのスライドに順番をふったりわかったことを書き込んだりする。

3 教科書での内容理解 文字と音を一致させる

開本し、再度本文を聞く。この時生徒は文字を指で追いながら聞き、文字と音を一致させる。開本したまま Round 2 に取り組む。

答え合わせをして内容を確認する。

Key Sentence の文の説明後、ペアで Practice に取り組む。

4 本時の振り返りをする

生徒は、本時の活動について振り返りを行う。Key Sentence を使って、「私は～を…と呼びます」という文を書き残す。

教師は写真の例を提示し、机間指導を行う。

第9時

わかったことをまとめよう②

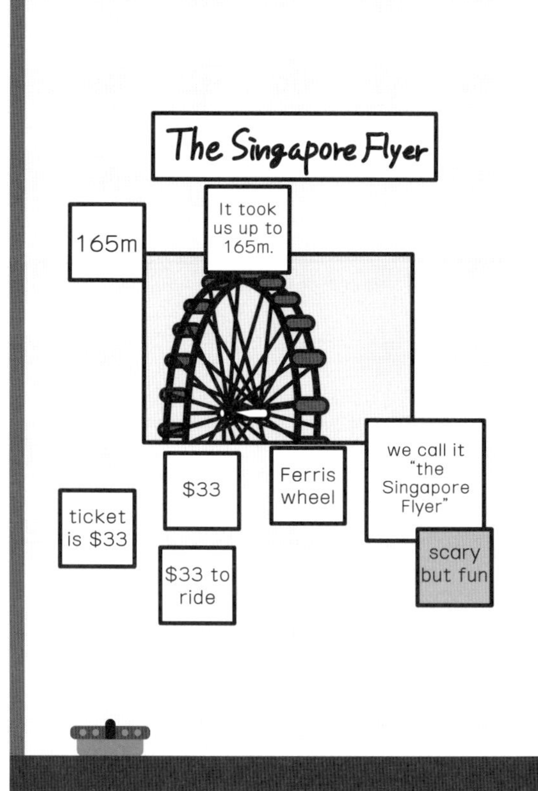

本時の目標

シンガポールの観光地についてわかったことや、資料を用いてさらに調べたことをグループでまとめ、伝え合うことができる。

準備する物

・振り返りカード
・観光地のポスター（掲示用）
・付箋紙
※タブレット端末等でも可

【指導に生かす評価】
◎本時では、記録に残す評価は行わないが、目標に向けて指導を行う。生徒の学習状況を記録に残さない活動や時間においても、教師が生徒の学習状況を確認する。

本時の展開 

1 前時の復習

ペアで前時まで使用したスライドシートを使いながらリテリングする。

教師は、シンガポールフライヤーについてweb 上の地図を用いたり、紙幣について生徒とやりとりをしたりしながら、これまでのポスターに書き加えていく。

2 調べ学習

第７時で使用したポスターを黒板に貼るか、オンライン上の掲示板へ移動する。生徒はさらに調べ学習をし、付箋にわかったことや疑問点を書いて貼る。

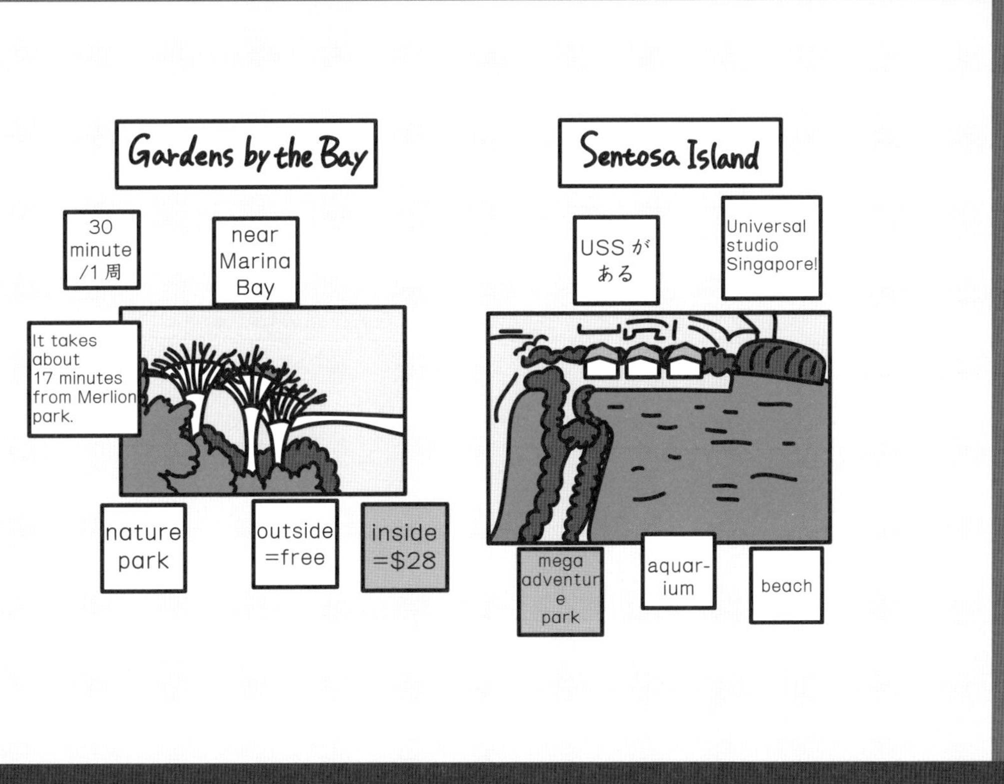

3 これからの学習の見通しをもつ

今日作成したポスターを見て振り返りながら、次時は班で旅行の予定を立てることを伝える。生徒はどこに行ってみたいか、英語で友人と伝え合う。

4 本時の振り返りをする

生徒は、本時の活動について振り返りを行う。

紙ポスターの場合、各担任に事前に許可を得られれば、教室内に掲示する。

Unit Activity

夢の旅行プランを立てよう

本時の目標

グループで夢の旅行プランを立て、簡単な語句や文を用いて伝え合うことができる。

準備する物

・振り返りカード
・クラスで作成したポスター（掲示用）
・ワークシート（活動 **2** ～）
・タブレット端末

【指導に生かす評価】

◎本時では、記録に残す評価は行わないが、目標に向けて指導を行う。生徒の学習状況を記録に残さない活動や時間においても、教師が生徒の学習状況を確認する。

ワークシート活用のポイント

本活動はやり取りを目標としている。そのため、ワークシートは発表する際のメモとして活用できるように使用させる。発表原稿を１語１句書くのではなく、予定表として書かせるよう指導していく。

また、各班にテーマを与えることで、それぞれの班の計画に差を生むことができる。見どころを加えて、発表にギャップを持たせ、同じ旅行先でも興味を持って聞き合えるよう工夫する。

本時の展開 ▷▷▷

1 Small Talk をする インドア派？アウトドア派？

教師が旅行プランを立てながら、インドアとアウトドアの活動で悩んでいる、と生徒に尋ねる。“Which do you like, indoor activities or outdoor ones?” “I like indoor activities. I want to visit an art museum.” 旅行プランを立てる時に、参考にするよう伝える。

2 STEP 2 予定表を作ろう

班ごとにテーマを与え、シンガポールの観光名所をどのように回るか計画を立てる。「家族旅行」「美術部の合宿」「修学旅行」「１人旅」のクジを班代表が引く。これまでクラスで作成したポスターや、ICT 機器を活用して考える。

2 夢の旅行プランを立てよう

今度の夏休みに、 美術部の合宿 でシンガポールへ旅行に行くとして、予定表を作ろう！

STEP2 旅行の予定表を作ろう

		行動予定	メモ(場所について)
例 Day1	7/30	・arrive at Changi International Airport at 6:20 p.m.	
Day2	7/31	・go to Singapore Art Museum.	10 dollars Friday evening - free
Day3	8/1	・go to the art science museum	Near Marina Bay Sands
Day4	8/2	・draw pictures at "Gardens by the Bay"	
Day5	8/3	・go shopping	
Day6	8/4	・leave for Japan at 10:30 a.m.	

3 次時の発表に備えよう

同じプランを考えたメンバー。一人ずつ発表の練習をする。

次回の授業で、全員が旅行プランを発表することを伝える。予定表が完成した班から、STEP 3 のやりとりを練習し、ワークシートのメモをもとに発表できるよう練習する。

教師は机間指導をする。

4 本時の振り返りをする

生徒は、本時の活動について振り返りを行う。班で協力することができたか、周りを見て声掛けしてくれた生徒は誰か、振り返る。

次回の授業で、全員が旅行プランを発表することを伝える。

第11時

Unit Activity

おたがいの旅行プランについてたずねよう

本時の目標

旅行プランを紹介し合うために、自分が立てた予定について、簡単な語句や文を用いて伝えたり、質問に答えたりすることができる。

準備する物

・振り返りカード
・ワークシート（前回のもの）
・シンガポールの地図（各班1枚）

【指導に生かす評価】
◎本時では、記録に残す評価は行わないが、パフォーマンステストに活用できるよう指導を行う。教師が生徒の学習状況を確認する。

本時の言語活動のポイント

本時は、班で工夫して立てた旅行プランを他者に発表する時間である。班ごとに TV の前や黒板の前に立たせて、映像等を提示しながら発表する方法も考えられるが、今回は持ち寄り方式を想定した。持ち寄り方式とは、班を組み替え、座席を移動し、それぞれの場所で全員が発表する方法である。元の班で班員に1,2,3,4と番号を割り当てて、1111,2222,3333,4444, と同じ番号の生徒が集まるよう指示すると動きやすい。その小グループ内で、順番に自分の班のプランを紹介し合う。

班ごとにクラス全員の前に立って発表するよりも、全員が班の代表となるため、役割意識が高まる。また、班のメンバーもしっかり伝えてもらおうと、一生懸命教えだす。

全員が話せるような内容の時や、十分に準備した後に行いたい活動である。

本時の展開 ▷▷▷

1 Small Talk をする 班での最終練習

同じプランを考えたメンバー。一人ずつ発表の練習をする。

前時に立てた班の旅行プランについて、全員が英語で説明できるように練習する。

原稿は書かず、簡単なメモ（予定表）を見て発表することを奨励する。教科書 STEP 3 の例文のやり取りを練習する。

2 グループ代表として発表し合う

発表者
教師は
見回りア
ドバイス

班を組み替え、座席を移動する。この時、班員に1,2, 3,4と番号を割り当て、1111, 2222,3333,4444, と同じ番号の生徒が集まるよう指示すると動きやすい。

順番に自分の班のプランを紹介し合う。

2 グループで立てた計画を発表し合う

活動のポイント ：全員が班の代表として、班で立てた計画をメモをもとに発表し合うことができる。

A) Hello. I'm going to tell you about our plan.
We planned for "the trip for a family".
On July 31, we're going to visit Sentosa Island.
We're going to visit Universal Studio Singapore…
Thank you.
（拍手）
B) Hello. We planned for "the school trip"
On July 31, we're going to go to the art science museum.
We want to study science there.

席を移動した先では、違うプランを持ち寄った４名が集まるため、互いに初めての発表内容を聞き合うことになる。旅行プランのテーマも発表内容に含むことで、それぞれがどのような視点で工夫してプランを立てたかを聞いて理解できると楽しい発表になるだろう。

3 グループで質問とフィードバックをし合う

教員は中間指導として、良かった発表を紹介する。また、各観光地についてさらに質問をするように促し、全体で練習する。

グループ内で観光地について質問し合ったり、それぞれのプランの良かったところをフィードバックし合ったりする。

4 本時の振り返りをする

生徒は、本時の活動について振り返りを行う。発表をしてできたことや、これからできるようになりたいことを書き残す。

次回は旅行中のトラブルについて学習することを伝える。

第12時

Let's Talk ①

ホテルでのトラブルを解決しよう

本時の目標

場面に応じて、苦情を言ったり、それに対して謝ったりすることができる。

準備する物

・振り返りカード
・ワークシート（活動 4 用）
・トラブルカード（1ペアに1束）
・トラブルカード（掲示用）

【指導に生かす評価】
◎本時では、記録に残す評価は行わないが、目標に向けて指導を行う。生徒の学習状況を記録に残さない活動や時間においても、教師が生徒の学習状況を確認する。

① the shower
doesn't work

② the TV
doesn't work

本時の展開 ▷▷▷

1 Small Talk をする 自分の部屋を紹介しよう

教師が、自分の家（部屋）の説明をする。Do you have a TV in your room? I want a new sofa in my room. 等、話題と表現を確認した後、生徒同士で話をする。

家具や家電の名称に触れておく。

2 STEP 1 ・ 2 場面を想像しよう

What will you say?
The air-con is …
not …working.

教師は TV に STEP 1 の絵を映し、ホテルのエアコンが壊れている状況をどう解決したらよいか問う。生徒たちの発言を聞きながら、苦情の言い方、謝り方を確認し、STEP 2 で練習する。

板書のポイント：トラブルにどのような対応方法があるか、生徒の意見を記し、全体で確認する。

③ the people next door
are too noisy
very

④ towels
There are no ——
I can't find

3 STEP3 海外のホテルでのトラブル例を解決しよう

ペアになり、じゃんけんで勝った方がカードを引いてトラブルを訴え、もう1人が謝ったり解決したりする。2ケース以上行う。

その後全体で①のケースから訴え方と解決方法を確認し、黒板にまとめる。教師はあらかじめ指名する生徒に声を掛けておく。

4 本時の振り返りをする

生徒は、本時の活動について振り返りを行う。特に3の活動で発話したことを書き残すよう促す。

教師は机間指導の中で生徒の気付きを学級に共有する。

第13時

Grammar for Communication ①

5つの文構造

本時の目標

これからの英語学習に生かすために、文構造を整理し、理解することができる。

準備する物

・振り返りカード
・いつ・どこでカード（活動 2 用）

【指導に生かす評価】
◎本時では、記録に残す評価は行わないが、目標に向けて指導を行う。生徒の学習状況を記録に残さない活動や時間においても、教師が生徒の学習状況を確認する。

本時の展開 ▷▷▷

1 Small Talk 先週の出来事を話そう

本時は「文構造の理解」が目標であるため、できるだけシンプルな文章でやりとりを始めたい。「昨日の出来事を3文以上で伝えて、相手に1つ質問しよう。」と投げかけ、Small Talk を始める。

2 カードの並べ替えで文構造を復習しよう

日本語の語順で「いつ」「どこで」「だれが」「何を」「だれに（と）」「どうした」の順に並んだあと、英語に裏返し、英語の語順に並び替える。代表生徒が5名、カードを持って並ぶと視覚的に理解を助けることができる。

2 カードの並べ替えで文構造を復習しよう

活動のポイント：日本語と英語の語順の違いや、動詞に続く英語の文構造について、違いを発見する。

T） I need 5 volunteers.（生徒５人出てくる、A3サイズの単語カードを渡す。
T） Please line up to make a sentence.（並び替える） Let's read together.
Ss）「昨日、僕の兄が僕にチョコをくれた」
T） Thanks. Then, please turn the card over!（英単語になる） Can you line up again? Everyone, please help them.（並び替える）
T） Let's read together.
Ss） My brother gave me chocolate yesterday.
T） Thank you volunteers, please go back to your seat.
T） Try a next sentence. I need 4 volunteers.（生徒４人出てきて、"We call the dog Pochi." に挑戦する。

T） Did you find the differences between Japanese & English? Let's check!（このあと日本語で意見を吸い上げながら補足、説明する）

3 Let's Try

生徒は教科書の Let's Try に取り組む。今後の活動に生かすことが目的のため、「どの文型に当てはまるか」という分類はしない。

動詞のあとにどのような単語が続くか、全体で気付きを共有する。

4 本時の振り返りをする

生徒は、本時の活動について振り返りを行う。できたことやこれからできるようになりたいことを中心に記述するよう励ます。

教師は机間指導の中で生徒の気付きを学級に共有する。

第14時

Learning HOME ECONOMICS in English

海外旅行のおみやげを選ぼう

本時の目標

友人や家族に合ったおみやげを選ぶために、英語の表示を理解し、誰にどのおみやげをあげるか、理由とともに紹介することができる。

準備する物

・振り返りカード
・海外の食品ラベルスライド（クイズ用）
・海外のお土産（もしあれば）

【指導に生かす評価】
◎本時では、記録に残す評価は行わないが、目標に向けて指導を行う。生徒の学習状況を記録に残さない活動や時間においても、教師が生徒の学習状況を確認する。

目標
海外のおみやげを選ぶために
Learn Home economics in

p.19
(①) 原材料名
(③) 賞味期限 Before
(②) アレルギー物質表示
(④) 栄養成分表示
(⑦) たんぱく質 プロテイン
(⑤) 脂質 Fat
(⑧) 食塩相当量 salt
(⑥) 炭水化物

本時の展開 ▷▷▷

1 導入クイズ：海外の食品のラベルから、商品を予想する

This is a food label of sweets from my country.
Cookie?
Cookie!!
Chocolate

閉本したまま、ALT が JTE におみやげを買ってきたという設定で問題を出す。

空き箱等の実物があるとさらに盛り上がるだろう。

2 誰にどんなおみやげを渡すか考える

I'll buy chocolates for my mother.
My brother doesn't like chocolate.

開本し、Task 1 に出てきたお土産を誰に渡すか考える。

シンガポールのおみやげで買いたいものと、誰に渡すかを会話できるよう中間指導を行い、全体でも確認する。

板書のポイント：新出単語で常用ではないものは、黒板に記しておき、生徒の活動への理解を助ける。

English

教科書の
食品表示の
コピー

・Wheat flour：小麦粉
・Eggs：たまご
・Peanuts：ピーナッツ
・milk：牛乳
・vitamin：ビタミン
・Fiber：食物せんい
・syrup：シロップ

3 クイズ②：海外の食品のラベルから、商品を予想する

This is a food label of sweets from my country.
Cookie?
Cookie!!
Chocolate

再度 ALT とのやり取りを通じて、Task 2 に取り組む。発音練習も行う。生徒が知らないであろう食品や味を入れることで、海外で食品を購入する際に食品表示を確認することの必要性を感じさせる。

4 本時の振り返りをする

生徒は、本時の活動について振り返りを行う。できたことやこれからできるようになりたいこと、旅行について考えたことを書くよう促す。

教師は机間指導の中で生徒の気付きを学級に共有する。

Let's Listen ①

いよいよ旅行へ出発！機内放送を聞き取ろう

本時の目標

目的地に無事到着できるように、機内放送を聞いて必要な情報を聞き取ることができる。

準備する物

・振り返りカード
・空港や機内の写真（提示用）

【指導に生かす評価】
◎本時では、記録に残す評価は行わない。必要な情報が聞き取れるよう事前指導をし、記録に生かす評価を行う際、生徒が自信を持って取り組めるようにする。

目標
飛行機内の放送を聞いて
必要な情報を get しよう

Flight No.
☆到着する：get to

教師の実際の写真（機内食等）でも可

・snacks
・drink
・blanket
・earphone
・magazine

本時の展開 ▷▷▷

1 Small Talk をする 飛行機での過ごし方について

本時のねらいを確認後、「Before You Listen」のコーナーにある、「海外旅行で飛行機に乗るとき、機内でどのように過ごしたいか」を話し合う。対話がスムーズに進むよう、最初の疑問文は提示してもよい。

2 STEP1 離陸後の案内を聞こう

機内サービスや便名等についての情報は、生徒によっては予想もつかないことが考えられる。教師の写真や動画等を用いて、やり取りの中で確認してからリスニングを行う。

板書のポイント：新出単語で常用ではないものは、黒板に記しておき、生徒の活動への理解を助ける。

Time　local time

a.m. / p.m.

in the morning / in the afternoon / evening

weather

・sunny ・cloudy  ・rainy

temperature

15℃　degree = 59F°

＊ ℃ × 1.8 + 32 = F°

3 STEP2 到着地の情報を聞こう

到着地の情報を流す前に、Step 2 に書かれている時間、天気、気温の表現をペアで確認させる。一度英語で発話しておくことで、情報を聞き取りやすくなる。気温についての説明も加える。答え合わせの後、ペアで協力して STEP 3 に取り組む。

4 本時の振り返りをする

生徒は、本時の活動について振り返りを行う。できたことやこれからできるようになりたいこと、旅行について考えたことを書くよう促す。

教師は机間指導の中で生徒の気付きを学級に共有する。

第16時

パフォーマンステスト

旅行プランを紹介しよう

本時の目標

これまでに学習したことを生かして、日本の観光名所について、簡単な語句や文を用いて伝えたり、質問に答えたりすることができる。

準備する物

・振り返りカード
・課題カード
・ルーブリック（掲示用、配布用）
・録画機材

【聞くこと、話すことの記録に残す評価】

◎「聞くこと」「話すこと（やりとり）」における「知識・技能」「思考・判断・表現」「主体的に学習に取り組む態度」の評価を行う。ルーブリックを事前に提示し、指導する。

本時の言語活動のポイント

本時は、本単元の最終活動として、旅行プランを伝えるパフォーマンステストを行う。

授業のはじめにテストの手順を確認する。抜き出しでテストを行う場合、不安を感じる生徒も少なくない。生徒の力を十分に発揮させるため、座席配置や入退室などについても丁寧に説明しておきたい。

事前にルーブリックを提示しておくことも重要なポイントである。評価基準を事前に示しておくことで、生徒自身の目標設定や振り返りに生かすことができる。

本時の展開 ▷▷▷

1 テストの手順を確認す

実施場所、実施順、待つ場所や座席の配置について説明する。教室から抜き出しでテストを行う場合、動きを事前に説明すると安心して臨める生徒が多い。録画したものは評価に使用することを伝える。

2 前時までの復習を行う

テストで使用するカードと同じ形のものを提示し、全員に対して聞かれる予定の質問を問う。教科書でのやりとりを思い出しながら、カードの見方についても説明できる。必要に応じてルーブリックから数点評価基準を見せるのもよい。

2 ルーブリックを提示する

事前にルーブリックを提示しておくことで、生徒自身の目標設定や振り返りに生かすことができる。

	B（できた）	A（よくできた）	C（もう少し）
質問に答える	質問に対してほぼ適切に応答することができている。	すべての質問に対して適切に応答することができている。	質問に対して不自然な応答があった、もしくは単語で応答している
自分の意見を伝える	不安な単語があったが、英語で述べることができている。	適切に述べることができている。	単語のみで伝えている、もしくは意見を話せていない。
流暢さ	考えた部分もあったが、スムーズに話し、速度やポーズが適切。	沈黙がなく、スムーズに話している。速度やポーズが適切。	沈黙が多く、話すスピードが遅い。

3 パフォーマンステストを実施する

廊下や別室にてパフォーマンステストを行う。詳しい実施方法については次のページ。スムーズに実施できるよう制限時間の設定と、次の生徒の待機場所を用意することをおすすめする。定点から撮影し、評価する。

4 本時の振り返りをする

教室では振り返りシートの記入、単元のまとめテストに取り組ませる。教員からのフィードバックは後日となるが、自己評価を書かせて努力も見とりたい。

パフォーマンステスト 旅行プランを紹介する

活動の概要

第16時では、本単元の最終活動として、旅行プランを伝えるパフォーマンステストを行う。生徒はその場でカードを引き、設定された旅行プランについてやり取りをする。単元内での活動が生かされるよう、「予定表」「観光名所」「観光地の情報」をカードに記載しておく。ALT とのやり取りを通じて、既習語句や表現を使ったり、旅行の魅力についても考えを伝えたりすることができるようにしたい。教室外にテスト会場を設定して行うことを想定している。

活動をスムーズに進めるための 3 つの手立て

①テストの手順を確認
全体でテストの手順を確認する。座席配置や、入退室についても説明する。

②前時までの復習
既習事項を使って全体で復習する。カードの見方の説明にもなる。

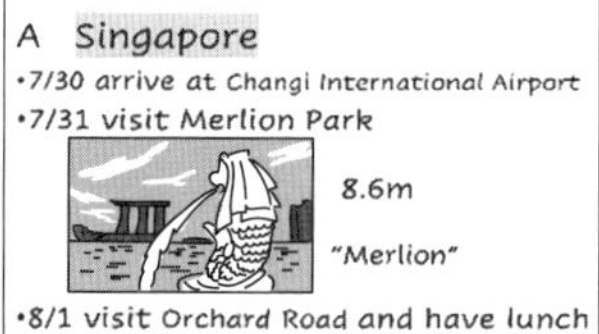

③ルーブリックの提示
評価規準を事前に示し、目標設定と振り返りに生かす。

	B（できた）	A（よくできた）	C（もう少し）
質問に答える	質問に対してほぼ適切に応答することができている。	すべての質問に対して適切に応答することができている。	質問に対して不自然な応答があった。もしくは単語で応答している
自分の意見を伝える	不安な単語があったが、英語で述べることができている。	適切に述べることができている。	単語のみで伝えている。もしくは意見を話せていない。
流暢さ	考えた部分もあったが、スムーズに話し、速度やポーズが適切。	沈黙がなく、スムーズに話している。速度やポーズが適切。	沈黙が多く、話すスピードが遅い。

活動前のやり取り例

JTE：Look at this card. This is the card you will choose. You will pick one card like this.
ALT：Now, Ms. ○○ , today, you're going to tell me an example of the trip, right?
JTE：(カードを見せて)　　S1：Yes! Singapore!
JTE：Oh, thank you S1. Yes, I am. I am going to Singapore.
ALT：Wow, sounds nice. What are we going to do there? Tell me about our schedule.
JTE：OK! I'm going to go to…　　S2：I'm going to visit ….
ALT：I see. I'm interested in … What's …?　　S3：We call this … It's ○○ m tall.
ALT：Thank you. Have a nice trip! Anyway, do you like to travel abroad?　　S4：Yes.
ALT：Tell me more.　　JTE：On overseas trip, we can experience….

活動前のやり取りのポイント

テストで使うカードを 1 枚拡大し、全員に対して、Do you have any plans for summer vacation?" "Where are you going to go?" "Does it have a name?" 等と問う。教科書でのやり取りを想起させると同時に、カードの見方も説明できる。また、抜き出しでのパフォーマンステストを初めて行う場合、不安を感じる生徒もいる。座席や順番等を事前に説明するとよいだろう。

活動のポイント

旅行の予定や、観光名所の特徴を相手に伝えることは、単元を通して継続して指導してきている。ALT に正確に伝えられたという経験をさせることで、今後の学習意欲を高めたい。また、本時までシンガポールへの旅行に限定してやり取りをしていたが、ALT とのギャップを作るため、テストでは日本の有名な観光地を紹介させる。本単元や本時を通して、旅行への興味関心も育むことができたらと思う。

メイン
活動

Now please read it silently.

生徒は裏返してあるカードから1枚その場で選んでスタートする。

活動中のやり取り例

ALT：Hello, how are you?　S：I am well, thank you, and you?.
ALT：I am well, thanks. Today, you're going to tell me an example of the trip in Japan, right?
S　：Yes.　ALT：Thank you! Now, please take one card from here. Read it silently.
ALT：Are you ready?　S：Ah…OK.
ALT：Where are we going to go during summer vacation?
S　：We're going to go to Tokyo.　ALT：Tokyo. Nice. Tell me your plan more.
S　：On August 10, we're going to visit Tokyo tower. On August 11, we will watch a baseball game at Tokyo Dome.　ALT：Wow. How tall is Tokyo tower? ……

活動後のやり取りのポイント

テストの公平性を保つため、教室外で行うこと、課題を複数用意すること、課題の難易度が同じになるよう作成すること、を意識する。戻った生徒に声掛けしたいところだが、待機している生徒は振り返りシートの記入や単元テストを静かに行えるとよい。（JTE がテストを行う場合も含め、）評価は、録画を見ながら JTE が中心となって行い、後日返却を想定している。

Unit 2

【中心領域】書くこと

Food Travels around the World （14時間）

＋Let's Talk ②／Let's Listen ②／Grammar for Communication

単元の目標

友だちのお気に入りのレストランについて、その魅力を伝える Web 記事を書くために、事実や自分や友だちの考え、気持ちなどを整理し、簡単な語句や文を用いてまとまりのある文章を書くことができる。

単元の評価規準

知識・技能	思考・判断・表現	主体的に学習に取り組む態度
・接続詞 when, if, that, because を用いた文の形・意味・用法を理解している。 ・友だちのお気に入りのレストランの魅力など、日常的な話題について、接続詞 when, if, that, because などを用いて簡単な語句や文を書く技能を身につけている。	・友だちのお気に入りのレストランについて、その魅力を伝える Web 記事を書くために、事実や自分や友だちの考え、気持ちなどを整理し、簡単な語句や文を用いてまとまりのある文章を書いている。	・友だちのお気に入りのレストランについて、その魅力を伝える Web 記事を書くために、事実や自分や友だちの考え、気持ちなどを整理し、簡単な語句や文を用いてまとまりのある文章を書こうとしている。

単元計画

第１～４時（導入）	第５～６時（展開①）
1．自分の好きなレストランについて話してみよう ALT と JTE がインターネットのグルメ記事について話す対話を聞き、単元終末に自分たちが ICT 端末を活用して Web 記事の原稿を作成することを知る。 **2．自分の好きなカレー料理について話してみよう** 教科書本文で様々な種類のカレーが登場するため、そこで使われる語彙や表現を基に自分の好きなカレー料理について伝え合う。 **3．朝美の持っている本のタイトルと内容を想像してみよう。** 教科書本文の概要を理解し、朝美の持っている本のタイトルと内容を想像する。 **4．接続詞 if, when の使い方に慣れよう** 接続詞 if, when を使って自分の考えや気持ちを伝え合うことで、その意味や用法を理解する。	**5．自分の好きなレストランについてペアで話し、相手にその魅力を伝えよう。** 自分の好きなレストランについて伝え合う活動を行い、魅力を伝える工夫について考える。 **6．自分の好きなレストランについてペアで話し、さらにその魅力を伝えられるように工夫しよう。** 前時の活動を振り返り、自分の好きなレストランについてやり取りの中で伝えられるようにする。

指導のポイント

中学校２年生では多くの学校が職場体験などのキャリア教育に取り組んでいる。そこで本単元では、単元目標をキャリア学習と関連付けて、「目指せ Web ライター！友だちのお気に入りのレストランを魅力的な記事にまとめよう」と生徒に示すことで、将来の職業について興味を持ち始める中学２年生を意欲付けする。

展開①では、自分のお気に入りのレストランについて伝え合い、お互いに質問をし合うことで、単元末での活動に必要な語句や表現に慣れ親しませたい。

展開②では、Web 記事の書き方についてのポイントについて実際に提示した上で、「友人への取材→ ICT 端末を活用した記事作成」という学習活動を設定する。

終末では学習支援ソフトのストリーム上等でお互いに作品を読み合い、相互評価することで Web 記事の内容を工夫させたい。単元終末では記事の感想を伝え合わせた上で単元の学習を振り返らせる。

評価のポイント

第12時終了時に Web 記事（レポート）を提出させる。内容から「友達のお気に入りのレストランについて、簡単な語句や文を用いて魅力を伝えられているか」について見取り、「思考・判断・表現」「主体的に学習に取り組む態度」の評価を記録に残す。また、接続詞 when、if、that、because の使用について見取り、「知識・技能」についての評価を記録に残す。

Web 記事の作成にあたって単元で接続詞を使用しない場合も考えられるため、第13時は接続詞の活用を促す状況設定をした上で言語活動を行わせ、知識・技能の評価を記録に残すようにする。

第７～10時（展開②）	第11～14時（終末）
7．Web 記事の書き方について学ぼう Web 記事の書き方に関するワークシートで、記事の書き方のコツを学び、実際の記事の中にそれらの工夫を探す。 **8．Web 記事を書くために取材をしよう①** Web 記事を書くために、クラスメートにインタビューし、書くための材料を集める。 （Let's Talk ②を含む） **9．Web 記事を書くために取材をしよう②** Web 記事を書くために、クラスメートにインタビューし、書くための材料を集める。 （Let's Listen ②を含む） **10．ICT 端末を使って Web 記事を書いてみよう** ICT 端末の文書作成機能を使って、インタビューした内容を記事にまとめる。	**11．ICT 端末を使って他の人の記事を読み、コメントやアドバイスを書こう** 第９時に作成した記事を共有し、コメント機能を利用してお互いに感想やアドバイスを送り合う。 **12．コメントを参考にしながら、さらに情報を整理し、内容をより良くしよう。** 書き込まれたコメントやアドバイスを基に、内容を見直し改善する。 記録に残す評価【書】 知 思 態 **13．他の人の記事を読み、自分の行きたいレストランについて伝え合おう。** 読んだ Web 記事の中から自分が行ってみたいと思ったレストランについて伝え合う。活動後、話した内容について、書いてまとめる。 記録に残す評価【書】 知 （Grammar for Communication を含む） **14．単語レポートを作ろう** 単元で学んだり、使ったりした単語について、レポートを作成する。（学び方コーナー１）

第1時

扉・Preview

自分の好きなレストランについて話してみよう

本時の目標

単元の目標を知るとともに、自分の好きなレストランについて話すことができる。

準備する物

・ワークシート
・Web 記事の例（レストラン紹介）
・大型 TV またはプロジェクター

【指導に生かす評価】

◎本時では、記録に残す評価は行わないが、目標に向けて指導を行う。子供の学習状況を記録に残さない活動や時間においても、教師が子供の学習状況を確認する。

本時の言語活動のポイント

本時の最初の活動である Small Talk は、教科書の扉絵に従って行う。中間評価の場面で、「言いたかったけれども言えなかった表現」を生徒に聞いた場合、自分の考えを表すための表現について知りたいという発言が出てくることが考えられる。その場合、生徒の様子を観察しながら、“I think ～” の表現を導入する。ただ、この時点では内容を伝え合うことを重視し、文法的な指導は行わない。

同様に、自分の好きなレストランについて伝え合う言語活動においても、英文の正確さよりも内容を伝え合うことを重視して指導する。

本時の展開 ▷▷▷

 単元の目標を知る

JTE と ALT が、インターネットの記事を見ながら会話する。会話の最後に ALT が生徒に、「みんなの好きなレストランについて知りたい」と伝える。生徒は単元の目標が「目指せ Web ライター！」であることを知る。

2 教科書扉絵の Small Talk 及び Preview の聞き取りを行う

教科書の扉絵を見ながら、どれが日本食だと思うかについて Small Talk を行う。

T：Which one is an original Japanese food?
S：Tempura?
T：I see. You think Tempura is an original Japanese food. So, form pairs and talk.

1 単元の目標をキャリア教育と関連付け、生徒を意欲付けする

活動のポイント：ALTや生徒とやり取りをしながら、単元目標を生徒に伝える。

JTE）○○ sensei, what are you looking at?
ALT）I'm reading a web page about some restaurants. Look, this restaurant looks nice.
（ここで大型TVにWeb記事の例を提示する）
JTE）I know this restaurant, but there are many other good restaurants in Sendai.What is your favorite restaurant, S_1?
S_1）I like □□（店の名前）. I like miso ramen.
JTE）I know □□. I like the restaurant, too. How about you S_2? What is your favorite restaurant?
S_2）I like △△. It's a sushi restaurant.
ALT）Oh, you have many good restaurants in this city. I want to know more.
JTE）That's a good idea! Everyone, please make web pages about good restaurants in Sendai with your computer.　きっとみんなの中には将来こんな仕事をする人もいるかもしれないね…。よし、この単元では記者になったつもりでWeb記事の書き方についてみんなで体験してみよう。ちょうど今、総合学習で職業について勉強しているしね。じゃあ、単元目標を確認するよ。

単元目標「目指せWebライター！　友だちのお気に入りのレストランを魅力的な記事にまとめよう」を黒板に示し、ワークシートに記入させる。

3 自分の好きなレストランについて伝え合う

「自分の好きなレストランについて伝え合う」活動においても、既習事項を活用し、内容を伝え合うことを重視して指導する。

中間評価の際、自分の好きなレストランについて上手に伝えられている生徒と教師が会話することで既習事項の活用への意識を高めたい。

4 本時の振り返りをする

ワークシートに今日の言語活動で学んだ語句や表現、気づいた事をメモさせる。

第2時

Scene ①

自分の好きなカレー料理について話してみよう

本時の目標

教科書本文で様々な種類のカレーが登場するため、そこで使われる語彙や表現を基に自分の好きなカレー料理について伝え合う。

準備する物

・ワークシート
・大型 TV またはプロジェクター

【指導に生かす評価】
◎本時では、記録に残す評価は行わないが、目標に向けて指導を行う。子供の学習状況を記録に残さない活動や時間においても、教師が子供の学習状況を確認する。

ワークシート作成のポイント

ワークシートについて、毎時間大きくスタイルを変更すると、生徒が戸惑ってしまう。一年間を通して、同じスタイルのワークシートを使用したい。

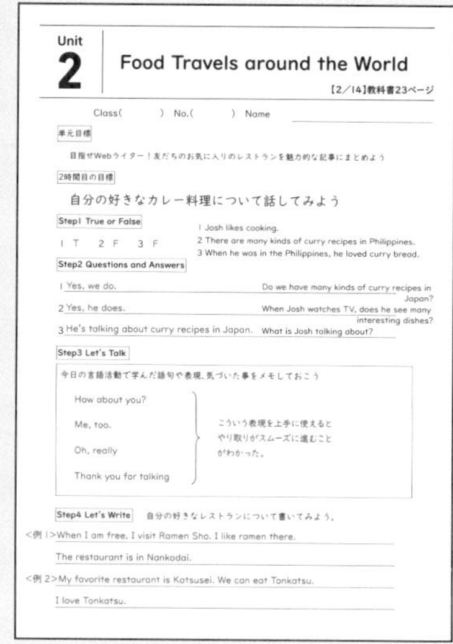

Unit 2 Food Travels around the World
【2／14】教科書23ページ

Class(　　　) No.(　　　) Name

単元目標
目指せWebライター！友だちのお気に入りのレストランを魅力的な記事にまとめよう

2時間目の目標
自分の好きなカレー料理について話してみよう

Step1 True or False
1 T　2 F　3 F
1 Josh likes cooking.
2 There are many kinds of curry recipes in Philippines.
3 When he was in the Philippines, he loved curry bread.

Step2 Questions and Answers
1 Yes, we do.　Do we have many kinds of curry recipes in Japan?
2 Yes, he does.　When Josh watches TV, does he see many interesting dishes?
3 He's talking about curry recipes in Japan.　What is Josh talking about?

Step3 Let's Talk
今日の言語活動で学んだ語句や表現、気づいた事をメモしておこう
How about you?
Me, too.
Oh, really
Thank you for talking
こういう表現を上手に使えるとやり取りがスムーズに進むことがわかった。

Step4 Let's Write　自分の好きなレストランについて書いてみよう。
<例 1>When I am free, I visit Ramen Sho. I like ramen there.
The restaurant is in Nankodai.
<例 2>My favorite restaurant is Katsusei. We can eat Tonkatsu.
I love Tonkatsu.

本時の展開 ▷▷▷

1 Small Talk を行う

Small Talk では、好きな料理について伝え合わせる。その中で、既習事項を思い出させるように指導する。

2 T or F、Q & A を通して本文の内容を理解する

Scene 1 本文の内容理解については、T or F や Q & A を通して、Josh が話している概要や要点について読み取ることを意識させて指導を行う。全文を完全に理解させるような指導は行わない。

4 第５～６時の言語活動につなげるためのスモールステップ

活動のポイント：本時の振り返りの際に、第５～６時の言語活動で使えそうな表現を考えさせておく。

Step4 Let's Write　自分の好きなレストランについて書いてみよう。

<例 1>When I am free, I visit Ramen Sho. I like ramen there.
The restaurant is in Nankodai.

<例 2>My favorite restaurant is Katsusei. We can eat Tonkatsu.
I love Tonkatsu.

ワークシートの最後には、第５～６時の言語活動につなげるためのスモールステップとして、自分の好きなレストランについて書きためさせておく。英語の苦手な生徒は、第５～６時の言語活動で何を話してよいか戸惑ってしまうことが考えられるため、自ら話すきっかけになるような英文についてはメモさせておきたい。

ICT 端末の翻訳機能を使って、単語や表現を調べさせることも考えられるが、必要最小限にとどめたい（翻訳機能に頼りすぎないようにするため）。

3 自分の好きなカレー料理について伝え合う

本文中の語彙や表現を参考に、自分の好きなカレー料理について伝え合わせる。中間評価では、既習の接続詞（and, so, but 等）や、新出の接続詞 when を活用させるような指導を意識する。

4 本時の振り返りをする

ワークシートに、本時の言語活動で学んだ語句や表現、気づいた事をメモさせる。また、自分の好きなレストランについて書ける文や表現をメモさせておき、第５～６時での活動に備えさせる。使いたい単語や表現がある場合は、ICT 端末の翻訳機能等を使ってもよい。

第3時

Scene ②

朝美の持っている本のタイトルと内容を想像してみよう

本時の目標

Scene 2 本文の概要を理解し、朝美の持っている本のタイトルと内容を想像することができる。

準備する物

・ワークシート
・ICT 端末
・大型 TV またはプロジェクター

【指導に生かす評価】

◎本時では、記録に残す評価は行わないが、目標に向けて指導を行う。子供の学習状況を記録に残さない活動や時間においても、教師が子供の学習状況を確認する。

本時の ICT 端末活用のポイント

本時の教科書本文の会話の概要から、朝美の持っている本のタイトルを想像させる。その後、生徒に ICT 端末で予想したタイトルを入力させ共有する。右の例では学習支援ソフトのホワイトボード機能を活用した場合のイメージを示している。

これらのタイトルと本文の内容を合わせて、生徒にさらに“in the other half”の内容を具体的に考えさせる。

タイトルは英語で考えさせるが、“in the other half”の内容については日本語で書かせ、生徒の考えを発表させたい。

本時の展開 ▷▷▷

1 T or F、Q & A を通して本文の内容を理解する

デジタル教科書等を使いながら、オーラルイントロダクションで Scene 2 本文の内容を紹介する。その後数回音読練習し T or F を、さらに数回音読後に Q & A を行い本文の概要を理解させる。

2 朝美の持っている本のタイトルと内容を想像する

会話が途中で終わっている事を理解させた上で、Plus One に取り組ませ、その後で、朝美の持っている本のタイトルを想像させる。ペアやグループで話し合わせてもよい。

3 朝美の持っている本のタイトルを想像し、ICT 端末で共有する

活動のポイント：学習支援ソフトのホワイトボード機能などを活用する。

学級に 1 枚ではスペースが足りない場合、グループごとに 1 枚作成させる。いったん作業が終わったら、ICT 端末を閉じ、大型 TV やプロジェクターを使って共有することで、生徒をその後の学習に集中させる。

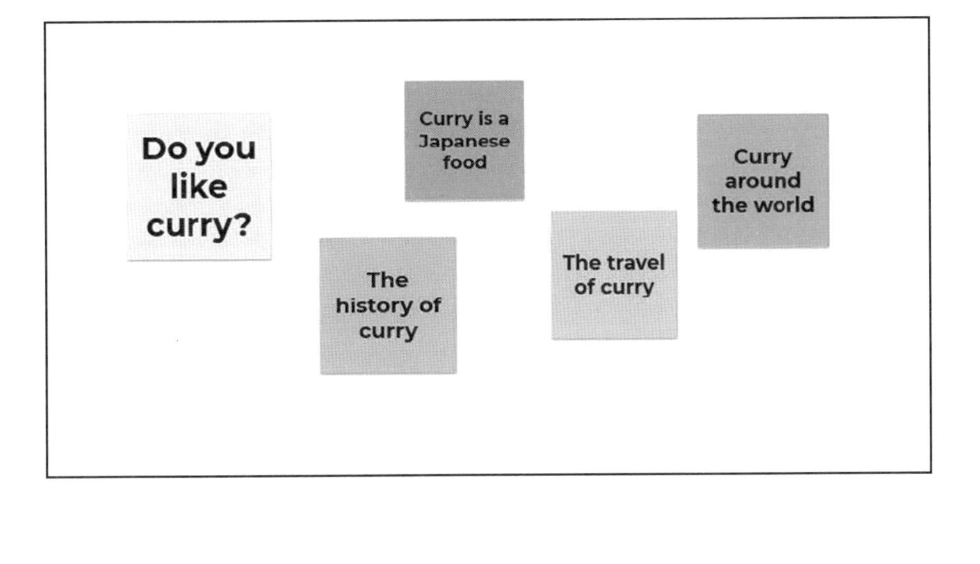

Do you like curry?
Curry is a Japanese food
Curry around the world
The history of curry
The travel of curry

3 想像したタイトルを ICT 端末で共有する

想像したタイトルを、学習支援ソフトのホワイトボード機能を活用して共有する。そのタイトルを手がかりに、生徒に "in the other half" の内容を予想させ、本文の内容理解を深めさせる。

4 本時の振り返りをする

ワークシートの最後で If を使った疑問文に答えさせることで、If の意味や用法に慣れ親しませるとともに、第 5 ～ 6 時での活動に備えさせる。

第4時

Mini Activity

接続詞if, whenの使い方に慣れよう

本時の目標

接続詞 if, when を使って自分の考えや気持ちを伝え合うことで、その意味や用法を理解する。

準備する物

・アニメに登場する道具の絵（掲示用）
・上記のスライドショー
・ワークシート
・大型 TV またはプロジェクター

【指導に生かす評価】

◎本時では、記録に残す評価は行わないが、目標に向けて指導を行う。子供の学習状況を記録に残さない活動や時間においても、教師が子供の学習状況を確認する。

本時の言語活動のポイント

これまで Key Sentence として登場した接続詞 if, when について、Mini Activity のページを活用し、言語活動の中で意識的に使わせることでその意味や用法を理解させたい。

本文や単元目標からは少し離れてしまうが、生徒が子供の頃から慣れ親しんだアニメーションに登場する道具について考えや気持ちを伝え合う言語活動を設定し、接続詞 if, when への慣れ親しみを深めさせたい。

if, when を使った場合、主文は「I would～」の表現が適切なことが多いと考えられるが、無理させず、「I will～」で代用させてよいと考える。

また、この活動は教科書の Speak & Write の代わりの活動として行うことを想定している。

本時の展開 ▷▷▷

1 アニメに登場する道具の言い方を知る

教科書 p.25、Mini Activity の Listen に取り組んだ後、本時の活動目標を共有する。その後、生徒が子供の頃に慣れ親しんだと思われるアニメーションの中に登場する道具をスライドショーで示し、英語での言い方を確認する。

2 接続詞 if, when を使った Teacher Talk を聞く

JTE と ALT が、画面に示した道具について、接続詞 if, when を使ってやりとりする。

（テーマ例）「タイムマシンがあったら」「どこでもドアがあったら」など、if や when が使われそうなテーマを選ぶとよい。

3 接続詞 if, when を使って自分の考えや気持ちを伝え合う言語活動

活動のポイント：慣れ親しんだアニメーションの道具を話題とすることで、接続詞 if, when を使う必然性のある状況を設定する。

（生徒同士のやりとりの例）

S_1）What will you do if you have a time machine?

S_2）I will go to Edo jidai.

S_1）Edo jidai? Why?

S_2）I like Tokugawa Ieyasu.

S_1）When you meet him, what do you want to do?

S_2）I want to talk with him.

S_1）Wow, that's great!

上記の例では黒板にタイムマシンの絵を示した場合の生徒のやり取り例を示している。もちろん、すぐにこのようなスムーズなやり取りができるとは考えられないが、話題となる「アニメの道具」を変えたり、中間評価での指導を工夫したりしながら、生徒が上記のような対話ができるよう、指導していく。

3 接続詞 if, when を使って自分の考えや気持ちを伝え合う

2 の JTE と ALT の会話にならって、生徒同士で自分の考えを伝え合う。「活動―指導ー活動」の流れで、できるだけ多くの道具について伝え合い、接続詞 if, when の意味や用法を理解する。

4 本時の振り返りをする

自分で話した単語や文、表現、他の人から聞いたりして印象に残った単語や文、表現などをメモする。

また、今日までに学習した内容で、自分の好きなレストランについてどんなことが書けるかについていったんまとめさせておく。

第5時

Read and Think ①

自分の好きなレストランについてペアで話し、相手にその魅力を伝えよう

本時の目標

自分の好きなレストランについてペアで話し、相手にその魅力を伝える工夫について考えることができる。

準備する物

・ワークシート
・ICT 端末（必要に応じて）
・大型 TV またはプロジェクター

【指導に生かす評価】

◎本時では、記録に残す評価は行わないが、目標に向けて指導を行う。子供の学習状況を記録に残さない活動や時間においても、教師が子供の学習状況を確認する。

本時の言語活動のポイント

本時の言語活動では、自分の好きなレストランについてペアで伝え合う。これまで書きためた文を基にして生徒は伝え合うことが考えられるが、次第にワークシートから目を離し、自分の考えや気持ちを話す生徒が出てくると思われる。最初の中間評価ではそのような取り組みを評価し、クラス全体で共有したい。

相手を替えた２回目以降の活動では、さらに様々な工夫をする生徒が出てくることが考えられる。「ジャスチャーを使う」「アイコンタクトをする」といったものから、「途中で疑問文を入れると良い」「I think～を使って自分の考えを言うと良い」「ICT 端末を使って写真を提示すると良い」など、生徒の工夫を引き出し、やり取りの質を高めたい。

本時の展開 ▷▷▷

1 Small Talk を行う

本時の終末で、「自分の好きなレストランについて伝え合う」ことから、「自分の好きな○○」について、Small Talk を行う。題材は、生徒の興味関心に応じて設定するとよい。

（例）自分の好きなテレビ番組

2 T or F、Q & A、Round 1 ～ 3 を通して本文の内容を理解する

Read and Think 1 の本文から日本にカレーがどのように伝わったかについて読み取るとともに、I think（that）～の意味と用法について理解する。

4 振り返りで「相手に魅力を伝える方法」について考えさせる

活動のポイント：言語活動間の中間評価での指導を振り返らせ、次時の活動への見通しを持たせる。

生徒の自己評価欄への記述例

自分の好きなレストランについて伝え合い、魅力を伝えられるようするにはどうしたらよいか、メモしておこう。

ジェスチャーやアイコンタクトなど、小学校で勉強したことが役に立つと思った。また、〇〇さんは会話の途中で疑問文を使って相手に関心を持ってもらえるようにしていた。今日勉強した、I think……の表現も便利だなと思った。次回の授業までに、ICT 端末を使って写真を準備しておこうと思う。

3 自分の好きなレストランについてペアで伝え合う

これまで書きためてきた表現を基に、自分の好きなレストランについてペアで伝え合う。中間評価では、その魅力を伝えるために工夫している生徒の取り組みを共有する。

最初はワークシートで確認する生徒もいるが、2回目以降は即興で話させたい。

4 本時の振り返りをする

振り返りでは、自分の好きなレストランについて伝え魅力を伝えるための手立てについて考える。

第6時

Read and Think ②

自分の好きなレストランの魅力を伝えられるように工夫しよう

本時の目標

第5時の学習を受け、自分の好きなレストランの魅力を伝えるために、さらに工夫しながら伝え合うことができる。

準備する物

・ワークシート
・ICT 端末（必要に応じて）
・大型 TV またはプロジェクター

【指導に生かす評価】

◎本時では、記録に残す評価は行わないが、目標に向けて指導を行う。子供の学習状況を記録に残さない活動や時間においても、教師が子供の学習状況を確認する。

右のような共有機能のあるソフトを用いることで一度にクラス全員が一枚のシートに振り返りを入力できる。

本時では入力されたデータを他の単元や他学年に活用することも考えているため、後で編集しやすいソフトを使用するとよい。

本時の展開 ▷▷▷

 Small Talk を行う

第5時と同様、「自分の好きな○○」について、Small Talk を行う。どんな題材がするかについては、生徒の興味関心に応じて設定するとよい。(例)「自分の好きな歌手」

中間評価では、第5時の生徒の振り返りから魅力を伝えるための工夫の仕方を紹介する。

2 TorF, Q&A, Round 1 ～ 3 を通して本文の内容を理解する

Read and Think ②本文から、ナポリタンやカリフォルニアロールのように、伝わった国で独自の変化をした食べ物について読み取るとともに、接続詞 because の意味と用法について理解する。

4 学習支援ソフトを活用し、個人の振り返りを一つのファイルに同時入力する

第5～6時の言語活動で生徒たちは、「どうやったら自分のお気に入りのレストランについて、魅力を伝えられるか」を考えてきた。本時の終末ではICT端末を活用し、その学びをまとめる。この情報を共有することで次時にWeb記事を書く際に様々な気付きがあることが期待される。また、ここでまとめた情報を、他の単元や他の学年で活用することも考えられる。

共有

	A	B	C	D	E	F	G
1							
2							
3							
4							
5							
6							
7							
8							
9							
10							
11							

3 自分の好きなレストランについて第5時と異なるペアで伝え合う

中間評価の際、第5時の生徒の振り返りなどから「魅力を伝える工夫」を共有しながら、言語活動を繰り返す。

4 本時の振り返りをする

振り返りでは、魅力を伝えるための手立てについてまとめさせる。

個人でワークシートにまとめさせた後にICT端末の学習支援ソフトで共有ファイルやアンケートに入力させ、記録しておくとよい。

第7時

Web記事の書き方について学ぼう

本時の目標

実際の Web 記事のワークシートから、記事の書き方ついての工夫を学ぶ。

準備する物

・Web 記事のワークシート
・ワークシート
・ICT 端末
・大型 TV またはプロジェクター

【指導に生かす評価】
◎本時では、記録に残す評価は行わないが、目標に向けて指導を行う。子供の学習状況を記録に残さない活動や時間においても、教師が子供の学習状況を確認する。

ワークシート活用のポイント

右に示したワークシートは実際の Web 記事をイメージして作成してある。生徒はこの記事を読み、読み手を引きつける記事の書き方の工夫について考える。

このワークシートで想定しているのは8個の工夫であるが、生徒の実態に合わせて工夫の数を変えたり、他の例を示したりしてもよい。

本時の展開 ▷▷▷

1 記事を読み、Web 記事の書き方の工夫を探す

単元の導入で使用した Web 記事を示し、どんな工夫があると思うか個人で考えさせ、その後で4名程度のグループで意見を共有する。

数グループを指名し、それぞれのグループの考えを聞く。

2 教師から聞いた8つの工夫をメモする

JTE や ALT が Web 記事の書き方の8つの工夫について英語で話す。生徒はメモをとる。その際、各グループから出た意見も間違いではないことを伝えておきたい。

8 Tips for good Web writing については、この活動の後に共有する。

Web 記事のワークシートから、記事の書き方ついての工夫を学ぶ。

8 Tips for good Web writing

① Use simple and FRIENDLY words.
② Use questions with “you”.
③ Use short sentences.
④ Use headlines, bullets, and numbered lists.
⑤ Use images, pictures, or maps.
⑥ Use white space.
⑦ Add your opinion and reasons
⑧ Use “and”, “but”, “so”, “if”, and “when”

For Katsu Curry Lovers

Do you like curry?
Do you like Tonkatsu?

If your answers are YES, visit Tonkatsu Matsuo. On weekends, you can eat Katsu Curry for lunch. It's very spicy and delicious. When my father doesn't go to play golf on weekends, he takes us to the restaurant.

It is near Sendai station. So, you can enjoy shopping after lunch.

I think that it is the No. 1 restaurant in Sendai. Give it a try!

生徒はワークシートから、自分なりに Web 記事の書き方の工夫について予想した後で、上述した 8 つの工夫について教師が話すのを聞きメモをとる。その後でその工夫のいくつかを実際の記事内で確認する。

この 8 つの工夫以外にも様々な工夫が考えられるので、これだけが正しい答えであるというようには指導しないことが重要であるが、この 8 つのポイントは生徒が自分の記事を作成する際の目安となると考える。

※生徒の実態に応じて、実際に使用されている Web 記事をインターネット検索して TV 等に表示し使うことも考えられる。

3 メモに基づいて、8 つの工夫を記事内に確認する

自分のメモや共有スペース上の8 Tips for good Web writing を基に、Web 記事の中に 8 つの工夫のどれが使われているか探す。個人で探した後に、グループでお互いの意見を交換・共有する。その後 JTE や ALT が Web 記事内の工夫について生徒とやり取りする。

4 本時の振り返りをする

振り返りで Web 記事の書き方の工夫についてまとめる。そのことによって、生徒自身が Web 記事を書く際の意欲を高めさせたい。

第8時

Let's Talk ②

Web記事を書くために取材をしよう①

本時の目標

Web 記事を書くために、クラスメートにインタビューし、書くための材料を集める。

準備する物

・ワークシート
・ICT 端末

本時の言語活動のポイント

本時の言語活動では、Web 記事を書くために2名のクラスメートにインタビューをさせる。第5時及び第6時で生徒は「自分の好きなレストランについて伝え合う」活動を行っているため、1回目の言語活動（取材）についてもスムーズに取り組めることが予想される。

その後、中間評価の代わりに教科書の Let's Talk 2を学習する。そこで学んだていねいな表現をメモさせ、ICT 端末で共有する。

2回目の言語活動では、ていねいな表現を使うことを意識しながら言語活動（取材）に取り組ませたい。

【指導に生かす評価】

◎本時では、記録に残す評価は行わないが、目標に向けて指導を行う。子供の学習状況を記録に残さない活動や時間においても、教師が子供の学習状況を確認する。

本時の展開 ▷▷▷

1 Web 記事を書くためのインタビュー（1回目）を行う

単元の目標を再確認し、「友だちのお気に入りのレストランを魅力的な記事にまとめるための」インタビューであることを踏まえて1回目の言語活動を行う。このように「目的・場面・状況」を単元の途中で確認することで生徒に目的意識を持たせたい。

2 教科書の Let's Talk ②でていねいな表現について学ぶ

中間評価の代わりに、教科書の Let's Talk 2を活用し、ていねいな表現について学ぶ。その後でワークシートに取材で使えそうな「ていねい表現」について考えさせ、ICT 端末で共有する。

2 中間評価で教科書の Let's Talk ②を活用し、取材の質を上げていく。

指導のポイント：１回目の言語活動（取材）の後に、教科書で「ていねいなお願い」について学び、２回目の言語活動（取材）で活用させる。

生徒の記述例

どんな「ていねいなお願い」ができましたか？

ていねいな言葉使いで取材できるように、
May I ask you some questions?　を使うことができた。逆に取材を受けるときに○○さんから、Could you tell me about the menu? と質問されて、自分も次回使ってみたいと思った。

3 Web 記事を書くためのインタビュー（２回目）を行う

自分のワークシートへのメモや、ICT 端末で共有された表現を活用しながら２回目の言語活動を行う。

4 本時の振り返りをする

振り返りでは、２回目の言語活動で新たに使うことができた「ていねいなお願い」について振り返らせ、次時以降の学習への見通しを持たせる。

Let's Talk ②

Web記事を書くために取材をしよう②

本時の目標

Web 記事を書くために、クラスメートにインタビューし、書くための材料を集める。

準備する物

・ワークシート

【指導に生かす評価】

◎本時では、記録に残す評価は行わないが、目標に向けて指導を行う。子供の学習状況を記録に残さない活動や時間においても、教師が子供の学習状況を確認する。

本時の言語活動のポイント

本時の言語活動においても、Web 記事を書くために２名のクラスメートにインタビューをさせる。

本時においては中間評価の代わりに Let's Listen ②を学習する。そのことでインタビューの実際のイメージを膨らませたい。

これまでの２時間で計４回のインタビューを行うことになるので、生徒には４回の取材メモのを見比べ、次の時間までにどのレストランについて Web 記事を作成するかを考えるよう指示する。

本時の展開 ▷▷▷

1 Web 記事を書くためのインタビュー（３回目）を行う

前時と同様、単元の「目的・場面・状況」を再確認して３回目のインタビューを行う。活動後に前時で学習した「ていねいなお願い」ができている生徒を見取って、全体に紹介したい。

2 教科書の Let's Listen ②でインタビューの具体例を聞く

中間評価の代わりに、教科書の Let's Listen ②を学習する。学習語、自分たちのインタビューで使えそうな表現を考えさせる。教師は生徒の考えた表現をまとめ、板書する。

2 中間評価で教科書の Let's Listen ②を活用し、取材の質を更に上げていく。

指導のポイント：1回目の言語活動の後に、Let's Listen ②を学習し、取材の質を高めていく。

生徒の記述例

Let's Listen ②を聞いて、自分のインタビューで使えそうな表現をメモしよう。

最初に「インタビューを受けてくれてありがとう」みたいなことを言っていて、良いなと思った。また、何を言っていいか考えるときには Well, が使えそう。
最後に Thank you. と You're welcome. があると取材っぽい感じがする。

教師は上記の生徒の記述を見取り、生徒に発表させた上で黒板に、「Thank you very much for talking with me.」「とっさに表現が出てこないときは Well…が使える」「始め方と終わり方を工夫しよう」などと板書する。数名の生徒の発言を基に、使えそうな表現を確認させた上でインタビュー（4回目）に臨ませたい。

3 Web 記事を書くためのインタビュー（4回目）を行う

自分のワークシートへの記述内容や、板書内容を参考にしなが4回目のインタビューを行う。

4 本時の振り返りをする

振り返りでは、次の時間までにどのレストランについて Web 記事を作成するかを決めてくるよう話す。

ICT端末を使ってWeb記事を書いてみよう

本時の目標

ICT 端末の文書作成機能を使って、インタビューした内容を記事にまとめる。

準備する物

・ワークシート　・ICT 端末
・英語入力のポイントをまとめた簡単なマニュアル（必要があれば）
・大型 TV またはプロジェクター

【指導に生かす評価】
◎本時では、記録に残す評価は行わないが、目標に向けて指導を行う。子供の学習状況を記録に残さない活動や時間においても、教師が子供の学習状況を確認する。

本時の ICT 端末活用のポイント

第7時と第8時の学習を基に、生徒が ICT 端末を使って Web 記事を作成する。ICT 機器を生徒に活用させる際には、最初から作成させるのではなく、ひな形となるようなファイルを配布するとよい。

また、生徒にとっては、文字を大文字にしたり、ピリオドやコンマなどを入力したりするだけでも負担になる可能性がある。英語入力のポイントをまとめた簡単なマニュアルを作成するなど、生徒の実態に合わせた支援も必要になる。

場合によっては音声入力をさせるなど、ICT 端末の機能を活用したい。

なお、本時ではまだ翻訳機能等を使用させていない。安易に翻訳ソフト等に頼らせないことも大切である。どうしても英語で書けない表現に関しては、日本語で書かせておくことも考えられる。

本時の展開 ▷▷▷

1 ひな形となるファイルを配布する

ひな形となるファイルを配布し、今日の活動について説明する。その際、第7時で学習した Web 記事の書き方のポイント（8 Tips for good Web writing）について復習する。

2 ICT 端末で Web 記事を作成させる

生徒にひな形となるファイルを配布し、Web 記事を作成させる。その際、書き方のポイントのひとつである、「Use simple and FRIENDLY words」に基づき、既習の語彙や表現を使って書くよう指示する。（この時点で翻訳ソフト等は使用させない）

生徒がICT端末の文書作成ソフトを使ってWeb記事を作成する。

活動のポイント：生徒が入力しやすいよう、ひな形となるファイルを配布する。

Headline

This is a sample.

Picture

この例では、生徒が入力しやすいよう、見出し、本文の入力、写真の貼り付けについてガイドを示している。
写真を貼り付けられるテキストボックスを用意することがポイントで、写真を文書の任意の位置に移動する際、簡単に作業できるようになる。

3 必要に応じて中間評価を行う

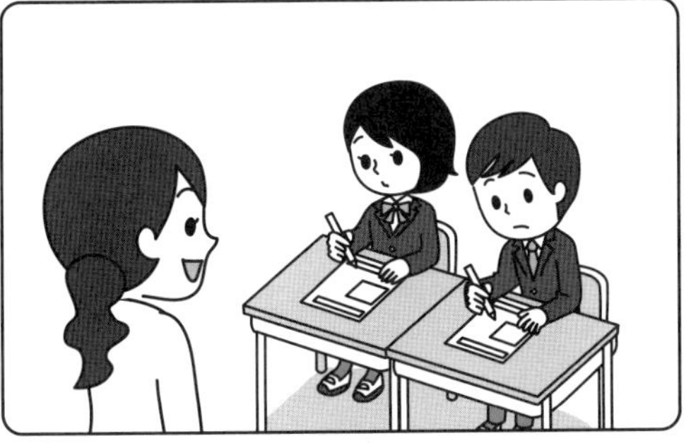

本時の中で２～３度活動を止め、「書きたいけれどもどう書くか分からない表現」がないか、生徒に確認したい。生徒から出てきた疑問点については、４人グループで考えさせ、生徒のからアイディアを引き出したい。「既習事項を使って表現する力」を育てることが重要である。

4 作成したWeb記事を共有する

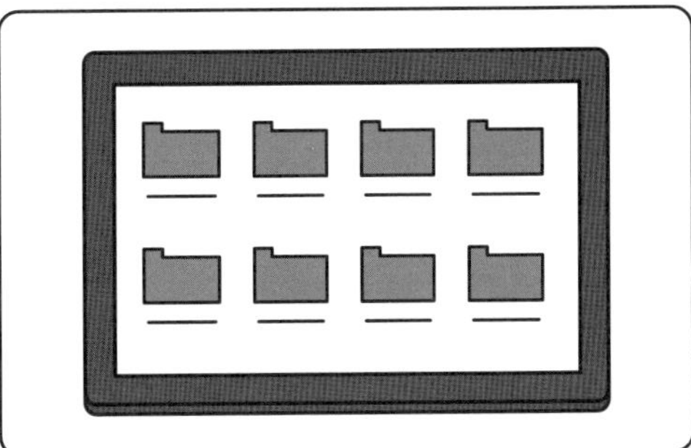

本時の最後にオンライン上のクラスで共有できる場所に自分の作品を投稿させる。

ICT端末を使って他の人の記事を読み、コメントやアドバイスを書こう

本時の目標

第10時に作成した記事に感想やアドバイスを送り合う。

準備する物

・ワークシート
・ICT 端末
・大型 TV またはプロジェクター

【指導に生かす評価】

◎本時では、記録に残す評価は行わないが、目標に向けて指導を行う。子供の学習状況を記録に残さない活動や時間においても、教師が子供の学習状況を確認する。

本時の ICT 端末活用のポイント

第10時の終末に、生徒たちは共有フォルダ等に現時点での Web 記事を投稿した。本時ではその記事を読み、お互いがコメントをしたり、アドバイスしたりする。極力英語を用いて行わせたいが、どうしても表現できない内容の時には日本語でコメントしても良いこととする。ここでは ICT 端末の投稿・コメント機能を使う簡単な方法で示しているが、文書作成ソフトの校閲機能でコメントやアドバイスをさせてもよい。

それぞれの「書きたいけれどもどう書くか分からない表現」（日本語のままの場合もある）についても既習表現を使った表現でアドバイスするよう指示する。

本時の展開 ▷▷▷

1 本時の活動について知る

学習支援ソフトの掲示板機能や文書作成ソフトの校閲機能の使い方について大型 TV またはプロジェクターの画面を使って説明する。

2 ICT 端末上で Web 記事を読む

保存されたファイルを開き、Web 記事を読ませる。学級全員分を読み、コメント等を加えることが難しそうな場合は、「自分と同じ班の生徒」など、読む対象を指定する。

生徒同士がICT端末の学習支援ソフト上で互いのWeb記事にコメントし合う

活動のポイント：学習支援ソフトの掲示板機能を活用する。

2年1組　英語

2年1組　英語

●●●●●●●

●●●●●●●●●●●●●●●

生徒は第10時の終末で学習支援ソフト内に上に自分のWeb記事を保存している。その記事を読み、お互いにコメントや質問をし合う。

3 コメントを入力する

Web記事について、コメントやアドバイスを記入させる。内容に関する質問をしたり、「書きたいけれどもどう書くか分からない表現」についてアドバイスを記入したりするよう指示する。優れた質問やコメント、解決法等があれば活動を止め、全体に紹介する。

4 本時の振り返りをする

自分のWeb記事に対して投稿されたコメントを読み、次時どのように自分の記事を修正したら良いか、見通しを持つ。

第12時

コメントを参考にしながら、さらに情報を整理し、内容をより良くしよう

本時の目標

書き込まれたコメントやアドバイスを基に、内容を見直し改善する。

準備する物

・ワークシート
・ICT 端末
・大型 TV またはプロジェクター

【書くことの記録に残す評価】

◎本時の終末に提出した Web 記事について、評価規準を基に 3 観点の評価を行い、記録に残す。【知識・技能】【思考・判断・表現】【主体的に学習に取り組む態度】

本時の学習評価のポイント

本時は14時間中第12時にあたり、これまでの単元の学習について記録に残す評価を行う。

記録に残す評価を行う材料として、生徒が本時の最後に提出した Web 記事の内容を分析する。

評価規準に「魅力を伝える」とあるが、その具体について指導者が明確なイメージを持っておきたい。（疑問文を使用する、他の人や自分の考えを伝える等）また、そういった事項については単元の中でしっかり指導しておくことが大切である。

「思考・判断・表現」の評価が C であった生徒について、これまでの自己評価の内容に「粘り強さ」や「自己調整する様子」が見られ、それが言語活動への取組の中で観察できた場合は評価を B とすることも考えられる。

本時の展開 ▷▷▷

1 本時の活動について知る

自分の作品へのコメントや質問、アドバイスを参照しながら、自分の Web 記事をより良いものにすることが本時の目標であることを理解する。

2 ICT 端末上で Web 記事を修正する

自分の作品へのコメントや質問、アドバイス等を参照しながら、Web 記事を修正させる。生徒の工夫が見取とれた場合、活動を止めて紹介する。

最後まで解決できなかった点のみ、ICT 端末の翻訳機能を活用させる。

生徒の Web 記事の記述内容に基づき、学習評価を記録に残す。

評価のポイント：評価の具体について指導者が明確なイメージを持つ。

When you are hungry, visit *Manjyushan!*

What do you eat when you are hungry?

Ramen? Chahan? At the Chinese restaurant, *Manjyushan*, you can eat Ramen and Chahan at a reasonable price!

Look at the picture. This is hanchan ramen set at *Manjyushan*.
Hanchan means half-sized fried rice. It's not half sized, but full sized!

Kota likes this restaurant very much. When he finishes his baseball practice on Sunday, his father takes him to the restaurant.

Please try the hanchan ramen set at *Manjyushan* if you are interested.

この生徒作品例では、「友達のお気に入りのレストランについて、簡単な語句や文を用いて魅力を伝えている」ので、「思考・判断・表現」「主体的に学習に取り組む態度」についてＡと判断する。
また、接続詞 when, if などが適切に使用されているため「知識・技能」もＡとする。生徒によってはWeb記事において本単元で学習した接続詞を使用しないことも考えられる。そのため第 13 時で知識・技能について評価する場面を設定する。

3 ICT 端末上で Web 記事を仕上げ、提出する

イラストや写真、字体などにも工夫を加え、Web 記事を仕上げさせる。

クラスルームのストリーム等に完成した自分の作品を投稿させ、全体で共有する。

4 本時の振り返りをする

自分の Web 記事をより良いものにするためにどんな工夫をしたか、振り返らせる。

第13時

Grammar for Communication

他の人の記事を読み、自分の行きたいレストランについて伝え合おう

本時の目標

読んだWeb記事の中から自分が行ってみたいと思ったレストランについて伝え合う。活動後、話した内容について、書いてまとめる。

準備する物

・ワークシート
・ICT端末
・大型TVまたはプロジェクター

【書くことの記録に残す評価】

◎その際、接続詞when, if, that, becauseなどを用いて簡単な語句や文を書く技能が身についているかについて見取る。【知識・技能】

本時の学習評価のポイント

第12時の活動において3観点の評価は行っているが、Web記事を作成する際、本単元で学習した接続詞when, if, that, becauseなどを用いていない生徒がいることも考えられる。その【知識・技能】の評価のため、生徒に「自分が行ってみたいと思ったレストラン」についてやり取りさせる。授業の導入部で教師がデモンストレーションを行う際、その発話内容の中に意識的に接続詞when, if, that, becauseなどを用いることで生徒にもそのような表現を使うことを促す。本単元は【書くこと】についての学習評価を行っているため、やり取りした内容をワークシートに記述させ、学習した接続詞を書く技能について評価する。

本時の展開 ▷▷▷

1 Web記事について教師が自分の考えを話す

前時に提出されたWeb記事の中から教師が自分が行ってみたいと思ったレストランを2～3選んで紹介する。教師も英語を使って自分の考えや気持ちを伝えることが重要である。

2 生徒にWeb記事を読ませ、自分の考えや気持ちをやり取りさせる

生徒に10分前後Web記事を読ませ、自分が行ってみたいと思ったレストランについてやり取りさせる。この「読む→やり取り」の活動をもう1度くり返す。

前時の言語活動で見取りきれなかった【知識・技能】について評価する。

評価のポイント：生徒が接続詞 when, if, that, because などを用いることを促すようなデモンストレーションを行う。

（導入での教師のデモンストレーション例）

I read your all of web articles. They are wonderful. From now on, I am going to talk to a restaurant. Look at this. This is ○○'s article. This is about a new hamburger restaurant. I want to eat the big burger at the restaurant because I usually eat hamburgers only at fast food restaurants. ○○ thinks that the burger restaurant is the No.1 in Sendai. It is 1,200 yen, but when I have enough money, I will try the big burger. Which restaurant do you want to try?

（同様のスピーチを ALT にもさせるとよい）

（生徒同士がやり取りをした後に、ワークシートに記入した例）

I want to try Kastudon at Katsusei because I love tonkatsu. I think that I should go there because the owners are old. △△ says that it is a very famous restaurant.

上記のような記述から、本単元で学習した接続詞 when, if, that, because の定着について見取っていく。

3 自分が話したことの概要をワークシートにまとめさせる

2回のやり取りの後にその内容を思い出しながら自分の考えや気持ちをワークシートにまとめさせる。その際、教科書 p.32の Grammar for Communication を参照させるとよい。

4 本時の振り返りをする

単元の学習を振り返って、友だちのお気に入りのレストランを魅力的な記事にまとめることができたかどうか、自分の取り組みについて記述する。

第14時

学び方コーナー1

単語レポートを作ろう

本時の目標

単元で学んだり、使ったりした単語について、教科書（学び方コーナー1）を参考にレポートを作成する。

準備する物

・ワークシート・色鉛筆、マーカー等
・大型 TV またはプロジェクター
（見本になるレポートを表示する）
・ICT 端末

【指導に生かす評価】

◎本時では、記録に残す評価は行わないが、生徒の英語への興味関心を高めさせるために指導を行い、次単元の指導に生かしていく。

本時の指導のポイント

教科書では「学び方コーナー」として読み物資料が用意されているが、このようなページも生徒主体の活動を通して学習させることができる。

本時では単元の学習を基に、4種類のテーマからひとつを選ばせ、レポートを作成させる。色鉛筆やマーカーの使用を認め、好きなキャラクターの絵を描いてもよいなどとすると、英語が苦手な生徒が俄然やる気を出したりする。

ポイントは「テーマを選択させる」「自己表現を認める」「廊下等に掲示する」の3つである。この事によって、生徒は意欲を持って学習に取り組むことができる。

生徒指導の三原則は「自己決定の場を与える」「自己存在感を与える」「共感的な人間関係を育成する」と言われている。英語の授業を通して積極的な生徒指導を行うことが、学習集団としての質を高める観点からも大切である。

本時の展開 ▷▷▷

1 レポートの作成について説明する

教師や ALT が作成したレポートの例を見せる。先輩の例があれば、それも提示する。

2 教科書の内容を確認する

教科書「学び方コーナー1」の内容を確認する。①音とつづりの関係、②ライミング、③単語カード、④単語どうしのつながりの4つからレポートを作成することを伝える。

選択肢を与え、自己決定させた上でレポートを作成することで、学習集団の質を高める。

指導のポイント：「音とつづりの関係」「ライミング」「単語カード」「単語どうしのつながり」から生徒にレポートのテーマを選択させる。

（生徒のレポート例：ライミングに挑戦した生徒レポートの例）

新出単語でライミングに挑戦！
① **wrap** trap strap gap nap map scrap
② **century** memory accessory enemy
③ **kind** find mind behind designed
④ **around** sound round bound

なんかラップみたいで楽しかった。インターネットでライミングのWebサイトがあった。とても便利で面白かった。

レポートはPDF化しておき、「先輩の作品例」などとして将来活用したい。（卒業生の作品等で例示を行うと、生徒の意欲が高まる）

3 レポートを作成する

レポートを作成させる。必要に応じてインターネットで検索させてもよい。

4 家庭で完成させてくるように指示する

生徒が自主的に夢中になって取り組むことが予想される課題については、数日時間を与えることでよりよい成果が得られることが多い。

完成したレポートは後日廊下等に掲示するとよい。

本単元の Key Activity

第10時 ICT端末を使ってWeb記事を書く活動

活動の概要

本単元の中心となる言語活動は、ICT 端末を使って友人のお気に入りのレストランの魅力を伝える Web 記事を書く活動である。この活動に向かって生徒は、展開①で自分の好きなレストランについて伝え合い、展開②で記事の書き方のコツについて学習したり、４名のクラスメートに取材したりしてきた。言語面では接続詞（when, if, that, because）が新出である。「魅力を伝える Web 記事を書く」ためにこれらの知識や情報を活用させたい。

活動をスムーズに進めるための３つの手立て

①ひな形ファイル
生徒が入力しやすいようにひな形となるファイルを学習支援ソフト経由で配布する。

②書き方のポイント
記事を書く際、「Web 記事の書き方８つのポイント」を確認させながら活動させる。

③翻訳機能
安易に翻訳機能等に頼らせず、既習事項で表現する力を継続的に育成する。

活動前のやり取り例

JTE：（大型テレビの画面を指さし）This is the document file. Let's open it. You have two boxes here. This long box is for the titles and this square box is for the pictures.
S_1：Can I use the Internet for pictures?
JTE：You can, but you can only use one picture. After 7minutes, we will have a short break and have a groupwork. OK, let's begin!

活動前のやり取りのポイント

学習指導要領に、「授業は英語で行うことを基本とする」とあることから、ICT 端末の使い方についても英語で指示ができるよう、クラスルームイングリッシュを工夫したい。しかし、定着には時間がかかると予想されるため、実際の操作の様子を大型 TV 等で表示しながら説明することが必要である。また、ALT や校内の英語科教員と相談しながら、ICT 端末使用のためのクラスルームイングリッシュを整理していくことが今後求められる。

活動のポイント

ICT 端末の導入によって、授業の中で生徒が翻訳機能を使用できるようになったが、分からないことがあるとすぐに翻訳機能に頼ってしまう生徒の姿も見られる。既習事項を活用し、伝えたいことを表現していく力を継続的に育成できるよう、中間評価での指導を工夫したい。本時においては、書く活動（7 分程度）と中間評価（4 人程度のグループ活動・3 分程度）を複数回くり返す。

既習事項の活用を促す中間評価の例

（書く活動を 7 分程度行った後）

JTE：Do you have any questions?

S_1 ：（挙手して）「映画の後に食べるサンドイッチは最高です」って言いたいです。

JTE：That's a nice question. OK, everyone. Please make groups of four and talk about S_1's question.（生徒は 4 人組で話し合う）

（1 ～ 2 分話し合った後）

JTE：Do you have any ideas? How about your group, S_2?

S_2 ：Sandwiches after the movies are good. だとどうですか。

JTE：That's a nice try. How about your group, S_3?

S_3 ：You can eat delicious sandwiches after the movies. が良いのではないかという話になりました。

JTE：Good idea!　You を主語にして始めてみたんだね。なるほど。

（同様のやり取りを各グループとくり返す）

指導のポイント

既習表現を使って言いたいことを表現するにはいくつかのポイントが考えられる。①主語と述語（動詞）を決める　②言いたい内容を明確にする　③複数の文に分けて表現する　④近い内容に置き換える　などがその例であるが、指導者が適宜このようなポイントを継続的に生徒に示すことで、生徒の既習事項を活用する力が育成される。

Unit 3 【中心領域】書くこと

My Future Job 14時間

＋Let's Write ①／Grammar for Communication

単元の目標

自分の将来の職業について考え、職業体験で学んだことなどを伝えるために、何かをする目的や感情の原因などを伝える表現が使われている短い記事や対話文を読んでその概要を捉える。また、例文を参考にして慣れ親しんだ語句や表現を用いて相手とやり取りし、その内容を書くことができる。

単元の評価規準

知識・技能	思考・判断・表現	主体的に学習に取り組む態度
・〈to＋動詞の原形〉を用いた文の形・意味・用法を理解している。 ・〈to＋動詞の原形〉を用いた文の理解をもとに、夢の実現のためにしていることや将来の夢の実現のためにすべきことなどを伝え合う技能を身に付けている。	・これからの社会を想像し、自分の将来について考えるために、何かをする目的を説明したり、AIやロボットが人間の暮らしに与える影響について書かれた文章の概要を捉えたり、自分の将来の職業や夢、その実現のためにすべきことについて伝え合ったり、書いたりしている。	・これからの社会を想像し、自分の将来について考えるために、何かをする目的を説明したり、AIやロボットが人間の暮らしに与える影響について書かれた文章の概要を捉えたり、自分の将来の職業や夢、その実現のためにすべきことについて伝え合ったり、書いたりしようとしている。

単元計画

第1～3時（導入）	第4～6時（展開①）
1．目的を伝えるための表現を学ぶ 教師のロボットやAI、スマートフォンなどを使う目的についての話を聞き、to＋動詞の原形の文の形・意味・用法を確かめ、友達にロボットやAIを使う目的をインタビューする。 **2．名詞を修飾する表現を学ぶ** 教師の最新のAI家電についての話を聞き、to＋動詞の原形が名詞を修飾する用法を確かめる。 **3．自分にとって必要なこと、大切なことを伝える表現を学ぶ** 教師の将来の夢のために必要なことや大切なことについての話を聞いて、自分の将来の夢の実現のために必要なことを伝える表現を学ぶ。	**4．コンピュータやAIについて書かれた記事の概要を捉える** 朝美がインターネット上で見つけたコンピュータについての記事を読み、その概要を捉えペアやグループで音読する。 **5．メグと朝美の対話を読んで、その概要を捉える** AIと将来の職業について書かれた記事を読んだメグと朝美の対話の概要を理解し、なぜ朝美が驚いているのかその理由を理解することができる。〈to＋動詞の原形〉が感情の理由を表すことを確かめる。 **6．自分の将来の夢やその実現のためにしていることを紹介し合う** 自分の将来の夢やそのためにしていることについて友達と会話し、その内容を書くことができる。 記録に残す評価【書】 知

指導のポイント

これまでに習った表現や新出のto＋動詞の原形を使って将来の職業や夢について発表をしたり、友達にアドバイスをしたりする単元である。また、その職業を目指した理由や、夢の実現のために必要なことを紹介し合い考えを深めたい。そして、生徒たち自身の職業体験から自身の将来について考えるきっかけとしたい。

教科書の本文では、AIやロボットと将来の職業について触れられている。さまざまな分野や実生活おけるAIの活用について学び、これからの社会や働き方の変化、AIやロボットとの協働について考える姿勢を育てたい。

毎時間の始まりに生徒同士でAIやロボットに関する話題を与え、即興で話をさせる。社会的な話題についても、教科書を読んだり、友達と意見交換をしたりする中で自分の勧化を深めたり、授業前後でAIやロボットとの暮らしについての考えの変容に気付けるように指導したい。

評価のポイント

第6時のMini Activityの活動でUnit 1〜3で学習した語句や表現が定着しているかどうかを見取る。第8時のRead and Think Express Yourselfで自分が興味をもっていることや、将来に向けてこれからしなければいけないことについて書くことができているか見取る。第10時でコンピュータやAIを活用するうえで重要だと思うことを書くことができているか見取る。単元の総括的評価をする場として、将来の職業やAIの活用ついて考えるよう示し、既習の学びや背景知識を生かすような指導を行いたい。自分の将来の職業や夢について考えて活動に取り組めているか見取るために、学習後の振り返りシート等を活用して、記録に残す評価としたい。

第7〜10時（展開②）	第11〜13時（終末）
7．朝美が書いた職業体験のレポートについて概要を捉える 職業体験についてのレポートを読み、その概要を捉える。また、朝美が職場体験で得たアドバイスについてまとめることができる。 **8．自分がする必要のあることを考える** 興味のあることや、将来の夢の実現に向け努力しなければいけないことについて友達と会話し、そのことについて英語で書くことができる。 記録に残す評価【書】 思 態 **9．朝美のインタビューの続きを読み、AIが抱える問題点を捉える** インタビューの続きを読み、AIが仕事をする上で抱える課題の概要を捉えることができる。 **10．AIやロボットと共生するうえで大切なことを考える** AIやロボットを効果的に活用するうえで大切なことを考え、友達に伝えたり、書いたりすることができる。 記録に残す評価【書】 思 態	**11．Unit Activity** 自分の職業体験について、行先や体験したことを友達と伝え合い、話した内容について書くことができる。 記録に残す評価【書】 思 態 **12．Let's Write ①** メールで使われる基本的な構成や表現を知り、留守番電話の伝言にメールで返信を書くことができる。 **13．Grammar for Communication** To＋動詞の原形が含まれている文を読んで、その意味をペアで確認し、to＋動詞の原形の意味を確かめる。教科書の練習問題を解き、理解を深めることができる。 **14．Learning TECHNOLOGY** 情報技術の進歩について話し合い、情報技術の活用の仕方を考える。

第1時

扉・Preview

何かをする目的を表す表現を聞いたり、言ったりしよう

本時の目標

何かをする目的を表す表現を知り、生活の中でロボットや AI を使う場面を想起して、それらを使う目的について対話することができる。

準備する物

- 振り返りカード
- ワークシート（活動用）
- Small Talk に使うパワーポイントスライド

【指導に生かす評価】

◎本時では、記録に残す評価は行わないが、目標に向けて指導を行う。生徒の学習状況を記録に残さない活動や時間においても、教師が子供の学習状況を確認する。

Unit 3 Why do you use your smartphone?

Class(　　) No.(　　) Name

STEP 1

クラスメート５人にスマートフォンやタブレット、ＡＩ搭載のアプリなどを使う理由を聞きましょう。その答えを英語でメモを取りましょう。

Question:

(例) A: Do you have a smartphone?

B: Yes, I do.

A: Why do you use your smartphone?

B: I use it to study English.

Name	Answer
Akiko	to listen to music
Yu	to read books

STEP 2

インタビューの結果をまとめましょう。インタビューした友達３人の、スマートフォンなどを使う理由を例にならって英語でまとめましょう。

(例) Akiko uses her smartphone to listen music.

① Yu uses her smartphone to read books.

②

本時の展開 ▷▷▷

1 Small Talk “Do you like AI or robots?” をする

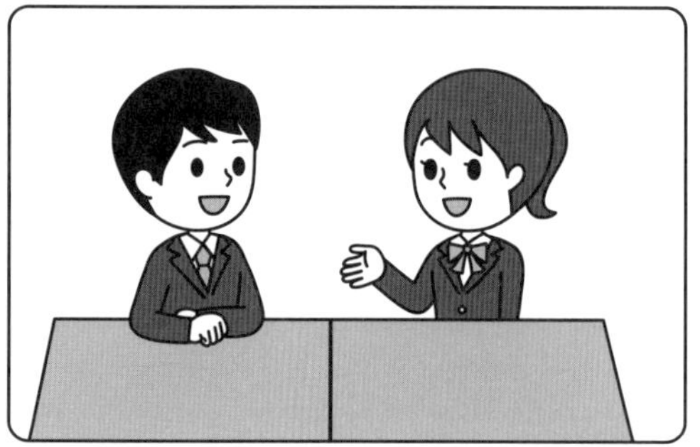

本単元のトピックである AI やロボットを生徒が好きかどうか即興で会話をさせる。隣の生徒と１分間会話をさせ、その後会話を中断し、言いたかった表現や、言えなかった表現について全体で共有をする。その後、ペアを変えて同じテーマで会話をさせる。

2 AI やロボットが使われる目的について聞く

普段の生活の中で AI やロボットが使われている場面を提示し、何のために使うのか質問をする。AI 翻訳アプリなど生徒にとって身近な物を取り上げ、生徒とのやり取りの中で繰り返し to＋動詞の原形について聞かせることで、目的を表すことに気付かせたい。

3 身近なAI搭載機器であるスマートフォンやタブレットを使う目的を紹介し合う

活動のポイント：ALTとデモンストレーションをして、インタビューの仕方を確認する。

A) Hi. Do you have a smartphone or tablet?
B) Yes, I do. I have a smartphone.
A) Why do you use your smartphone?
B) I use it to study English.
A) Good.
B) How about you?
Do you have a smartphone or tablet?

やり取りを終えたら役割を交換して、もう一度行う。

終わったら次の友達にインタビューをしに行く。

インタビューが終わったら結果をワークシートに記入する。まとめの活動として、友達がスマートフォンやAI搭載の電子機器などを使う目的を英語でまとめる。

3 スマートフォンなどを使う目的をインタビューする

自分が普段使っているコンピュータやタブレット端末、スマートフォンなどについて友達と会話をし、何のために使っているのか質問し合う。その際教師は机間指導を行い、支援が必要な生徒にはキーワードなどヒントを出すことで円滑に活動が進むようにする。

4 本時のまとめと振り返りをする

代表生徒数名を指名し、全体で共有する。目的を表すための表現について生徒の発言を一つ取り上げ黒板に板書する。

目的を表すto＋動詞の原形の用法について説明し、まとめとして友達がスマートフォンなどを使う目的をプリントにまとめる。

第2時

最新のAI家電についての説明を聞き、カルタゲームに挑戦しよう

本時の目標

AI 家電や産業用ロボットについて紹介する英文を聞いてカルタに挑戦し、to＋動詞の原形に名詞を修飾する用法があることに気付く。

準備する物

・振り返りカード
・カルタに使う絵カード（生徒配付用）
・カルタに使うパワーポイント
・絵カードを表示するテレビやスクリーン

【指導に生かす評価】
◎本時では、記録に残す評価は行わないが、目標に向けて指導を行う。生徒の学習状況を記録に残さない活動や時間においても、教師が子供の学習状況を確認する。

本時の言語活動のポイント

導入では、教師は自分が普段使っている AI を搭載した電子機器や、飲食店等で見かけるロボットについて、それがどのようなロボットなのか紹介する。このとき、実際の写真を用いることで、生徒にどのような場面でなぜ使われているのか質問し、やり取りをする中で to＋動詞の原形に名詞を説明する用法があることに気付かせたい。

カルタゲームは、4人1組で行う。教師は、AI 搭載の電子機器や家電、産業用ロボットなどについて説明する英文を読み上げ、生徒は読み上げられた説明に合致する絵カードを取る。

また、教師は説明される名詞と to＋動詞の原形の部分を強調して発話することで、to＋動詞の原形が前の名詞を説明していることに気付かせるようにしたい。

本時の展開 ▷▷▷

1 Small Talk “What did you do last weekend?” をする

週末、もしくは来週末の予定を会話させる。前時に学習した to＋動詞の原形を使っているペアがいれば、意図的に取り上げ紹介するのもよい。しかし、生徒が言いたいことを自分の使える英語で話そうという姿勢を育むことに留意したい。

2 身近な AI 搭載機器などの紹介を聞く

教師の AI 搭載ロボットや、パソコンやスマートフォン向けアプリケーションについての説明を聞き、どんなロボットが話されているのか捉える。

テレビやスクリーンにイラストや写真を提示し、内容がイメージしやすいようにする。

2 最新のAI家電や産業用ロボットについて学ぶカルタゲーム

活動のポイント：説明文を読むときは、どのような家電が紹介されているのか、to＋動詞の原形を聞かないと分からないようにする。

T) Put your hands behind your head.
Get ready.
This is a robot used to carry heavy boxes.
Ss)（読まれた英文に当てはまる絵カードを取る）
T) I said, "This is a robot used to carry heavy boxes.
Let's check the answer. Look at the TV.
Ss) Yes, I got it.
T) Good. Let's go on to the next.
This is a robot used to help doctors

４人１組で机を向かい合わせにして行う。教師の英語での説明を最後まで聞き、何についての説明か分かったら絵カードを取る。お手つきは１回休みとするなどのルールを設けるなど、教師の読み上げる英文をしっかりと聞くようにしたい。

3 カルタゲームに挑戦する

４人１組のグループを作り、カルタを行う。教師は、テレビなどにAI家電やロボットの写真と読み上げる英文を表示する。

教師は読み札の英文を読む際に、to＋動詞の原形を強調して読むことで、名詞を修飾する用法に気付かせたい。

4 本時のまとめと振り返りをする

名詞を修飾するto＋動詞の原形の用法について説明し、まとめとして自分のことについて「私には……するべきことがたくさんある」という文をノートに書かせる。

第3時

大切なことや必要なこと、難しいことについて伝えよう

本時の目標

It is …to＋動詞の原形が含まれる英文を聞き、意味や形、働きを捉え、自分にとって必要なことや大切なことを伝えることができる。

準備する物

・振り返りカード
・導入に使うパワーポイント
・インタビュー用のワークシート
・英作文用のプリント

【指導に生かす評価】

◎本時では、記録に残す評価は行わないが、目標に向けて指導を行う。生徒の学習状況を記録に残さない活動や時間においても、教師が子供の学習状況を確認する。

ワークシート活用のポイント

It is …to の導入では、教師が自分にとってすることが難しいことや、大切だと考えていることについて話す。その後、モニターなどにキーセンテンスを表示し、どんな意味になるのか考えさせ、It is …to の文の形と意味を捉える。

意味を確認したのち、モニターなどを使って It is …to を含んだ文を繰り返し口頭練習する。そして、自分にとって必要なこと、大切なことをワークシートに記入させ、友達にインタビューさせる。

まとめとして、ロボットや AI との暮らしにおいて必要なことや、大切なこと、難しいこととその理由などを英作文プリントに記入させ、次回の学習へとつなげたい。

本時の展開 ▷▷▷

1 Small Talk “What is important?” をする

本時で学習する It is…to につながるように、知っている英語で自分の大切なものについて会話をする。中間評価を行いどんな表現を使って伝えたか、どんな内容を伝えたかを共有し 2 回目の会話につなげたい。

2 教師の自己紹介を聞く

パワーポイントをテレビなどに映しながら、教師が自己紹介を行う。教師にとって、難しいこと、簡単なこと、必要なこと、大切なことなどを複数紹介し、It is …to の形と意味に気付けるよう指導したい。

Unit 3 What is important?

Class(　　　) No.(　　　) Name ______

STEP 1 下線部に適切な語を入れて自分の思いを書いてみよう！

①It is easy to snowboard well.

②It is difficult to play the piano.

③It is important to study at home every day.

④It is necessary to practice baseball hard.

⑤It is fun to watch movies.

STEP 2 友達にインタビューしよう！

A What is necessary?

B It is necessary to study English because my test score was not good.

名前		すること
Akiko	It is easy	to make "okonomiyaki".
Yu	It is difficult	to speak English well.
	It is important	to
	It is necessary	to

3 自分にとって難しいことや必要なことなどを伝えあう

自分が書いた難しいことなどを友達と伝え合う。インタビューをする際には、難しいことと、その理由などを即興で付け加えるよう指示する。インタビューが終わってからメモを取り、役割を交換して時間内にたくさんの生徒とインタビューできるように指導したい。

4 本時の振り返りをする

It is …to の形と意味を説明し、黒板にまとめる。まとめとして、ロボットや AI と暮らすことが必要か、または大切かどうかについて自分の考えと、その理由を英語で書かせたい。書いた内容をペアやグループ、全体で共有し、次回からの Small Talk などに生かす。

Scene ①

コンピューターやAIについて書かれた記事を読み概要を捉えよう

本時の目標

コンピューターや AI について書かれた短い記事を読み、コンピューターで何ができるのか読み取ることができる。

準備する物

・教科書のピクチャーカード
・振り返りカード
・Teacher Talk 用のパワーポイントスライド
・スライドを映すテレビなど

【指導に生かす評価】

◎本時では、記録に残す評価は行わないが、目標に向けて指導を行う。子供の学習状況を記録に残さない活動や時間においても、教師が子供の学習状況を確認する。

学習課題

Talking

Listening

Reading

まとめ

振り返り

本時の展開 ▷▷▷

1 Small Talk "Do you use AI or robots?" をする

本時のテーマは生徒が普段 AI やロボットを使っているかについて会話をさせる。考えが浮かばない生徒には、AI 搭載の翻訳アプリなどを紹介し、イメージしやすくなるように指導する。

2 身近な AI やロボットの紹介

自動運転の自動車や、無人の自動会計レジ、自動翻訳アプリ、工場などで全自動組み立てロボットなどが使われている写真などを用意して、AI やロボット技術の発達により、人間の仕事が取って代わられつつあることを知る。

板書のポイント：生徒たちが英語で言いたかったけど、言えなかった表現を共有する

What can we do with computers?

○Talking
Do you use AI or robots?

Yes. I see a robot in a sushi restaurant.

Very useful!

They help people.

写真　写真
写真　写真

読解 Point

What can we do with computers?
We can work, learn, and communicate with them.

3 Scene 1（p.37）の読解を行う

p.36の Preview を聞き場面設定など聞き取れたことをペアで確認する。教科書の本文を聞き、内容をペアで確認しあう。その後、新出単語を確認する。教科書本文を黙読して、T or F を行う。ペアで互いに音読を聞きあいアドバイスしあう。

4 本時の振り返りをする

本文の記事を読み、コンピューターで何ができるのかを英語でまとめる。コラムを読んで、近年は様々な分野で AI の導入が進み、これからの私たちの暮らしにどのような影響があるのかを考える。

Scene ②

メグと朝美の対話を読んで、その概要を捉えよう

本時の目標

将来の職業について書かれた記事を読んだメグと朝美の対話を読んで、メグが驚いた理由を捉えることができる。

準備する物

・教科書のピクチャーカード
・振り返りカード
・Teacher Talk 用のパワーポイントスライド
・スライドを映すテレビなど

【指導に生かす評価】

◎本時では、記録に残す評価は行わないが、目標に向けて指導を行う。子供の学習状況を記録に残さない活動や時間においても、教師が子供の学習状況を確認する。

学習課題

Talking

Listening

Reading

まとめ

振り返り

本時の展開 ▷▷▷

1 Small Talk "Do you want to work with AI?" をする

教科書本文では、AI によって翻訳家の職業の一部が取って代わられることが紹介される。将来 AI と共に働きたいか、またその理由をペアで会話させ、本時の学習につなげたい。途中で中間評価を入れ、伝えたい内容を言える英語で近づけていく場としたい。

2 身近な AI 翻訳アプリの紹介を聞く

教科書の導入では、教師が実際に翻訳アプリで日本語を英語に翻訳している様子をスクリーンに映し出して提示するとよい。AI の翻訳の速度や利便性に触れ、教科書の本文につながる導入としたい。

Why is Meg surprised to see the article?

○Talking

Do you want to work with AI?

I want to work with AI.

AI works fast.

AI doesn' t have feelings.

To 不定詞の使い方

I am surprised to see the article.

私はこの記事を見て驚いています

To 不定詞は気持ちの理由や原因を表す

読解 Point

Why is Meg surprised?
Because it says AI will take some translation jobs away.

3 Scene 2（p.38）の読解を行い、新出文法を確かめる

ピクチャーカードなどを用いてイメージしやすくする。教科書本文を聞き、内容をペアで確認しあう。その後、新出単語を確認し本文を黙読して、T or F で内容を確認する。本時ではto 不定詞の新しい用法が扱われている。意味を文脈から推測させ、使い方を確かめたい。

4 本時の振り返りをする

メグと朝美の対話を読んで自分の将来の夢の職業と AI の発達との関係について考えさせたい。次時は、自分の将来の夢と、その夢の実現のために取り組んでいくことをペアで伝え合うことを予告する。

Mini Activity

自分の将来の夢と、その実現のためにしていることを紹介し合おう

本時の目標

自分の将来の夢とその夢の実現のためにしていることを伝え合う。話した内容についてまとめとして英作文を書くことができる。

準備する物

・教科書のピクチャーカード
・振り返りカード
・パワーポイントスライドを映すテレビなど
・ライティング用ワークシート

【書くことの記録に残す評価】
◎既習事項の理解をもとに、それらを活用して、自分の将来の夢などについて書くことができる。（ワークシートの作文の評価）

本時の言語活動のポイント

導入の活動である Small talk では、将来の夢の職業について即興で会話をさせる。本文では AI の導入により、翻訳家の仕事の一部がなくなってしまうことに驚くという場面である。自分の将来の夢の職業が AI の発達によりどう変わっていくのか考えるきっかけとしたい。

前時の復習として、教科書のピクチャーカードを用いて、口頭でメグと朝美の対話の内容を確認する。本時の後半では、ペアになって将来の夢や夢の実現のためにしていることを伝え合う。始めにアイディアマップを用いて考えを整理させ、そのメモをもとにペアでメモを用いて対話をさせる。

まとめとして、ペアで対話した内容を英作文にまとめる。机間指導を行い、既習事項をうまく活用できている生徒を紹介するとよい。教師は書き上げた作文にフィードバックをし、後日書き直しの時間を設定する。

本時の展開 ▷▷▷

1 Small Talk "What do you want to be?" をする

教科書本文のテーマにもある将来の夢の職業についてペアで即興の対話をさせる。夢の職業がない生徒に対しても、現在興味があることや好きなことを紹介させるなどして、自分の将来について考えさせるきっかけとしたい。

2 Teacher talk Scene 2の内容を確かめる

テレビやスクリーンに翻訳アプリで実際に翻訳する様子を示し内容がイメージしやすいようにする。教科書を聞き、聞き取れた内容をペアで確認する。その後口頭で内容の確認をする。ペアで音読を行い、英語らしい発音で読めているか確認する。

3 将来の夢についてメモをもとにやり取りし、作文を書く

活動のポイント：アイディアマップを使って考えを整理させ、作成したメモをもとにペアで会話をさせる。話した後に作文をさせることで内容を深める。

S1) What do you want to be in the future?
S2) I want to be a baseball player.
S1) Great!
What do you do to realize your dream?
S2) I'm working out every day to play baseball well.
S2) Sounds nice!
S1 How about you? What do you want to be in the future?

隣の席の生徒と会話をさせ、その後、後ろの席の生徒とやり取りをさせる。1回目のやり取りが終わったところで中間評価を行い、アイディアマップのメモを精査する時間を設けてもよい。その後、数ペアに発表させ、話した内容について英作文を書かせる。

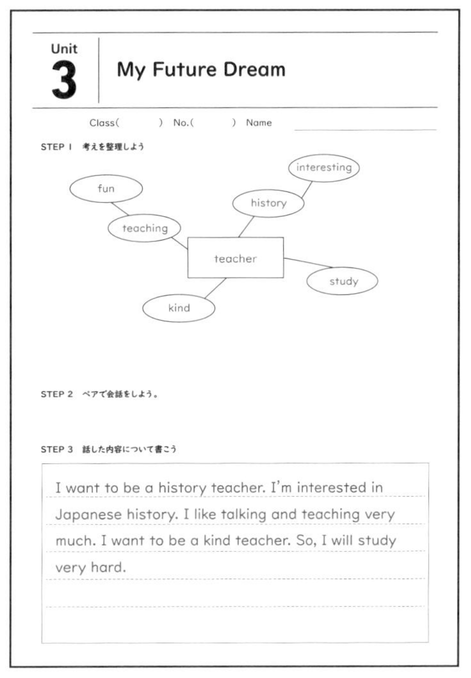
Unit 3 My Future Dream

Class(　　) No.(　　) Name

STEP 1 考えを整理しよう

STEP 2 ペアで会話をしよう。

STEP 3 話した内容について書こう

I want to be a history teacher. I'm interested in Japanese history. I like talking and teaching very much. I want to be a kind teacher. So, I will study very hard.

3 Mini Activity（p.39）に取り組む

Listen に取り組んだ後、自分の将来の夢とそのためにしていることについてアイディアマップにメモを書く。その後、メモをもとにペアで会話をさせる。相手の発言に対して質問をしたり、助言をしたりする場面を設定し即興のやり取りを行わせる。

4 本時のまとめと振り返りをする

本時のまとめとして、ペアで話した内容について英作文を書かせる。ペアで話したあとにじっくりと作文することで、内容的な深まりが期待できる。机間指導を行い、既習事項をうまく活用できている生徒を取り上げ、既習事項の活用に目を向けさせたい。

第7時

Read and Think ①

朝美が書いた職業体験のレポートの概要を捉えよう

本時の目標

朝美の職業体験のレポートを読んで、体験先でもらったアドバイスの内容をまとめることができる。

準備する物

・教科書のピクチャーカード
・振り返りカード
・Teacher Talk 用のパワーポイントスライド
・スライドを映すテレビなど

【指導に生かす評価】

◎本時では、記録に残す評価は行わないが、目標に向けて指導を行う。子供の学習状況を記録に残さない活動や時間においても、教師が子供の学習状況を確認する。

学習課題

Talking

Listening

Reading

まとめ

振り返り

本時の展開 ▷▷▷

1 Small Talk How was your Career Day? をする

本時の Small Talk では自分の職場体験について会話をさせる。まだ職場体験を行っていない場合は、どこへ行くのか、また、どんなことを学びたいかを話し合わせるとよい。

2 Read and Think ①（p.40）を読み Round 1 に取り組む

教科書を閉じさせて、ピクチャーカードなどをヒントにして読解を行う。聞き取れた内容をペアやグループで確認させる。その後、新出単語を確認し教科書本文を黙読して、Round 1（p.41）に取り組み概要をチェックする。

What advice did Ms. Tanaka give?

OTalking

How was your Career Day?

I enjoyed my Career Day.

I worked very hard. It was very fun.

写真	写真
写真	

読解 Point

田中さんのアドバイスは何か？

何かに興味があるならば、それについて学び続けるべきである。

3 Read and Think ①の T or F に取り組む

Read and Think ①の T or F を行い再度内容の確認をする。個人でじっくり考える時間を設け、その後ペア、全体で答えを確認する。根拠になる部分に線を引かせながら答えを確認するとよい。

4 朝美がもらったアドバイスをまとめ、振り返りをする

本文中で田中さんが朝美に対して述べているアドバイスの部分を日本語でまとめる。そのアドバイスを読んでの感想を振り返りとしてプリントに記入させてもよい。

第8時

Read and Think ①

自分が興味のあること、する必要のあることを友達と伝え合おう

本時の目標

自分が興味を持っていることやするべきことを伝え合い、話した内容についてまとめとして英作文を書くことができる。

準備する物

・教科書のピクチャーカード
・振り返りカード
・パワーポイントスライドを映すテレビなど
・ライティング用ワークシート

【書くことの記録に残す評価】
◎既習事項の理解をもとに、それらを活用し、自分の興味があることと、する必要があることを書くことができる。(ワークシートの作文の評価)

本時の言語活動のポイント

導入の活動である Small Talk では、興味のある教科について話をさせる。本時の後半でのやり取りにつながるよう指導したい。

前時の復習として、教科書のピクチャーカードを用いて、口頭でメグと朝美の対話の内容を確認する。本時の後半では、ペアになって自分が興味のあることや、する必要があることを伝え合う。始めにアイディアマップを用いて考えを整理させ、そのメモをもとにペアでメモを用いて対話をさせる。

まとめとして、ペアで対話した内容を英作文にまとめる。机間指導を行い、既習事項をうまく活用できている生徒を紹介するとよい。教師は書き上げた作文にフィードバックをし、後日書き直しの時間を設定する。

本時の展開 ▷▷▷

1 Small Talk “What do you like to do?” をする

自分の好きなことやその理由についてペアで即興の対話をさせる。身近な話題であるため、会話が深まるように、どう切り返しの質問をしたらよいか生徒に問いかけながら会話を広げられるよう指導したい。

2 Round 2 (p.41) を行いペアで音読をする

前時の復習として、ピクチャーカードを用いて、口頭で内容確認を行う。本文中で述べられているアドバイスについてしっかりと内容を捉えたい。その後、Round 2 (p.41) で理解度を確認し、ペアで音読を行い、英語らしい発音で読めているか確認する。

3 興味があることなどについてメモをもとにやり取りし、作文を書く

活動のポイント：アイディアマップを使って考えを整理させ、作成したメモをもとにペアで会話をさせる。話した後に作文をさせることで内容を深める。

S1) What are you interested in?
S2) I am interested in music.
S1) Great!
S2) I need to play the piano every day.
I want to play various piano songs.
S1 Sounds interesting.
S2 How about you? What are you interested in?

隣の席の生徒と会話をさせ、その後、後ろの席の生徒とやり取りをさせる。1回目のやり取りが終わったところで中間評価を行い、アイディアマップのメモを推敲する時間を設けてもよい。その後、数ペアに発表させ、話した内容について英作文を書かせる。

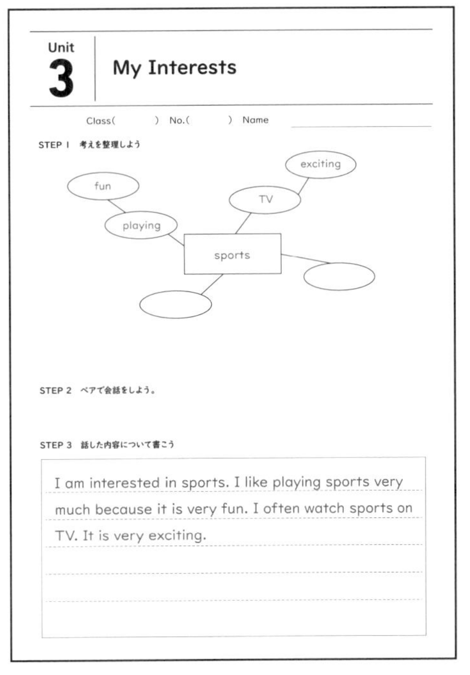

Unit 3 My Interests

Class(　　) No.(　　) Name

STEP 1 考えを整理しよう

STEP 2 ペアで会話をしよう。

STEP 3 話した内容について書こう

I am interested in sports. I like playing sports very much because it is very fun. I often watch sports on TV. It is very exciting.

3 Round 3（p.41）を行う

自分の興味のあることと、する必要のあることについてアイディアマップを活用してメモを書かせる。その後、作成したメモをもとにペアで会話をさせる。必要に応じて、相手の発言に対して質問をする場面を設定し即興のやり取りを行わせる。

4 本時のまとめと振り返りをする

本時のまとめとして、ペアで話した内容について英作文を書かせる。ペアで話したあとにじっくりと作文することで、内容的な深まりが期待できる。机間指導を行い、既習事項をうまく活用できている生徒を取り上げ、既習事項の活用に目を向けさせたい。

Read and Think ②

朝美のインタビューの続きを読み、AIが抱える問題点を捉えよう

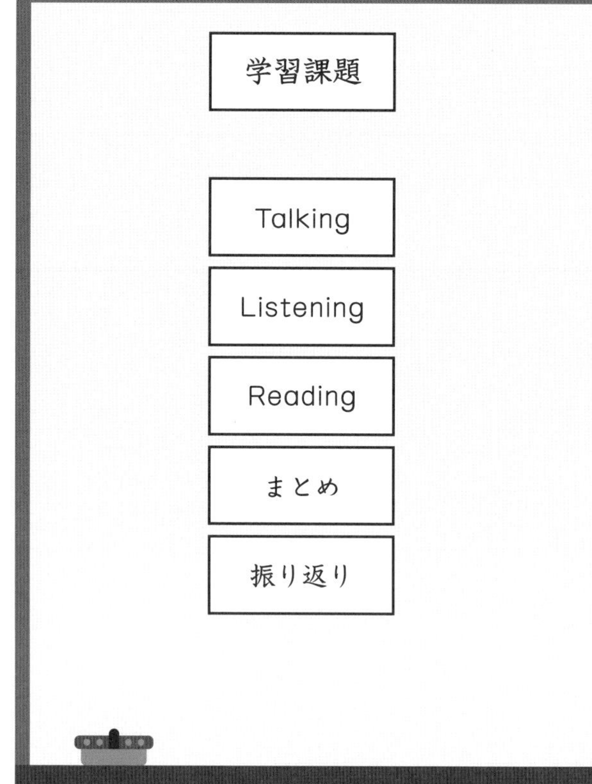

本時の目標

職業体験のレポートの続きを読んで、AI 翻訳が抱える問題点と、AI を使う上で大切なことを捉えることができる。

準備する物

- 教科書のピクチャーカード
- 振り返りカード
- Teacher Talk 用のパワーポイントスライド
- スライドを映すテレビなど

【指導に生かす評価】

◎本時では、記録に残す評価は行わないが、目標に向けて指導を行う。子供の学習状況を記録に残さない活動や時間においても、教師が子供の学習状況を確認する。

本時の展開 ▷▷▷

1 Small Talk "What subject are you interested?" をする

本時の Small Talk では何の教科が好きか対話させる。生徒の中には、英語が好きな生徒もいるだろうから、なぜ好きか、なぜ英語を勉強する必要があるのかなど、教科書本文の内容につながるように対話を深めていきたい。

2 AI による間違った翻訳の例を知る

教科書本文では、AI 翻訳の限界について触れられている。実際に AI 翻訳の誤訳例などをスクリーンで表示することで、AI による仕事も完璧ではないことに気付かせたい。

What is important when we use AI?

○Talking

What subject are you interested in?

I'm interested in math. Our math teacher teaches very well.

I like English. I want to be an English teacher.

写真

写真

写真

読解 Point

AI を使う時に大切なことは何か？

AI は全てのことが出来るわけではない。AI を効果的に使うべきである。

3 Read and Think 2（p.42）を読み、Round 1（p.43）を行う

教科書を閉じさせて、ピクチャーカードなどをヒントにして読解を行う。聞き取れた内容をペアやグループで確認させる。その後、新出単語（p.42）を確認し教科書本文を黙読して、Round 1で概要を確認する。その後 T or F を行い、内容の理解を深める。

4 本時のまとめと振り返りをする

教科書で述べられている AI を使う上で大切なことをまとめ、自分の考えを振り返りに書かせる。

第10時

AIやロボットと共生する上で大切なことを考え、英語で書こう

本時の目標

AI やロボットと共生するために必要なことを考え、英語で書くことができる。

準備する物

・振り返りカード
・導入に使うパワーポイント
・スライドを映すテレビやスクリーン
・英作文用のプリント

【書くことの記録に残す評価】

◎Unit 3で学習した内容について、既習事項を用いて自分の考えを書くことができる。（ワークシートの作文の評価）

ワークシート活用のポイント

単元の最後の時間になるので、Unit の始めと終わりで生徒の考えの変容や考えの深まりが見られるよう指導したい。既習事項を活用して、どのように AI と暮らしていくべきかをじっくりと考えさせてから書かせる。各時間の始まりの Small Talk で、AI やロボットのこと、将来の夢の職業、興味のあることなど、様々な話題について会話をしているので、書く内容で困っている生徒に対しては、話したことや読み取った内容を思い出して意見文を書くよう支援する。

ICT を用いてほかのクラスや、早く書き上げたクラスメートの作文をスクリーンに映し出したり、タブレットやパソコンで共有したりすると、なかなか書き進められない生徒も書きやすくなる。書き上げた作品には教師はフィードバックをし、後日書き直しの時間を設ける。

本時の展開 ▷▷▷

1 Small Talk “Do you want to live with AI?” をする

本時の後半で意見文を書くことを伝え会話の目的を明確にする。これまで学習してきたことを受け、将来 AI やロボットと暮らしたいかを生徒に会話させる。また、授業の前後で考えの変容が見られた生徒を紹介し、学級全体で共有したい。

2 AI との共生についての自分の考えをまとめる

はじめに個人で AI とどう暮らしていくべきかを考える。教師や、生徒同士でのやり取り、教科書で読み取った情報を活用しアイディアマップなどを用いて簡単に英語でメモ書きさせてもよい。既習事項のうちどんな表現が使えそうか全体で共有すると書きやすい。

3 AIとの共生で必要なことを書く

Unit 3 **My Future Job Opinion Writing**
意見文を書く

Class(　　　) No.(　　　) Name ＿＿＿＿＿＿

友達との意見交換や教科書本文を読んで、感じたこと／学んだこと／必要だと思ったことを書いてみましょう。

Point
①【序論】【本論】【結論】の構成で書くべし！
② OREO(Opinion→Reason→Example→Opinion)を意識して書くべし！
③ 教科書の表現(単語や文)を真似して書くべし！

First Draft 【テーマ】*How should we live with AI?*

I think AI is very helpful because it can do many things. For example, many smartphones have AI. But we should use it carefully because it is not perfect. For example, it translates 米国 into rice country. So, we should use it carefully and effectively.

Teacher's Feedback

3 AIとの共生で必要なことを書く

メモをもとに、意見文を書く。テーマは、How should we live with AI? とし、具体例や理由を挙げながら意見文を書くよう指導したい。何名かの作品を取り上げ、テレビやスクリーンに映し、よい書き方を真似するように声掛けをして、書けていない生徒を支援したい。

4 本時の振り返りをする

単元を貫く見方、考え方である Will AI take all of our jobs away? という問いについて、自分の考えを書き、本時の振り返りとする。

第11時

Unit Activity

職業体験での経験を友達と伝え合い、話した内容について書こう

本時の目標

既習事項を活用して友達と職業体験での経験を伝え合い、話した内容について、英語で書くことができる。

準備する物

・振り返りカード
・ワークシート（活動用）

【書くことの記録に残す評価】
◎自分の職業体験について、既習事項を用いて自分が経験したことを、メモをもとにして友達に伝えることができる。（活動の様子から評価）

Unit 3 How was your Career Day?

Class(　　　) No.(　　　) Name

STEP 1 自分の職場体験を思い出し、メモを作成して友達に紹介しよう。

smile
difficult
greet
ABC Book
experience
carry

STEP 2 作成したメモをもとに、友達と紹介しあおう
A Where did you go on Career Day?
B I went to ….

STEP 3 自分の職業体験について、話したことをもとに英語でまとめよう

I went to a bookstore, ABC Book. It was difficult to greet customers with a smile. I also carried many books and put them in bookshelves. They were very heavy. Career Day was very hard, but I had a good experience.

本時の展開 ▷▷▷

1 自分の職業体験について振り返る

友達と職業体験について伝え合うことを生徒にあらかじめ伝え、目的意識をもたせたい。友達は自分の体験内容を知らないので、聞き手に配慮した伝え方や内容を意識させ、体験したことなどをキーワードでまとめさせる。

2 ペアで伝え合う

たくさんの友達にインタビューする前に、隣の席の生徒と伝え合う。会話のきっかけとなる質問だけは全体で確認し、その後は自由に会話をさせる。一度会話を止め、中間評価を行い、どのようなやり取りをすればよいか全体で共有する。

2 相手に配慮しながら自分の職業体験について紹介し合う

活動のポイント ：中間評価を行い、どのようなやり取りをすれば会話の内容が深まり、よりよいやり取りになるか考えさせる。

教師からやりとりの流れを例示するのではなく、生徒のこれまでの経験から、どのようにやり取りを深めていけばよいか考えさせたい。

隣の席の生徒と一度対話をさせ、全体でやり取りの流れを確認し、相手からたくさん情報を聞き出せたペアを例として紹介する。そこから、感想やあいづち、切り返しの質問を行うなど、相手からたくさん情報を引き出せるように指導したい。

中間評価を受けて、再度メモを推敲する時間を設定してもよい。あくまでメモであって、書く内容はキーワード程度に留めるように指導したい。

3 友達の職業体験をインタビューする

制限時間を設けて、5人程度とお互いの職業体験について紹介しあう。型にはまったやり取りではなく、生徒が伝えたい内容を、言える英語で伝えられるように教師も活動に加わりながら指導したい。

4 話した内容をまとめ、振り返りをする

インタビューで自分が話した内容をもとに英語でまとめる。その時、書いた文章をALTに後日読んでもらうことを伝え、書く目的を明確にしたい。

単元の終末なので、Unit 3でできるようになったことなどを中心に振り返りを行う。

第12時

Let's Write ①

聞き取った内容をもとに、メールで返信を書こう

本時の目標

メールの基本的な構成を理解し、留守番電話で聞き取ったことに対して返信を書くことができる。

準備する物

・振り返りカード
・英作文用のプリント

【指導に生かす評価】
◎本時では、記録に残す評価は行わないが、目標に向けて指導を行う。子供の学習状況を記録に残さない活動や時間においても、教師が子供の学習状況を確認する。

ワークシート活用のポイント

留守番電話の内容を聞き取った後に太郎がジョシュに返信したメールの内容を確認する。ここで、返信のメールに書く内容を確認する。教科書の本文を参考にしながら書き進めるように指導する。

教科書下のツールボックスにはメールの際によく用いられる表現や絵文字などが掲載されている。これらの表現も自由に使わせることでメールを書くことに慣れ親しませたい。

本時の展開 ▷▷▷

1 留守番電話のメッセージを聞き内容を捉える

p.45の留守番電話を聞き、ペアで聞き取れた内容を確認する。5W1Hに注目して聞くようになど、聞き取りのポイントを与えるとメモを取りやすくなる。机間巡視をして、うまくメモをとることができている生徒を紹介し、メモの取り方の練習の場とする。

2 太郎が書いた返信メールの内容を捉える

太郎がジョシュあてに書いたメール（p.45）を読み、ペアで内容を確認する。その際にワークシートの内容確認問題に取り組ませる。どんな内容をメールに書けばよいかこの場で確認する。

3 留守番電話への返信を書く

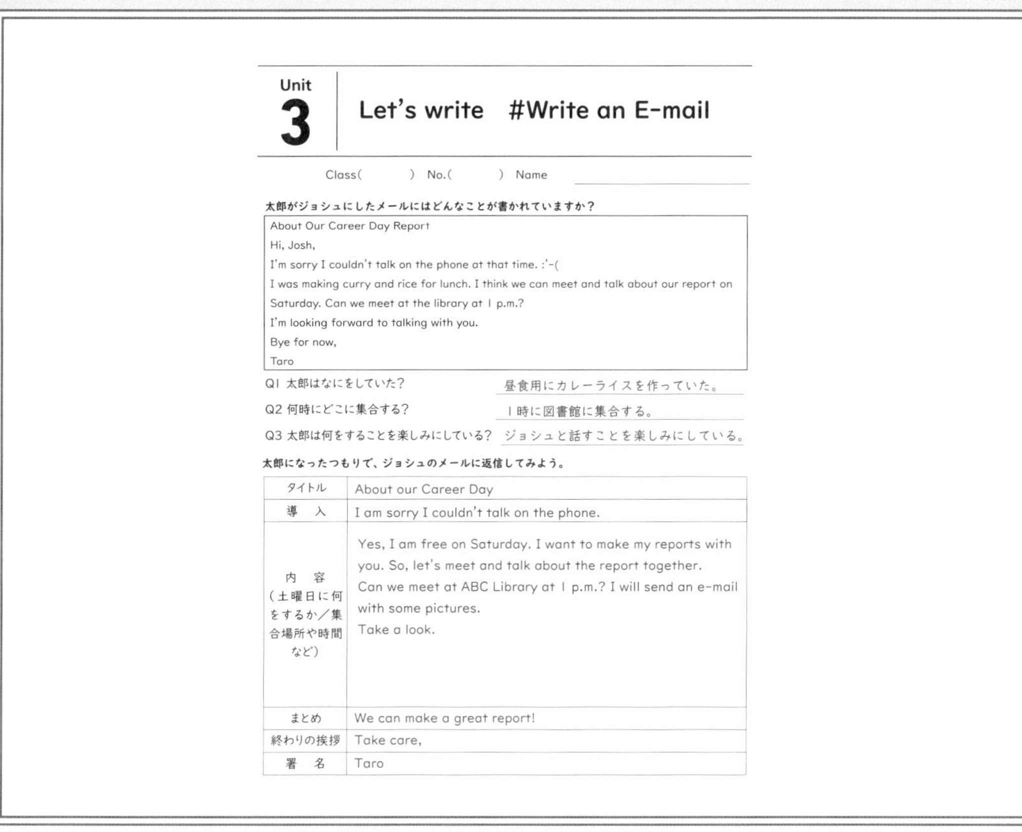

Unit 3 Let's write #Write an E-mail

Class(　　　) No.(　　　) Name

太郎がジョシュにしたメールにはどんなことが書かれていますか？

About Our Career Day Report
Hi, Josh,
I'm sorry I couldn't talk on the phone at that time. :'-(
I was making curry and rice for lunch. I think we can meet and talk about our report on Saturday. Can we meet at the library at 1 p.m.?
I'm looking forward to talking with you.
Bye for now,
Taro

Q1 太郎はなにをしていた？　昼食用にカレーライスを作っていた。
Q2 何時にどこに集合する？　1時に図書館に集合する。
Q3 太郎は何をすることを楽しみにしている？　ジョシュと話すことを楽しみにしている。

太郎になったつもりで、ジョシュのメールに返信してみよう。

タイトル	About our Career Day
導　入	I am sorry I couldn't talk on the phone.
内　容 （土曜日に何をするか／集合場所や時間など）	Yes, I am free on Saturday. I want to make my reports with you. So, let's meet and talk about the report together. Can we meet at ABC Library at 1 p.m.? I will send an e-mail with some pictures. Take a look.
まとめ	We can make a great report!
終わりの挨拶	Take care,
署　名	Taro

3 太郎のメールを参考にして返信メールを書く

太郎のモデル文を参考にして、ワークシートに返信メールを書く。その際に、教科書下部のツールボックスにあるメールでよく用いられる表現を確認し、オリジナルの返信メールを書かせる。

4 本時の振り返りをする

留守番電話のメッセージを聞いて、それに対して返信を書くことができたか、モデル文を読み、メールの基本的な構成や、メールでよく使われる表現を使うことができたかどうか振り返りを記入させる。

第13時

Grammar for Communication

to＋動詞の原形を用いた文の形、意味、用法を確かめよう

本時の目標

to＋動詞の原形の文の形、意味、用法を確かめ、身近な話題について自分のことを英語で書くことができる。

準備する物

・教科書のピクチャーカード
・振り返りカード

【指導に生かす評価】

◎本時では、記録に残す評価は行わないが、目標に向けて指導を行う。子供の学習状況を記録に残さない活動や時間においても、教師が子供の学習状況を確認する。

学習課題

Talking

Listening

Reading

まとめ

振り返り

本時の展開

1 基本文の確認をする

教科書の読解で活用したピクチャーカードを用いて、to＋動詞の原形が含まれる文をいくつか板書し、意味と使い方を確認する。意味が思い出せない生徒には、教科書の具体的な場面を想起させるなど支援する。

2 問題演習に取り組む

p.46を使って to＋動詞の原形の 3 つの用法を確認し、Let's Try! に挑戦する。個人で解かせ、その後ペアで答え合わせを行い、全体で共有をする。

to＋動詞の原形の使い方と意味を確かめる

写真	We use computers to work, to learn, and to communicate. 私たちは働いたり、学んだり、やり取りしたりするためにパソコンを使う。
写真	Meg is surprised to see the article. メグはその記事を読んで驚いている。
写真	We have various things to translate. 私たちは翻訳すべき様々なものがある。
写真	It is important to use AI effectively. AIを効果的に使うことが大切だ。

3 自己表現活動に取り組む

教師が Why do you study English? と黒板に書き、生徒はその答えや理由をノートに書く。Unit 3 で学習した内容や既習事項を使って書くよう促したい。

4 本時のまとめと振り返りをする

本時のまとめとして、自分が書いた作文をペアで発表しあう。相手の発表を聞いて、追加で質問させてもよい。その後、本時の振り返りを行う。

第14時

Learning TECHNOLOGY

科学技術の活用の仕方について考えよう

本時の目標

科学技術の活用の仕方を考え、その長所や短所をまとめ、自分の考えを伝えたり、書いたりすることができる。

準備する物

・振り返りカード
・ライティング用ワークシート

【指導に生かす評価】

◎本時では、記録に残す評価は行わないが、目標に向けて指導を行う。子供の学習状況を記録に残さない活動や時間においても、教師が子供の学習状況を確認する。

本時の言語活動のポイント

Task 1では、スマートフォンの活用例についてペアで紹介し合う。Tool Box の表現を活用し、様々な機能があることに気付かせたい。スマートフォンを持っていない生徒には、学校生活の中で、どのように使われているかを考えさせ会話させたい。1回目の対話が終わったところで中間評価を取り入れ、どのような技術が使われているのか共有したい。

Task 2 では、Task 1 で話した内容から機能を1つ選び、その長所と短所をまとめる。まとめる前に、どのような表現を使えばよいか考えさせ、生徒に発表させ、黒板にヒントとして書き出しておくと、スムーズに活動が進む。

Task 3 では自分の身近な生活場面を想起しながら活用方法を考えさせ、書かせたい。書いた文はペアで紹介し合い、その後書き足してもよいことにすると、内容が深まる。

本時の展開 ▷▷▷

1 Task 1 を行う

スマートフォンやタブレット端末を使ってできることをペアで話し合わせる。中間評価を取り入れ、様々な機能に注目できるようにしたい。考えが浮かばない生徒は、普段の自分の使い方や学校の授業での使用例などを想起するよう声掛けをして支援したい。

2 Task 2 を行う

Task 1で会話した機能のうち一つを取り上げ、その長所と短所をまとめる。便利な面だけでなく、マイナス面にも注目できるよう、ペアで意見交換をさせるとよい。

1 メモをもとにスマートフォンに使われている科学技術について話す

活動のポイント：アイディアマップを使って考えを整理させ、作成したメモをもとにペアで会話をさせる。話した後に作文をさせることで内容を深める。

S1) I often use my smartphone to study English. How about you?

S2) I usually use my smartphone to listen to music.
I can listen to music easily.

S1) I see. I listen to music, too.
I sometimes take pictures and attach them to e-mails.

S2) Sounds interesting.

隣の席の生徒と会話をさせ、その後、後ろの席の生徒とやり取りをさせる。１回目のやり取りが終わったところで中間評価を行い、アイディアマップのメモを推敲する時間を設けてもよい。スマートフォンが持つ様々な機能に注目できるよう、活用例についてたくさんアイディアが出るようにしたい。

Unit 3 Smartphones

Class(　　　) No.(　　　) Name

STEP 1 スマートフォンにはどのような科学技術が使われていて、どのような利便性があるか、考えを整理しペアで紹介しよう。

STEP 2 使われている科学技術を１つ選び、その長所と短所をまとめよう。

科学技術	長所	短所
listen to radio	We can enjoy learning English.	We shouldn't listen to radio too much and stay up late.

STEP 3 話した内容について書こう

I often use my smartphone to study English. I can learn English by English radio programs. They are very fun. But we shouldn't use it too much and stay up late.

3 Task 3 を行う

Task 2 で分析した結果から、自分は今後その科学技術をどのように使いたいかを考える。プラスの面とマイナス面に注目させたい。書き終えたら、ペアで紹介し合い、その後全体で共有の場面を設けたい。

4 本時の振り返りをする

身近にある科学技術の使い方についてその良い面と悪い面に気付き、今後の使い方を考えて英語で表現することができたか振り返りを行う。

Stage Activity

1 A Message to Myself in the Future

（3時間）【中心領域】書くこと

＋Let's Read ①（4時間）／Let's Listen ①（1時間）

単元の目標

自分に合う仕事について書くために、表やマインドマップなどを用いて好きなことや得意なこと、興味のあることなどについて自分の考えを整理し、友達に伝えることができる。また、相手の将来について助言をしたり、例文を参考にして慣れ親しんだ語句や表現を用いて相手とやり取りしたりすることができる。

単元の評価規準

知識・技能	思考・判断・表現	主体的に学習に取り組む態度
・Unit 3までに習った言語材料の形・意味・用法を理解している。 ・Unit 3までの学習内容をもとに、自分の好きなことや得意なこと、興味のあることなどを伝えたり、相手に質問したり、10年後の自分に向けてメッセージを書く技能を身に付けている。	・好きなことや得意なこと、向いていると思う仕事などについて、その情報を整理して、簡単な語句や文を用いて即興で伝え合ったり、友達のアドバイスを参考にして、10年後の自分に向けてメッセージを書いたりすることができる。	・好きなことや得意なこと、向いていると思う仕事などについて、その情報を整理して、簡単な語句や文を用いて即興で伝え合おうとしたり、友達のアドバイスを参考にして、10年後の自分に向けてメッセージを書こうとしたりしている。

単元計画

第1時（導入）	第2時（展開①）
1．自分の好きなことや得意なことを伝える表現を学ぶ 現在興味があることや好きなことについて伝えるための表現を確かめる。マインドマップなどを用いて情報を整理し、表に書いたことについて友達に伝える。	**2．友達の発表を聞いて、その人に向いている仕事とその理由を伝えたり、友達からのアドバイスをまとめたりする** 友達へのアドバイスの仕方や意見の言い方、その職業の英語での言い方を確かめる。友達の興味のあることや得意なことなどの情報を参考にして、その友達に向いている仕事やその理由を伝える。友達からもらったアドバイスをまとめ、今後取り組みたいことや、将来のために大切なことについてまとめる。

指導のポイント

Unit 1～3の3つの単元で学習した内容を使って将来の職業や夢について発表を行う。Unit 1で学習した、語句や表現を使って将来の夢に向けてこれからする予定のこと、Unit 2で学習したことを使って、その職業を目指した理由、そして、Unit 3で学んだ何かをする目的や、夢の実現のために必要なことの言い方を使って、自分の将来の職業や夢にについて伝え合ったり、将来の自分に向けてメッセージを書いたりする単元である。

Unit 1～3の学びを生かし、自分の将来の職業や夢、興味のあることなどについて紹介し合うが、生徒たち自身の職業体験から自身の将来について考えるきっかけとしたい。また、友達とアドバイスし合うことを知らせ、はっきりと目的意識をもって活動させたい。さらに、Unit 3でさまざまな分野や実生活おける AI の活用について学んでいるため、これからの社会や働き方の変化、AI やロボットとの協働について考える姿勢を育てたい。

評価のポイント

第2時では友達の興味関心のあることや得意なことについての情報を整理し、友達に向いている職業についてアドバイスをすることができているか評価する。第3時では、友達からもらったアドバイスをもとにして、10年後の自分に向けてメッセージを書く。これまでにならった表現や簡単な表現を用いて書くことができているか評価したい。

自分の将来の職業や夢について考えて活動に取り組めているか見取るために、学習後の振り返りシートや友達へのアドバイスを記した付箋、ワークシート等を活用して、記録に残る評価としたい。

第3時（終末）	第4～8時
3. 10年後の自分に向けてメッセージを書く メッセージの書き方や構成について確認する。自分の興味関心や友達からのアドバイスを参考にして、10年後の自分に向けたメッセージを書く。ペアで互いにメッセージを読みあい、感想を、付箋などを用いて伝え合う。 **記録に残す評価【書】** 知	**4. Let's Read ①(1)** 時計の歴史について書かれた文章を通読し、概要を捉える。教科書52ページを読み、T or F や英語の質問に英語で答える。 **5. Let's Read ①(2)** 教科書の53ページを読み、概要を捉える。T or F や英語の質問に英語で答える。 **6. Let's Read ①(3)** 教科書の54ページを読み、概要を捉える。T or F や英語の質問に英語で答える。 **7. Let's Read ①(4)** 教科書の55ページを読み、概要を捉える。時計の歴史を年表にまとめる。 **8. Let's Listen ①** 週末の予定を立てるために天気予報を聞いて、必要な情報をメモしたり、聞き取った情報を整理したりする。

STEP ①

自分の好きなことや興味のあることを考え、友達に伝えよう

本時の目標

自分の好きなことや興味のあることを表にまとめて、友達に伝えたり、質問したりすることができる。

準備する物

・振り返りカード
・ワークシート（活動用）

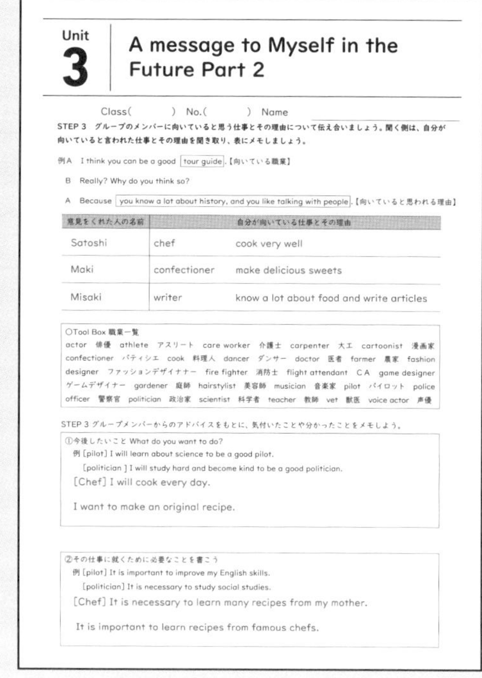

Unit 3 A message to Myself in the Future Part 2

Class(　　　) No.(　　　) Name

STEP 3　グループのメンバーに向いていると思う仕事とその理由について伝え合いましょう。聞く側は、自分が向いていると言われた仕事とその理由を聞き取り、表にメモしましょう。

例A　I think you can be a good [tour guide].【向いている職業】

B　Really? Why do you think so?

A　Because [you know a lot about history, and you like talking with people].【向いていると思われる理由】

意見をくれた人の名前	自分が向いている仕事とその理由	
Satoshi	chef	cook very well
Maki	confectioner	make delicious sweets
Misaki	writer	know a lot about food and write articles

○Tool Box 職業一覧
actor 俳優　athlete アスリート　care worker 介護士　carpenter 大工　cartoonist 漫画家　confectioner パティシエ　cook 料理人　dancer ダンサー　doctor 医者　farmer 農家　fashion designer ファッションデザイナナー　fire fighter 消防士　flight attendant CA　game designer ゲームデザイナー　gardener 庭師　hairstylist 美容師　musician 音楽家　pilot パイロット　police officer 警察官　politician 政治家　scientist 科学者　teacher 教師　vet 獣医　voice actor 声優

STEP 3 グループメンバーからのアドバイスをもとに、気付いたことや分かったことをメモしよう。

①今後したいこと What do you want to do?
例 [pilot] I will learn about science to be a good pilot.
[politician] I will study hard and become kind to be a good politician.
[Chef] I will cook every day.
I want to make an original recipe.

②その仕事に就くために必要なことを書こう
例 [pilot] It is important to improve my English skills.
[politician] It is necessary to study social studies.
[Chef] It is necessary to learn many recipes from my mother.
It is important to learn recipes from famous chefs.

【指導に生かす評価】

◎本時では、記録に残す評価は行わないが、目標に向けて指導を行う。生徒の学習状況を記録に残さない活動や時間においても、教師が子供の学習状況を確認する。

本時の展開 ▷▷▷

1 STEP 1 好きなことを表にまとめる

自分の好きなことや興味のあること、得意なことを表にまとめさせる。キーワードのみの記入として、作成したメモをもとに友達と対話することを伝え、目的意識をもって活動に取り組めるようにする。ツールボックスを活用して好きなことの伝え方を確認する。

2 作成した表をもとに自分の興味のあることを伝え合う

4人組になり、一人ずつメモをもとに好きなことを伝えあう。聞き手は発表が終わったら質問をするので、相手からより多くの情報を引き出せるようにしたい。

2 自分の好きなことや興味のあることを紹介し合う

活動のポイント：相手から必要な情報を引き出すために、どのような質問をすべきか全体で共有する

1度4人組で発表させ、どのような質問をしたか全体で共有する。その時に、黒板に疑問詞を書き、2回目の発表の時のヒントになるようにすると、質問が考えられなかった生徒も意欲的に取り組むことができる。教師が意図的に使ってほしい表現やキーワード（例　Do you ～？を使った疑問文など）や、あいづち表現などをあらかじめ決めておき、そのキーワードを使って対話できた生徒にシールをあげるなどすると生徒の質問へのモチベーションも高まることが期待できる。

3 中間評価を行い、別のグループで発表しあう

1回目のやり取りが終わったところで対話を止め、質問内容や、英語で言えなかった表現を全体で確認する。その後、グループを変えて同様に自分の好きなことを伝え合う。2で話した内容を改善し、3で話した内容に変容が見られる生徒がいれば賞賛したい。

4 代表数名に発表させ本時の振り返りをする

代表生徒数名にメモをもとに好きなことを発表させる。聞き手はその発表を聞いて質問してもよい。

STEP ②

友達の好きなことを聞き、向いている職業をアドバイスしよう

本時の目標

友達の発表を聞いて、向いている職業とその理由を伝えることができる。もらったアドバイスから今後したいことを考えることができる。

準備する物

・振り返りカード
・まとめ用ワークシート

【書くことの記録に残す評価】
◎友達の好きなことや興味のあることを聞いて向いている職業とその理由を伝えることができる。（活動の様子から評価）

本時の言語活動のポイント

複数回メンバーを変えて行う場合、始めは前時と同じグループで自分の好きなことを発表した方が、内容を思い出しながらできるため、アドバイスに集中することができる。

アドバイスをもらう側は、相手の言ったことをすべてメモするのではなく、大事だと思われるキーワードのみをメモするようにして、相手を意識したやり取りをさせる。

ツールボックスを活用し、あいづちの打ち方やどのような質問ができるかなどを生徒に考えさせる。

職業の言い方についてはあらかじめ教科書を見て確認する。

本時の展開 ▷▷▷

1 STEP 2 4人組で好きなことを伝え合う

4人組で自分の好きなことを伝え合う。前時と同じグループでも別のグループでもよい。前時の発表を踏まえてメモの内容を推敲し、伝える内容を深めることができるようにする。

2 向いている職業を助言しあう

グループのメンバーの発表を聞いて、向いている職業をアドバイスする。職業については、教科書を参考にして確認する。具体的な理由が含まれるアドバイスになるようにしたい。

2 よいアドバイスに必要なことを考える

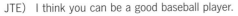

活動のポイント：よいアドバイスとはどのようなものか生徒が気付けるよう、教師がデモンストレーションを行う。

JTE）We will demonstrate a good and a bad advice.
Listen carefully.
JTE）I think you can be a good baseball player.
ALT）Thanks. Why do you think so?
JTE）Because you like baseball.
ALT）Thanks.

JTE）I think you can be a good baseball player.
ALT）Thanks. Why do you think so?
JTE）Because you practice baseball very hard every day and you are a good pitcher.
ALT）Thanks.

生徒に指名し、良かった点と改善点について発表させる。
アドバイスは具体的である方がよいと気付けるように指導する。

3 中間評価を行い、メンバーを変えてアドバイスし合う

1回目の後に中間評価を行う。友達の表現やアドバイスの内容を注意して聞き取らせる。ツールボックスを参考にして質問の仕方やあいづち表現を確認してもよい。その後メンバーを変えて、別の友達の好きなことを聞き、それを受けて向いている職業をアドバイスする。

4 今後したいことを考え、本時の振り返りをする

友達からもらったアドバイスをもとに、今後取り組みたいことや、自分の夢の職業に就くために必要なことを考えさせ、プリントに記入させる。数名に発表させ、本時の振り返りを記入させる。

STEP ③

友達からのアドバイスを参考にして、10年後の自分へメッセージを書こう

本時の目標

友達からもらったアドバイスを参考にして、10年後の自分へメッセージを書いたり、友達のメッセージに感想を書いたりすることができる。

準備する物

・振り返りカード
・英作文用のプリント
・生徒の作文を投影するテレビやスクリーン

【書くことの記録に残す評価】

◎既習事項を用いて10年後の自分へ向けたメッセージを書いたり、友達の書いたメッセージを読んで感想を書いたりすることができる。(ワークシートの作文の評価)

ワークシート活用のポイント

教科書の例を参考にして、10年後の自分へ向けたメッセージを書く。この時に、書く内容に困っている生徒には、机間指導をしながら前時の友達からのアドバイスや、自分が今後したいと思っていることを思い出しながら書くように伝えて支援する。

活動の途中で、早く進んでいる生徒の作文をテレビやスクリーンに映し出し、良い点を生徒に考えさせると、友達の表現から学ぼうとする態度を育むことができる。

書き終えたら、隣の席の生徒と交換し、相手が書いたメッセージに対してコメントを書く。完全な文でなくとも、次につながるようなポジティブなコメントを記入できるように指導したい。

本時の展開 ▷▷▷

1 前時にもらったアドバイスを確認する

前時に友達からもらったアドバイスとそれをもとに自分で書いたこれから取り組みたいことなどを確認する。追加で書き加えたいことがあればこの時に書き加える。

2 友達の作文も参考にして、メッセージを書く

メッセージの構成が導入、内容、まとめであることを、例を見ながら確認する。ある程度書き進めたところで、数名の生徒の作品をスクリーンやテレビに投影し、どんなところがよいか考えさせ、自分の作文でまねできそうな表現がないか考えさせる。

3 10年後の自分へメッセージを書く

Unit **3** A message to Myself in the Future Part 3

Class(　　　) No.(　　　) Name ＿＿＿＿＿＿

STEP 4 教科書の例文を参考にして、「１０年後の自分へメッセージ」を書こう。

導入	Dear future me, What are you doing now? Do you work at a
内容 ・きっかけ ・今後したいこと ・大切なこと ・友達からのアドバイスを受けて感じたこと	Do you remember my grandmother's meals? My favorite dish was curry and rice. It was very delicious. She cooked very well and talked about the recipes. I wanted to be a cook like her. So, I cook every day now. I want to make original recipes in the future.
まとめ	Do you enjoy cooking now?

STEP 5 ペアになり相手のメッセージに感想を書こう。

【振り返り】

これまでに習った表現を使って自分の好きなことや得意なことなどを伝えたり、相手にアドバイスや質問したりすることができた。	A・・・B・・・C
これまでに習った表現を使って、１０年後の自分に向けてメッセージを書くことができた。	A・・・B・・・C
友達と積極的に対話をしたり、友達からのアドバイスを参考にしたりして、１０年後の自分に向けてメッセージを書こうとした。	A・・・B・・・C

3 隣の生徒とメッセージを交換し、コメントを書く

相手が考えたメッセージにペアでコメントを書く。内容が十分に伝わらない場合は適宜意味を確認しながら読み進める。文法的な正しさよりも、内容が相手に伝わるかどうかを大切にしたい。作文は回収し、教師がフィードバックを与え、後日書き直しをさせるとよい。

4 本時の振り返りをする

将来の夢について友達と会話をして、アドバイスをし合ったり、相手のアドバイスを受けてメッセージを書いたりすることができたか振り返る

Let's Read ①(1)

本文を通読し、今日の時計ができあがるまでの歴史を捉えよう

本時の目標

時計の歴史に関する物語を読み、概要を捉えることができる。

準備する物

・教科書のピクチャーカード
・振り返りカード

学習課題

Talking

Listening

振り返り

【指導に生かす評価】
◎本時では、記録に残す評価は行わないが、目標に向けて指導を行う。子供の学習状況を記録に残さない活動や時間においても、教師が子供の学習状況を確認する。

本時の展開 ▷▷▷

1 Pre-reading を行う

ペアで Pre-reading を行う。本文のテーマが時計であるので、ペアでの会話を通して本文の導入を行いたい。壁掛け時計や置き時計、腕時計などの種類や、スマートウォッチなど、時代と共に時計の形も変化していることに気付かせたい。

2 全文を通して聞き、T or F に取り組む

初めに全文を通して聞き、その後本文全体に関わる T or F に取り組み、概要を把握できているか確認する。

板書のポイント：ピクチャーカードを順番に配置し、概要が捉えやすいように工夫する。

時計の歴史についての文を読み、その概要を捉える。

○Talking

Do you have a clock?
Why did people make clocks?

I have two clocks.
I have a smart watch. It can do many things.

People made clocks to know the time.

写真	T or F に挑戦 ①Long ago, people couldn't check the time easily.
写真	②Egyptians started to measure time without the sun.
写真	③People used weights to power mechanical clocks.
写真	④Thanks to many great inventions and many people's effort, we have clocks and watches everywhere.

3 p.52の新出単語を確認し、黙読する

p.52の新出単語の発音と意味を確認し、個人で黙読を行い、In-reading の問題に答えて、概要を捉えることができているか確認する。

4 本時の振り返りをする

本文全体の概要と、p.52の概要を捉えることが出来たか振り返りを行う。

Let's Read ①②

自然を使った時間の確認の仕方を捉えよう

本時の目標

古代人がどのようにして時間を知ろうとしたのか読み取ることができる。

準備する物

・教科書のピクチャーカード
・振り返りカード

【指導に生かす評価】
◎本時では、記録に残す評価は行わないが、目標に向けて指導を行う。子供の学習状況を記録に残さない活動や時間においても、教師が子供の学習状況を確認する。

本時の展開 ▷▷▷

1 前時の復習を行い、p.53の音読を行う

p.52の内容把握のために、口頭で教科書の内容を確認する。生徒とのやり取りの中で前時の復習を行う。内容確認をしたら、ペアで音読練習を行う。

2 p.53を聞き、T or F に取り組む

p.53を聞き、T or F に挑戦する。個人で考えた後、ペアで答えを確認し、全体で答え合わせを行う。その後、新出単語の意味と発音を確認する。

板書のポイント：ピクチャーカードを順番に配置し、概要が捉えやすいように工夫する。

古代人がどのように時間を確認したのか読み取る。

写真①

写真②

T or F に挑戦

③ Egyptians started to measure time without the sun.

④ They started to measure time with water in pots.

⑤ People burned pots to measure time.

In-reading

① Why did Egyptians start to use water to measure time?

② About 1500 years ago, what did people use to measure time?

3 In-reading に取り組む

もう一度本文を黙読する。In-reading の問題に答えて、概要を捉えることができているか確認する。

4 本時のまとめと振り返りをする

今日の授業で分かったことを英語で書かせ、ペアで読み合う。その後、本時の振り返りを行う。

Let's Read ①(3)

機械を使った時間の確認の仕方を捉えよう

学習課題

Reading

Listening

振り返り

本時の目標

人々がどのように機械の時計で時間を確認していたのか読み取ることができる。

準備する物

・教科書のピクチャーカード
・振り返りカード

【指導に生かす評価】
◎本時では、記録に残す評価は行わないが、目標に向けて指導を行う。子供の学習状況を記録に残さない活動や時間においても、教師が子供の学習状況を確認する。

本時の展開 ▷▷▷

1 前時の復習を行い、p.53の音読を行う

p.53の内容把握のために、口頭で教科書の内容を確認する。生徒とのやり取りの中で前時の復習を行う。内容確認をしたら、ペアで音読練習を行う。

2 p.54を聞き、T or F に取り組む

p.54を聞き、T or F に挑戦する。個人で考えた後、ペアで答えを確認し、全体で答え合わせを行う。その後、新出単語の意味と発音を確認する。

板書のポイント：ピクチャーカードを順番に配置し、概要が捉えやすいように工夫する。

どのようにして機械を使って時間を確認したのか読み取る。

写真①

写真②

T or F に挑戦

⑥ People used weights to power mechanical clocks.

⑦ The clocks had bells to tell the hour.

⑧ The clocks were difficult to move because the weights were big and heavy.

In-reading

① What was the problem with mechanical clocks?

② To improve the clocks, what did people do?

3 In-reading に取り組む

もう一度本文を黙読する。In-reading の問題に答えて、概要を捉えることができているか確認する。

4 本時のまとめと振り返りをする

今日の授業で分かったことを英語で書かせ、ペアで読みあう。その後、本時の振り返りを行う。

Let's Read ①(4)

現代の時計にいたるまでの時計の歴史をまとめよう

本時の目標

現代の時計に関する説明文を読み、時計の歴史を年表にまとめることができる。全文を仲間と協力してリテリングすることができる。

準備する物

・振り返りカード
・読解用のプリント
・教科書のピクチャーカード

【指導に生かす評価】
◎本時では、記録に残す評価は行わないが、目標に向けて指導を行う。子供の学習状況を記録に残さない活動や時間においても、教師が子供の学習状況を確認する。

ワークシート活用のポイント

ワークシートに記載されている、時計のイラストなどを参考にして。古代から現代にいたるまでの時計の歴史を、教科書の内容に沿ってリテリングする。

4人1組になり、1人2段落を担当する。キーワードをワークシートにメモさせる。リテリングを行うときは、メモをただ読み上げるのではなく、メモを参考して、自分の言える英語で時計の歴史を伝え合わせたい。

グループで1度発表したら、その後学級全体で共有したい。全員が必ず発言できる場面を設定したい。

本時の展開 ▷▷▷

1 p.55を聞き、内容を口頭で確認する

p.55を聞き、その後、自分で黙読をする。内容理解のために口頭による質問に答える。その後、新出単語の意味と発音を確認する。

2 Post-reading 1、2に取り組む

教科書を始めから読み返し、問題に答える。個人で解いた後、ペアで答え合わせを行い、全体で答えを確認する。時計の歴史についてまとめた表を、全員で音読して、内容を確かめる。

3 友達と分担しリテリングを行う

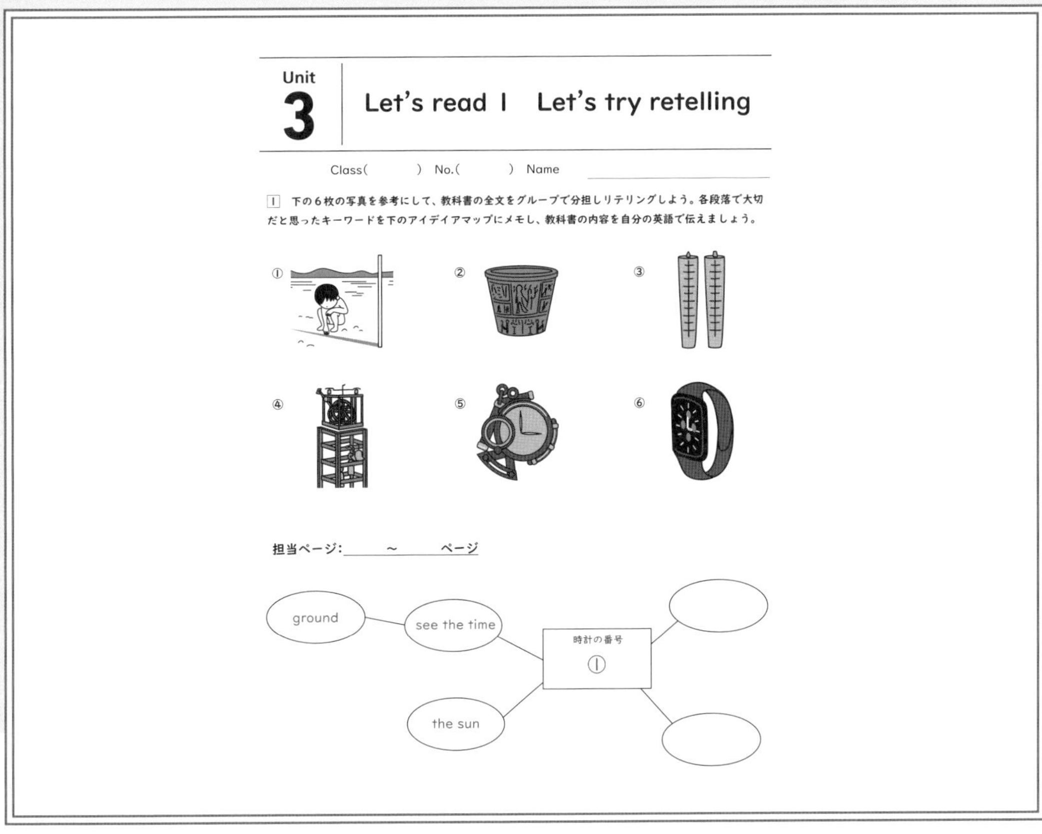
Unit 3 Let's read 1 Let's try retelling

Class(　　　) No.(　　　) Name ＿＿＿＿＿＿

1 下の６枚の写真を参考にして、教科書の全文をグループで分担しリテリングしよう。各段落で大切だと思ったキーワードを下のアイデイアマップにメモし、教科書の内容を自分の英語で伝えましょう。

① ② ③ ④ ⑤ ⑥

担当ページ:＿＿＿～＿＿＿ページ

3 グループでリテリングを行う

ワークシートに記載の各時代の時計のイラストを参考にして教科書のリテリングを行う。一人２段落を担当する。アイディアマップの中心には、担当する時代に作られた時計の番号を書き入れる。メモはあくまでキーワードとし、発表の際には、聞き手の顔を見て発表したい。

4 Post reading–3を行い振り返りをする

本時のまとめとして、現代の時計のどんなところが便利になっているかペアで話し合う。その後、全文を読んでの振り返りを書かせる。

Let's Listen ③

天気予報を聞き、必要な情報を聞き取ろう

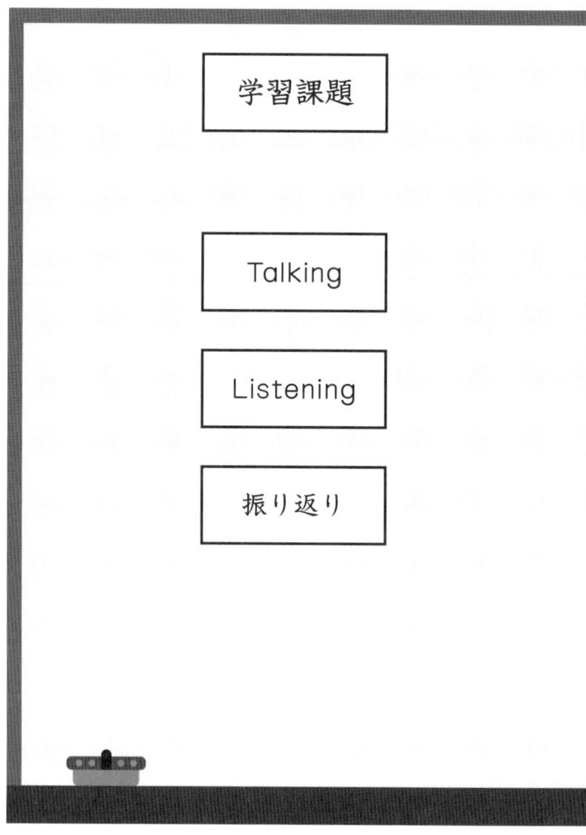

本時の目標

天気予報を聞いて、必要な情報を聞き取り、聞き取った天気の情報から週末の予定を伝え合うことができる。

準備する物

・教科書のピクチャーカード
・振り返りカード

【指導に生かす評価】
◎本時では、記録に残す評価は行わないが、目標に向けて指導を行う。子供の学習状況を記録に残さない活動や時間においても、教師が子供の学習状況を確認する。

本時の展開 ▷▷▷

1 天気の言い方を確認し Small Talk を行う

天気の言い方を確認するために、昨日の天気、今日の天気、週末の天気を確認する。その後、週末の天気予報を考慮しながら、ペアで週末の予定を伝え合う Small Talk を行う。1回目の会話が終わったら、中間評価で、言えなかった表現を共有し2回目に移る。

2 STEP 1 を行う

STEP 1 を行う。あらかじめ天気を表すマークを確認しておく。音声を聞く前に、問題を先読みし、どんな内容に注目すればよいか予想させておくと、聞き取りに余裕が生まれる。音声が速く聞き取れない生徒には、聞き取り安い速度で再生するとよい。

板書のポイント：授業の流れが分かるように貼り物の位置に注意し構造的な板書をする

天気予報を聞いて、必要な情報を聞き取り、週末の予定を伝え合う

天気の言い方

How was the weather yesterday? It was rainy.

How is the weather now? it's sunny.

○Talking
What are you going to do this weekend?

写真	Central Park
写真	the Museum of Modern Art
写真	Liberty Island

3 STEP 2、STEP 3を行う

オススメの場所に関する放送を聞き、答えを記号で答える。2回ほど聞かせ、自分で考えさせてから、ペアやグループで答え合わせをする。その後、聞き取った週末の天気と、オススメのスポットの例を参考にして、週末の予定を2人で伝え合う。

4 Sound Box を読み本時の振り返りをする

文中で強く読まれる場所や名前、数字などを確認し、音声の後に続いて音読する。天気予報を聞き、その情報をもとに週末の予定を伝えることができたか、振り返りを記入させる。

【中心領域】聞くこと、話すこと［やり取り］

Homestay in the United States 14時間

＋Let's Write ②／Let's Listen ④

単元の目標

海外の文化と日本の文化の違いを知り、共生するヒントを探ることを本単元の目標とする。その過程で、新たに習得する言語材料である〈have to ＋動詞の原形〉や助動詞 must などを使い、お互いの文化や習慣について伝えたり、たずね合ったりする活動を行う。

単元の評価規準

知識・技能	思考・判断・表現	主体的に学習に取り組む態度
・〈have to ＋動詞の原形〉を用いた文や助動詞 must の形・意味・用法を理解している。 ・動名詞を用いた文の形・意味・用法を理解している。 ・have to や must を用いた文の理解のもとに、必要性や義務の気持ちなどを伝え合う技能を身に付けている。	・海外の文化と日本の文化、生活習慣の違いを知り、日本の習慣やマナーを既習済みの言語材料等を用いながら英語で伝えたり、たずねたりすることができる。	・様々な人や文化が共生していくにはどうすれば良いのかについて考え、海外の文化と日本の文化、生活習慣の違いを知り、伝え合ったり、たずね合ったりしようとしている。

単元計画

第１～４時	第５～８時
１～４．Scene １・２ ① have to ＋動詞の原形、助動詞 must の形・意味・用法について知り、表現する。 ②海外の生活習慣と日本の生活習慣の違いを知り、外国で生活することについて考える。 ③家庭のルールについて英語で伝え合う活動を通し、お互いの違いを理解する。 記録に残す評価【話】 知 思 態	５～８．Read and Think １・２ ①動名詞の形・意味・用法について知り、表現する。 ②海斗やクラスメートのホームステイの感想を読み、海外で生活する上での様々な困難さや楽しさについて知り、異文化でどのように生活していくべきなのかについて考える。 ③異文化での体験や、知っていることを英語で伝え合う活動を通し、異なるものへの理解を深める。

指導のポイント

本単元は、海斗がホームステイ中に経験したことや外国での滞在中に困ったことなどについて書かれた英文を読んだり、聞いたりすることを通し、異文化について理解し、それぞれが共生していくことについて考えるための題材である。そこで、単元のまとめとして「来日した留学生に日本の生活習慣やマナーについて伝えよう」という課題を設定し、お互いの生活習慣や文化についてやり取りを行う。異なる生活習慣や文化は、時として「生きづらさ」を生み出すものであるが、それらを知り、理解し、共に生きていこうとすることは現代に生きる私達にとって肝要である。そのため、単元の中では、日本以外の文化についても知る機会を毎回設定し、異文化についての理解を深めさせていきたい。そして、それらを知り、考えを深めさせる過程で、日本文化や日本の生活習慣、マナーについて見つめ、発信できる力を養わせていきたい。

評価のポイント

第１～４時では家庭のルールについて英語で伝え合う活動を通し、新しく学ぶ〈have to ＋動詞の原形〉、〈助動詞 must の形・意味・用法〉を理解し、目的に応じて使用できているかどうかを見取る。第９～11時では、「来日した留学生向けに日本の習慣やマナーについて伝える活動」を通し、相手に配慮しながら伝えようとしているか、目的・場面・状況により、適切な英語を使うことができているかについて見取る。また、この活動を行う際、あらかじめシナリオを作成してから行うが、このシナリオを活用して記録に残す評価としたい。

第９～11時	第12～14時
9～11. Unit Activity 日本の習慣やマナーを留学生に伝えよう ①来日した留学生に、日本の習慣やマナーについて伝える活動をする。家の中や学校でのマナー、習慣について述べ、質問のやりとりを行う。 **記録に残す評価【話】** 知 思 態 ②日本や海外の文化、生活習慣の違いについて理解を深めることで、それぞれが共生していくヒントを探っていく。	**12～13. Let's Write ②** ①本文の題材を読み、英語による手紙の書き方を知る。 ②英語による手紙の書き方を学び、お世話になった人に手紙を英語で書く。 **記録に残す評価【書】** 知 思 **14. Let's Listen ④** ①電車の運行状況に関するアナウンスを聞き、必要な情報を聞き取る。 ②電車内のアナウンスを聞き取るのに必要な英語表現を学び、自分たちでオリジナルのアナウンスを作り、お互いに聞き合う活動を行う。

第1時

Scene ①

ホームステイのアドバイスを読み取ろう

本時の目標

必要性や義務を表す〈have to＋動詞の原形〉の形・意味・用法を知る。ホームステイのアドバイスに関する本文を読み、理解することができる。

準備する物

・フラッシュカード
・ワークシート

【指導に生かす評価】
◎本時では、記録に残す評価は行わないが、目標に向けて指導を行う。子供の学習状況を記録に残さない活動や時間においても、教師が子供の学習状況を確認する。

本時の学習活動のポイント

本時の最初の活動であるSmall Talkでは、生徒に海外に興味、関心を持たせるためのトピックを設定し、会話練習を行わせる。また、既習事項である〈want to＋動詞の原形〉を使わせる。

〈have to＋動詞の原形〉の導入では、なるべく本文の内容につながるようなピクチャーを用意し、日米の生活習慣の違いも生徒に想起させて口頭での練習を行えると良い。その上で本文理解のオーラルイントロダクションに入ると、生徒の理解がスムーズになると考える。

本時の展開 ▷▷▷

1 Small Talkをする

"What country do you want to go to?"というトピックでSmall Talkをする。活動に入る前に、ワークシートに自分の考えをメモする時間を設定してから行う。ペアで話す活動は30～40秒とする。ペアを3回チェンジし、英語を話す機会を多く設定したい。

2 have to＋動詞の原形の導入を行う

日米の生活習慣の違いをピクチャーカードにして、オーラルで〈have to＋動詞の原形〉の練習を行う。練習する中で、〈have to＋動詞の原形〉が「～しなければならない」という意味を持つことを示していく。

家庭でのルールを伝え合おう

活動のポイント：お互いにやり取りをすることを通して〈have to ＋動詞の原形〉の形・意味・用法を知り、それを使って表現できるようにする。

A) Hello. I'll tell you about my house rules.
I have to go to bed by 10:30 p.m. How about you?
B) I have to go to bed by 11:00 p.m.
A) Thank you.

いくつかの項目に関して、自分の家庭でのルールをあらかじめワークシートに記入させておく。
その上でペアを変えながらインタビュー活動を行う。
インタビューが終わったらワークシートにサインをもらうと良い。

3 本文のオーラルイントロダクションと内容把握を行う

教科書 p.58の Preview に取り組ませた後、オーラルイントロダクションを通して本文の概略を捉えさせ、リーディングポイントを示し、読み取らせる。その後、本文の音読を〈全体〉→〈ペア〉→〈個人〉の手順でさせる。生徒の実態によっては、本文の一部を暗唱させてもよい。

4 本時の振り返りをする

〈have to ＋動詞の原形〉の確認をするために、使用したピクチャーカードを再度提示し、生徒とやり取りをしながら〈have to ＋動詞の原形〉の意味・用法の振り返りを口頭で行う。その後、自分の家での決まりごとについてインタビューし合い、次時につなげる。

第2時

Scene ①

日本の生活習慣を英語で表現しよう

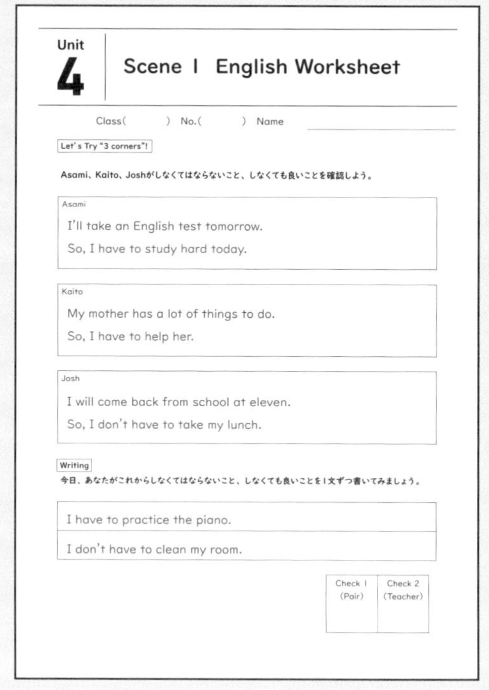

Unit 4　Scene 1　English Worksheet

Class(　　　) No.(　　　) Name

Let's Try "3 corners"!

Asami、Kaito、Joshがしなくてはならないこと、しなくても良いことを確認しよう。

Asami
I'll take an English test tomorrow.
So, I have to study hard today.

Kaito
My mother has a lot of things to do.
So, I have to help her.

Josh
I will come back from school at eleven.
So, I don't have to take my lunch.

Writing
今日、あなたがこれからしなくてはならないこと、しなくても良いことを1文ずつ書いてみましょう。

I have to practice the piano.
I don't have to clean my room.

Check 1 (Pair)	Check 2 (Teacher)

本時の目標

日本と海外の生活習慣の違いについて考え、〈have to ＋動詞の原形〉を使って日本の生活習慣を英語で表現できる。

準備する物

・ピクチャーカード
・ワークシート

【指導に生かす評価】

◎本時では、記録に残す評価は行わないが、目標に向けて指導を行う。生徒の学習状況を記録に残さない活動や時間においても、教師が生徒の学習状況を確認する。

本時の展開 ▷▷▷

1　Small Talk をする

第１時と同様、“What country do you want to go？” というトピックで Small Talk をさせる。前時に言えなかったことを辞書で調べる時間を設定する。第１時とは異なるペア（３ペア）になるようにする。

2　前時の Review を行う

本文の内容をピクチャーカードで提示しながら生徒と英語でやり取りをすることを通し、内容の振り返りを行う。その後、音読を〈教師の後に続いてのリピート〉→〈ペア読み〉を行う。

〈have to ＋動詞の原形〉を使った活動をしよう

活動のポイント：〈have to ＋動詞の原形〉が使われた英文を読み、内容を捉え、伝える活動を通して、〈have to ＋動詞の原形〉の形を定着させる。

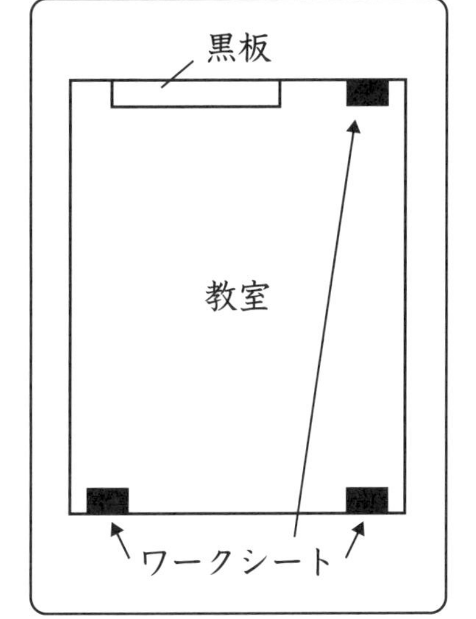

４人１組になり、１人が writer の係、３人が英文を読みに行く係とする。３人はそれぞれ教室の角に貼られている英文を分担して読み、内容を覚え、席に戻ってその内容を writer に伝えに行く。

忘れてしまった場合は何度も英文を自分で読みに行かなくてはならない。メモを取ることはできない。（あらかじめルールを徹底して伝えておく必要がある。）

〈英文の例〉

３人がその日にしなくてはならないこと、しなくてもよいことを確認しよう。

I have to help my mother.

But, I don't have to make dinner because she will make it.

上記のような英文を３通り用意し、教室の角（３か所）にあらかじめ貼っておく。

3 〈have to ＋動詞の原形〉を使った活動をする

〈3 corners〉という活動を行い、〈have to ＋動詞の原形〉を生徒に定着させる学習をする。具体的には、４人組になり、１人が writer、３人が教室の角に教師があらかじめ貼った英文を読みに行かせ、その内容を writer に伝える、という活動である。

4 本時の振り返りをする

日米の生活習慣の違いについて考え、外国から留学生が来たことを想定し、日本の生活習慣について〈have to ＋動詞の原形〉を使ってワークシートに自分で表現させる。

第3時

Scene ②

自分の家のhome rulesを表現しよう

本時の目標

助動詞 must の形・意味・用法について知る。本文を読み、“house rules” を知り、自分の家の “house rules” について表現できる。

準備する物

・ピクチャーカード
・ワークシート

【指導に生かす評価】
◎本時では、記録に残す評価は行わないが、目標に向けて指導を行う。子供の学習状況を記録に残さない活動や時間においても、教師が子供の学習状況を確認する。

〈Points for study〉 Unit 4

助動詞 must「〜しなければなら

①must の後ろは 動詞の原形 が
②否定文では「〜してはいけな
↓
must not（→mustn't 短縮形）

＊Practice＊

We must be

You mustn't

本時の展開 ▷▷▷

1 Small Talk

“Do you have your house rules?” というトピックで Small Talk をする。活動に入る前に、ワークシートに自分の考えをメモする時間を設定してから行う。ペアで話す活動は30〜40秒とし、ペアを3回チェンジし、英語を話す機会を多く設定したい。

2 助動詞 must の導入

ピクチャーを提示し、最初に have to から入り、must に変えて音読させる。その後、「禁止」のピクチャーを提示し、1年次に学習した “Don't〜.” の文から練習をさせる。その後、“You mustn't〜.” に変えて音読をさせ、「〜してはいけない」の意味を持つことを理解させたい。

板書のポイント：一方的に教師が話すのではなく生徒とやり取りをし、発言を促しながら板書をする。

Scene 2 Monday, September 5th.

ない」と義務や命令を表すときに使う。

来る。
い」という禁止の文になる。

quiet here.

図書館の中を想定し、しなければならないこと、してはいけないことを書かせる。隣にピクチャーを提示すると分かりやすくなる。

eat or drink here.

3 本文のオーラルイントロダクションと内容の理解

What time do you have to come home by? This is Mrs. Wilson. Kaito has to come home by six.
Wow. That's a little early.

最初に "house rules" に関して教師と生徒が英語でやり取りをし、イメージを持たせるところから始め、本文のオーラルイントロダクションに入る。その後、ウィルソンさんの家の "house rules" を２つ、教科書を黙読させることで、捉えさせる。

4 本時の振り返りをする

In the library, we must be quiet.
That's right.
You mustn't eat or drink there.

教室を図書館であると想定し、ルールを must や must not を使って考えさせ、伝え合う活動をする。最初に個人で考え、ワークシートにイラスト付きで記入させる。その後、ペアで発表し合い、全体で共有する。

Scene ②

オリジナルのスキットを作ろう

本時の目標

日常的なことを題材に、目的・場面・状況に応じて助動詞 must を使い、オリジナルのスキットを作ることができる。

準備する物

・ワークシート

Unit 4 Scene 2 English Worksheet

Class(　　　) No.(　　　) Name

Step 1 p.61のListenの内容を参考に、オリジナルのスキットを作成しよう!!

状況：海斗とウィルソンさんが家での決まりごとについて話をしている。

Kaito : Are there any other house rules?

Mrs. Wilson : Well, you must do your homework before dinner.

Kaito : OK. I'll do that.
I'm looking forward to eating dinner with you.

Mrs. Wilson : Oh, me too. Let's talk a lot.

Teacher's Check: (　　　)

Step 2 出来上がったスキットをジェスチャー等も入れながらペアで練習しよう！

★★★★★★ ←練習が終わったら☆を塗りつぶそう！

Step 3 発表の振り返りを書こう！

実際の場面を想像し、発表に取り組むことができた。

場面に応じて、学習した "must" などを使うことができた。

【話すことの記録に残す評価】

◎本時では、助動詞 must を用いてオリジナルのスキット作りを行う。最後にワークシートを回収し、目的・場面・状況に応じて適切に表現できているかを見取る。

本時の展開 ▷▷▷

1 Small Talk をする

第 3 時と同様、"Do you have your house rules?" というトピックで Small Talk をする。活動に入る前に、前時に言えなかったことを辞書で調べたり、教科書で確認するよう促す。使える表現などを教師が提示すると、更に表現に幅を持たせることができる。

2 前時の Review と音読をする

本文の内容をピクチャーカードで提示しながら生徒と英語でやり取りをすることを通し、内容の振り返りを行う。その後、音読〈教師の後に続いてのリピート〉→〈ペア読み〉を行う。

オリジナルのスキットを発表しよう

活動のポイント：助動詞 must を用いたスキットをペアで作成し、発表させることで、実際の場面を想定した言語活動ができるようにする。

活動例

海斗とウィルソンさんが家でのきまりごとについて話をしている、という想定にする。

Kaito：Are there any other house rules？

上記の空欄の部分の２人の対話を考えさせる。考えさせる際、実際の会話を意識し、あいづちやリアクションも自然な形で入れると良いと伝えておく。生徒たちなりに考え、楽しみながらスキット作りに取り組むことができる工夫を随所に入れると良い。

3 助動詞 must を使ってオリジナルのスキット作りを行う

教科書 p.61の Listen の内容を活用し、家でのきまりごとについての対話を想定したオリジナルのスキット作りを行う。教科書に準じて、出だしは “Are there any other house rules？” で始め、“Thank you, Mrs. Wilson.” で終わるように指定し、中身を考えさせ、練習させる。

4 スキットの発表をする

ペアで作成したスキットを数ペア指定し、全体の前で発表をさせる。発表の際に気を付けるポイント（“Clear Voice”“Eye Contact” など）をあらかじめ生徒に伝えておく。また、ジェスチャー等も用いるように伝え、楽しく発表活動ができるように工夫できると良い。

Read and Think ①

ホームステイの感想を読んで、理解しよう

本時の目標

動名詞は「…すること」という名詞の働きをすることを理解する。本文を読み、ホームステイで困っていることについて理解する。

準備する物

・フラッシュカード
・ワークシート

【指導に生かす評価】
◎本時では、記録に残す評価は行わないが、目標に向けて指導を行う。子供の学習状況を記録に残さない活動や時間においても、教師が子供の学習状況を確認する。

野球のイラスト	I like
野球をプレーするイラスト	I like
野球観戦をするイラスト	I like

本時の展開 ▷▷▷

1 Small Talk をする

Why do we have to study English?
I think it's important to communicate with many people. So, we have to study English.

“Why do we have to study English？” というトピックで Small Talk をする。活動に入る前に、ワークシートに自分の考えをメモする時間を設定してから行う。終了後、モデルダイアログを配布し、音読させる。

2 動名詞の導入を行う

I like movies.
I like to watch movies.
I like watching movies.

ピクチャーを提示し、「野球をすることが好き」「映画を見ることが好き」など、不定詞を使った英文を生徒に口頭で作らせる。その後、不定詞を動名詞に変え、教師がもう一度英文を言うことで、自然な流れで不定詞の名詞的用法と動名詞が同じ意味を作ることを示す。

板書のポイント：生徒とやり取りをし、発言を促しながら板書をする。左側は動名詞の導入、右側はオーラルイントロダクションとする。

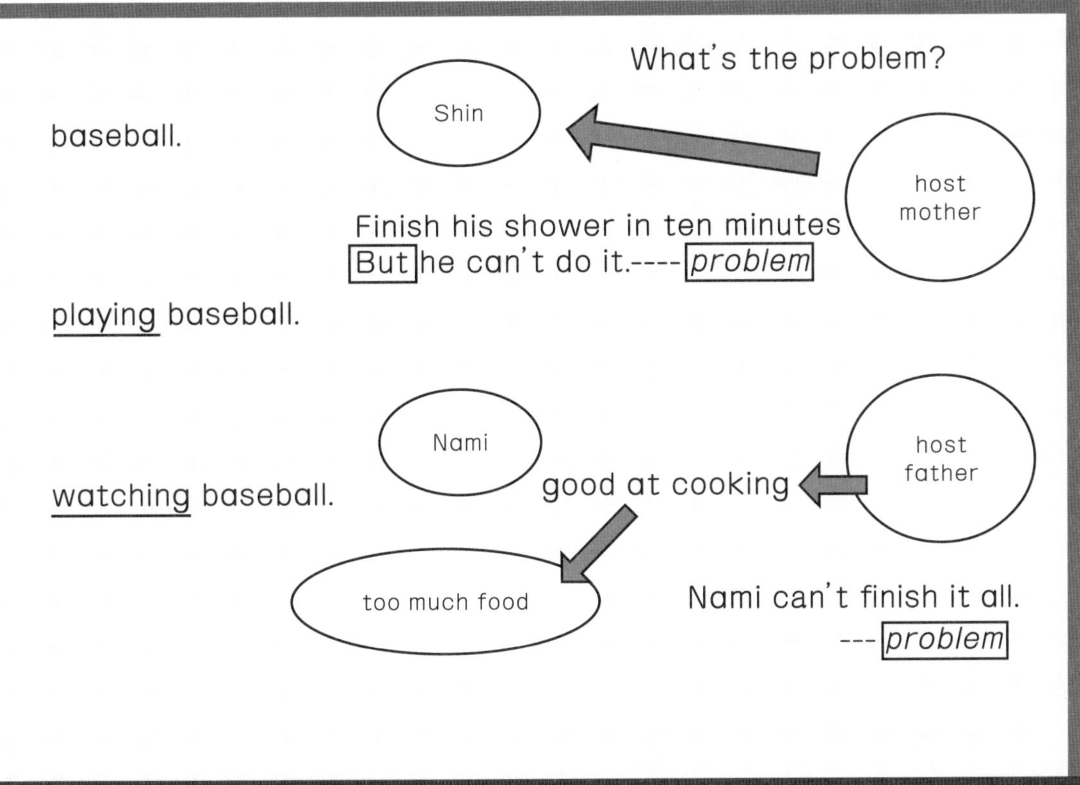

3 本文のオーラルイントロダクションと内容把握を行う

オーラルイントロダクションでは、Shin と Nami の 2 人がホームステイ先で困っていることにフォーカスし、生徒とやり取りをする。その後、リーディングポイントを与え、細部の読み取りを行う。音読は、本文が長いので部分的に取り出して音読をするのも良い。

4 本時の振り返りをする

Shin と Nami のピクチャーを提示し、もう一度、2 人の困りごとを英語で生徒と教師がやり取りをしながら確認をする。そして、次の時間に 2 人のうちのどちらかにアドバイスを書く、ということをあらかじめ伝えておく。

第6時

Read and Think ①

ホームステイに困っている人にアドバイスを書こう

本時の目標

日本と海外の文化の違いを知り、ホームステイで困っている人に対し、アドバイスを今まで習った英語で書くことができる。

準備する物

・ピクチャーカード
・ワークシート

Unit 4

Read and Think I
English Worksheet

Class(　　　) No.(　　　) Name

Step 1 Think and write down your advice.

(Shin・Nami) に対してのアドバイス　＊1行おきに英文を記入しよう！＊

You should say, "The food is delicious, but I can't eat so much. I'm sorry." If you tell them so,

習った表現を使っている。good！

your host family understands.

ここは will understand と書いてみてはどうだろう。

Step 2

ペアと読み合い、良い表現にアンダーライン、分かりづらい部分は訂正してみましょう。

注）＊青ペンを使いましょう。
＊記入者が分かるようにしておくようにしましょう。

【指導に生かす評価】

◎本時では、記録に残す評価は行わないが、目標に向けて指導を行う。子供の学習状況を記録に残さない活動や時間においても、教師が子供の学習状況を確認する。

本時の展開 ▷▷▷

1 Small Talk をする

次はこの表現を使ってみよう

前時と同様、"Why do we have to study English?" というトピックで Small Talk をする。その際、前時に配布したモデルダイアログを音読させ、前時に言えなかった英語表現を各自で確認する時間を設定してから行う。

2 前時の Review を行う

What problem does Nami have?
Her host father puts too much food on her plate. It's a problem.

Shin と Nami の 2 人のピクチャーを提示し、ペアでホームステイでの困りごとについて確認をさせる。その後、電子黒板にいくつかのキーワードを提示し、それを基に、2 人の困りごとについて英語で Retelling させ、本文の内容を振り返らせる。

本文の音読をしよう

活動のポイント：様々な手法での音読活動をすることで、本文の内容理解を更に深める。

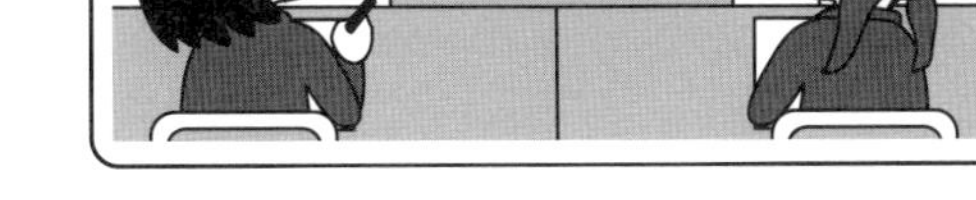

音読では、最初に教師の後に続いてのリピートをする。

生徒がつまずいていると思われるところは部分的に取り出して練習をする。その後、ペアで1文交代で読み、読めないところはお互いに教え合いながら練習させる。

〈シャドーイング〉

全体の音読が終了したら、Shin の部分に戻り、シャドーイングに入る。生徒の実態に応じ、練習する英文の量を設定する。

最初は教科書を閉じさせ、教師の英語を聞いて全体でリピート、その後、ペアになり、ペアのうち1人が読み手、もう1人が相手の英語を聞いてリピートをする練習をする。

その後、同じ部分を CD をなるべく大きな音量で流し、全体でシャドーイング（CD を流し、その後を追いかけるよう声に出して読ませていく音読の手法）を行う。つまずいている部分は取り出して練習を行い、ある程度、出来るようになったところでペアでシャドーイングをさせる。最後に上手にできたペアに全体の前で発表をさせる。

3 本文の音読をする

部分的にシャドーイングを取り入れ、〈全体→ペア→全体での発表〉という手順で練習を行うと理解が深まる。音読の仕方については、p.69にも記載があるので、生徒に紹介し、家庭学習の一助としたい。最後に、p.63の Round 1～3 に取り組ませ、内容理解の確認を行う。

4 ホームステイのアドバイスを考える 本時の振り返りをする

ワークシートを交換する

Shin か Nami のどちらかにアドバイスを送るための英文をワークシートに記入させる。その後、ペアになり、お互いの考えを共有する。ペアを数回チェンジし、様々な人の意見を聞かせるようにする。

第7時

Read and Think ②

スピーチの内容を理解しよう

本時の目標

動名詞が主語になる形を知り、理解する。教科書本文を読み、海斗がウィルソンさんの家でどのように過ごしたのかについて理解する。

準備する物

・ピクチャーカード
・ワークシート

【指導に生かす評価】
◎本時では、記録に残す評価は行わないが、目標に向けて指導を行う。子供の学習状況を記録に残さない活動や時間においても、教師が子供の学習状況を確認する。

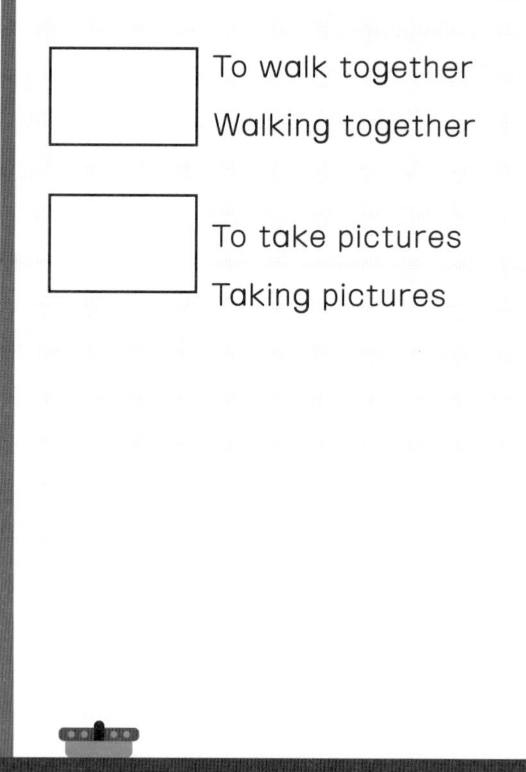

本時の展開 ▷▷▷

1 Small Talk をする

"Do you like ○○ ing?" というトピックで、動名詞を使って Small Talk をする。活動に入る前に、ワークシートに自分の考えをメモする時間を設定してから行う。第１時とは異なるペア（３ペア）になるようにする。上手にできたペアを数ペア紹介する。

2 動名詞が主語になる形を導入する

教科書 p.64の Practice をピクチャーとして提示し、最初は不定詞の名詞的用法を使って英文を作らせる。その後、To…の部分が動名詞を使って言いかえることができることを示したい。
Ex) To walk together is nice.
Walking together is nice.

板書のポイント：生徒とやり取りをし、発言を促しながら板書をする。左側は動名詞の導入、右側はオーラルイントロダクションとする。

is nice.

is nice.

of animals is interesting.

of animals is interesting.

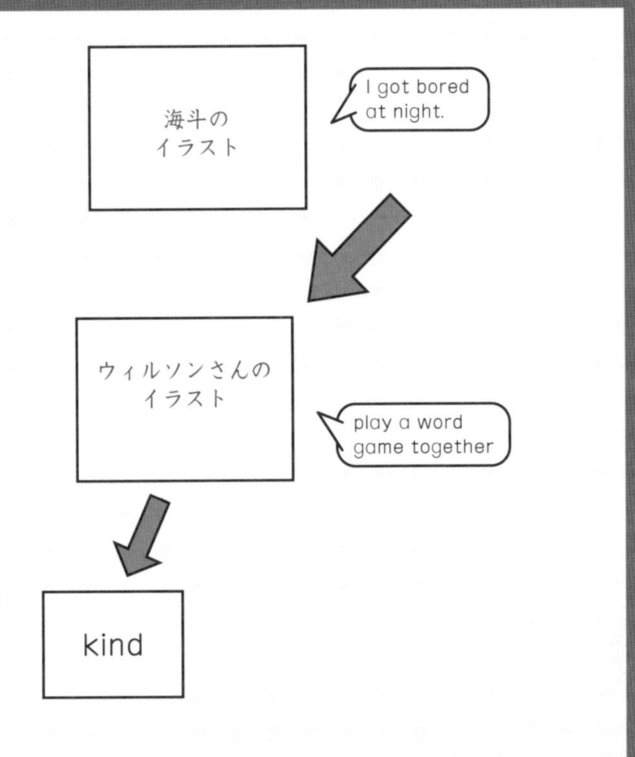

I got bored

play a word
game together

3 本文のオーラルイントロダクションと内容把握をする

Kaito enjoyed this. Do you know about it?
Yes. I know. It's a word game.

海斗の話の概要を生徒と英語でやり取りしながら捉えさせる。その後、p.65の Round 1と Round 2を用いて内容把握をすると良い。生徒の実態に応じてワークシートに Round 1と Round 2をまとめ、必要があれば更にリーディングポイントを細かく示すと分かりやすくなる。

4 動名詞が主語になった形の英文を用いたインタビュー活動をする

I think playing badminton is fun for me. How about you?
I think so, too.
I also like playing tennis.
Do you like playing tennis?

モデルダイアローグを示し、自分の好きなことについて英語で表現させる。最初は座席の隣に座っているペアで、その後、教室内でペアを見つけて数名と会話をしたら席に戻ってくる。

第8時

Read and Think ②

ホームステイについて考えを書こう

本時の目標

ホームステイについて書かれた英文を基に、ホームステイに関して自分の意見を持ち、考えを書くことができる。

準備する物

・ピクチャーカード
・ワークシート

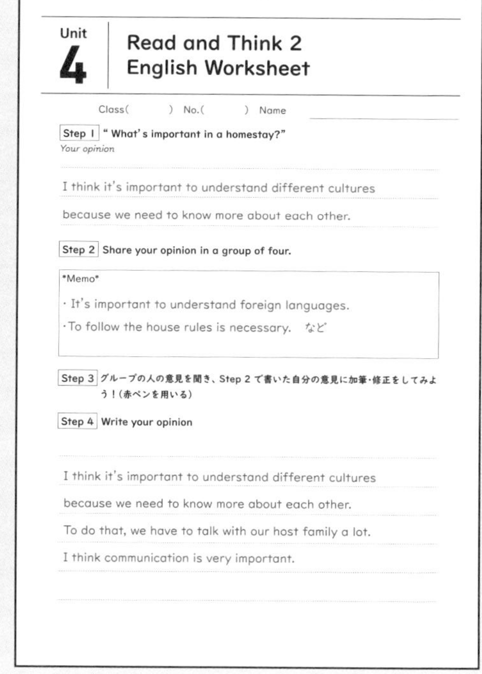

Unit 4 Read and Think 2 English Worksheet

Class(　　) No.(　　) Name

Step 1 " What's important in a homestay?"
Your opinion

I think it's important to understand different cultures
because we need to know more about each other.

Step 2 Share your opinion in a group of four.

Memo
· It's important to understand foreign languages.
· To follow the house rules is necessary.　など

Step 3 グループの人の意見を聞き、Step 2 で書いた自分の意見に加筆・修正をしてみよう！（赤ペンを用いる）

Step 4 Write your opinion

I think it's important to understand different cultures
because we need to know more about each other.
To do that, we have to talk with our host family a lot.
I think communication is very important.

【記録に残す評価】
◎本時では、ホームステイで大切なことについて自分の考えをまとめ、記入させたワークシートを回収する。自分の考えを既習事項を用いて表現できているかを見取る。

本時の展開 ▷▷▷

1 Small Talk をする

I think so, too. I also like playing the guitar. How about you?
I like sports. I think playing sports is fun.

モデルダイアログの様子

前時と同様、“Do you like ○○ ing ? ” という動名詞を使ったトピックで Small Talk をする。活動に入る前に、ALT とのモデルダイアログを生徒に見せてから行う。前時とは異なるペア（3ペア）になるようにする。

2 前時の Review と音読をする

Kaito got bored because he didn't have anything fun. So, he told his host family about it.
Yes. After that, he enjoyed playing a word game. He had a good time with his host family.

前時の内容を復習するために、教科書を開かせ、1分間黙読させる。その後、ワークシートを配布し、本文の内容に関するキーワードを書かせ、それを基にペアで本文の内容を英語で簡潔に伝える活動をする。その後、全体で音読を行い、内容の理解を深める。

ホームステイに関して自分の意見をまとめよう

活動のポイント：ここまで学習してきたことを振り返り、自分なりの考えを英語で述べることができるようにする。

"What's important in a homestay?"
という問いに対し、以下の手順で意見を考えさせる。

①ワークシート配布。
②１～２文で自分の考えを簡潔に英語で書く。
③４人１組になり、お互いの意見を発表し、級友の意見をワークシートにメモを取る。
A：I think it's important to learn about foreign cultures.
How about you ?
B：I think it's important to understand each other.
…と１人ずつ意見を述べさせていく。
④級友の意見を基に自分の意見に加筆、修正を加える。
その際、赤ペンを用い、どこを修正したのかを分かるようにしておく。
⑤自分の意見を再考し、意見文にまとめる。
⑥全体の前で数名を指名し、発表させる。

3 自分の意見を考える

ここまでの学習を通し、"What's important in a homestay ?" という問いに対し、自分なりの意見をまとめる活動をする。ワークシートに自分の意見を１～２文でまとめ、４人１組になり、お互いの意見を述べ合う。お互いの意見をメモしておき、自分の考えに加筆、修正を加える。

4 自分の意見をまとめる

級友の発言から自分の意見を見つめ、ホームステイにおいて大切なことを３～５文程度の意見文にまとめる。最後に数名、全体の前で発表させる。細かい文法チェックはワークシートを回収し、添削して次の時間に生徒に返却する。

第9時

Unit Activity

日本の習慣やマナーを伝えよう①

本時の目標

日本に来る予定の留学生が心配していることに対し、アドバイスを英語で考えることができる。

準備する物

・ワークシート

Unit 4　Unit Activity　English Worksheet

Class(　　　) No.(　　　) Name

日本の習慣やマナーを伝えよう

Step 1 パトリックの心配している３つのことについて、あなたならどうアドバイスをしますか。

① I want to eat delicious food in Japan, but I don't know Japanese table manners. Also, I'm not good at using chopsticks.

I'll say to him, "You don't have to use chopsticks."

② In American restaurants, we usually leave 15% as a tip. How much should we leave in Japan?

I'll say to him, "In Japan, we don't have to leave a tip. Don't worry."

③ I'm going to live with a host family. What Japanese customs should I know about?

When you enter a house, you must take off your shoes.

④ その他、留学生が来日するに当たって知っていた方がいいこと

You have to pick up the rice bowl when you eat.
You have to wash yourself outside of the bathtub.

Step 2 Share your opinions

Memo

【話すことの記録に残す評価】

◎本時では、留学生にアドバイスをする設定の活動をするために、ワークシートを用いて留学生に向けたアドバイスを記入する。これを記録に生かす評価とする。

本時の展開 ▷▷▷

1 Small Talk をする

It's important to learn foreign languages. と答えたら、Why do you think so? と聞かれそうだな。じゃあ、その場合は Because I have to communicate with people there. と答えよう

"What's important to live abroad?" というトピックで Small Talk をする。活動に入る前に、ワークシートに自分の考えをメモする時間を設定してから行う。予想される相手の返答なども考え、その場合の話の切り出し方もまとめさせておくと良い。

2 Step 1 ブログの内容を読み取る

This is Patrick.
He will come to Japan, and he wants to know about Japanese customs and manners.
What kinds of things is he worried about?

日本に来る予定のアメリカ人のパトリックが気になっていることについて理解し、本時のねらいを捉える。

パトリックにアドバイスをしよう

活動のポイント：パトリックにアドバイスを送るために、〈個人〉→〈グループ〉の順でアドバイスを作る。

パトリックにアドバイスを送るために次の手順でシナリオを作らせる。
①パトリックが気になっている3つのことに対し、どのようにアドバイスするか、個人で考える。
②4人1組になり、考えたことを共有する。
＊共有の仕方＊
A：I'll say to him, "You don't have to use chopsticks."
How about you, B?
B：That's a good idea. I'll say to him, …
③共有した内容を基にパトリックにアドバイスを送るためのシナリオを作成させる。時間は2分以内で作成させる。
④シナリオが仕上がったら、役割分担をし、練習する。
＊ポイント＊
"Clear Voice" "Eye Contact" "Presentation"

3 アドバイスを考える

これから来日する留学生に日本の習慣について伝える、という活動をする。最初に、自分ならどのようなアドバイスができるか、個人で考える時間を持つ。その後、４人１組になり、考えたことを共有し、留学生に伝えるためのシナリオをグループで作成する。

4 役割分担と練習

作成したシナリオを基に、グループ内で役割分担をし、練習をする。その際、伝えるときのポイントを示し、練習させることでより効果的に伝えることができるものになる。

第10時

Unit Activity

日本の習慣やマナーを伝えよう②

本時の目標

留学生に向けて、アドバイスを分かりやすく伝えることができるように自分たちの発表を改善する。

準備する物

・ワークシート
・撮影できる ICT 機器

Unit 4 Unit Activity English Worksheet

Class(　　　) No.(　　　) Name

日本の習慣やマナーを伝えよう

来日した留学生たちを集め、日本の習慣やマナーを伝える「日本の文化説明会」を開くことになりました。留学生たちにどう説明をしますか。グループでシナリオを考えてみましょう。

Name	Contents
例）全員	Welcome to Japan!
例）〇〇さん	We will introduce Japanese customs.
全員	Welcome to Japan !
〇〇さん	We will introduce Japanese customs.
〇〇さん	We will tell you three things. Do you have to take off your shoes when you enter a house in your country ? （ここで留学生に質問をする。反応を受けてから…） I see , but in Japan , we have to take them off when we enter a house. ・ ・ ・

【話すことの記録に残す評価】
◎本時では、留学生にアドバイスをする設定の活動をするために、ワークシートを用いて留学生に向けたアドバイスを記入する。これを記録に生かす評価とする。

本時の展開 ▷▷▷

Small Talk をする

What's important to live abroad?
Oh, why do you think so?
I think it's important to know each other.

"What's important to live abroad?" というトピックで Small Talk をする。その際、前時に言えなかったことを辞書で調べる時間を設定してから会話を行わせる。また、前時と同様、予想される相手の返答や質問を考え、それに対する自分の意見を英語で伝えさせるようにする。

2 発表に向けての練習をする

Hello. We will tell you about Japanese customs.

前時に作成していたシナリオを基に、グループで発表練習を行う。最初は個人で練習し、グループ内でお互いにアドバイスし合う。その後、グループで通し練習をする。発表に向けて ICT 端末で撮影し、自分たちの発表を客観的に把握することでより質の高い練習をする。

発表のリハーサルをしよう

活動のポイント：相手に伝わるようなアドバイスができるよう、自分たちの発表を改善する。

次時の発表に向けて、グループごとに自分たちの発表がより分かりやすく、伝わる内容になるために工夫、改善をする。

本時の手順は以下の通りとする。

(1) 発表の分担に沿って、個人で練習をし、英文を暗唱する。

(2) グループで通し練習をする。その際、各グループにタブレット端末を1台配布し、通し練習の様子を撮影し、グループの良かった点、改善点を洗い出す作業を行う。それを基に再度練習し、改善できるようにする。

(3) 2グループごとに次時の発表に向けてリハーサルをする。1グループが発表側、もう1グループが留学生側とし、発表終了後に留学生側から質疑応答を受け付ける。（本番でも質疑応答を行うのであらかじめ、予想される質問とその答えをグループごとに作成しておくと良い。）

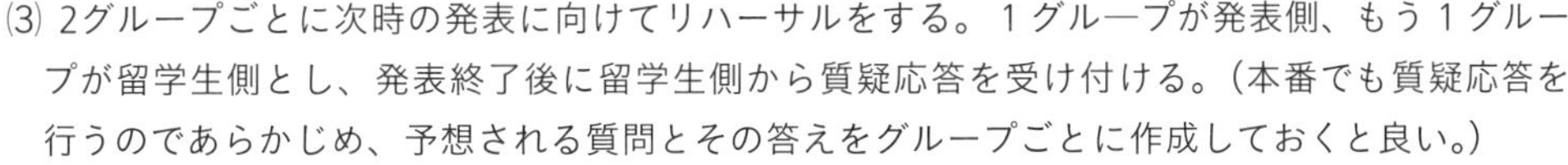

(4) 最後にグループごとに振り返りをし、良かったところや改善点を指摘し合うことで、次の時間の発表へとつなげていく。

3 リハーサルをする

2グループごとにリハーサルを行う。1つのグループが留学生にアドバイスを送る側、もう1つのグループが留学生側とする。アドバイスが終わったら、質疑応答の時間を取り、英語でのやり取りをする。

4 本時の振り返り

声はもう少しゆっくり言って
みよう。目線はどうだった？

発表練習、リハーサルを振り返り、改めて自分たちの発表に必要なこと、練習する必要のあるところを確認し、次時の活動へとつなげる。

Unit Activity

日本の習慣やマナーを伝えよう③

本時の目標

留学生に向けて、日本の生活習慣に関するアドバイスを分かりやすく伝えることができる。

準備する物

・ワークシート

Unit 4 | Unit Activity　English Worksheet

Class(　　　) No.(　　　) Name ＿＿＿＿＿＿

日本の習慣やマナーを伝えよう
＊事前に質問を考えよう！
あなたが留学生なら、日本に暮らす上で知りたい、と思うことは何ですか。英語でまとめておきましょう。

・If I can't speak Japanese well, what should I do?
・If I can't eat Japanese traditional food, what should I do?

Good Points

Group	Good Points（発表の技能、英語表現など、良かったところを書きましょう）
1	・簡単な英語を用いており分かりやすかった
2	・相手の目を見て発表することができていた
3	・have to , should　など習った表現が適切に使われていた
4	・声の大きさが適切だった
5	など
6	
7	
8	
9	

発表の振り返り
Clarity　（ Ⓐ B C ）　Eye Contact　（ A Ⓑ C ）　Presentation　（ Ⓐ B C ）
教室の後ろまで聞こえるように意識して発表をすることができた。
しかし、目線が少し下がってしまったので、次回はよりアイコンタクトを意識したい。

【話すことの記録に残す評価】

◎本時では、お互いの発表を相互評価し合うためのワークシートを用いる。お互いの良かった点、自分たちの発表の振り返りなども記入させ、提出をさせる。

本時の展開 ▷▷▷

1 発表の最終確認をする

グループごとに発表の最終確認を行う。まずは個人で練習してから、グループで通し練習を行う。

2 発表を行う

1グループずつ教室の前方に出て発表を行う。発表終了後に英語で質疑応答の時間を設定し、日本の生活習慣について英語でのやり取りをさせる。司会の生徒をあらかじめ決めておくと進行がスムーズになる。司会は学級委員、教科係（英語）などでも良い。

活動のポイント：グループごとに相手意識を持って分かりやすく発表することができる。

グループごと（４人１組）に黒板の前に出て発表をする。他の生徒は留学生役とする。発表の手順は以下の通りとする。
司会：生徒２名（学級委員、英語係など、あらかじめ決めておく）
＊発表のポイント
本時の目標に触れ、「分かりやすく伝える」ためにはどうすればいいか考えさせる。Clarity，Eye Contact の特に２点を気を付けて発表できるようにさせる。
①司会の指示で順番になったグループは教室前方へ行き、発表を始める。
②発表終了後、質疑応答を英語で行う。
＊予想される質問とその回答をグループごとにあらかじめ考えさせておくと良い。
③次のグループの発表に移る。
④全グループ終了後、教師による振り返りを話す。
振り返りは発表の時のポイント（Clarity, Eye Contact）に触れて話すと良い。

3 発表の振り返り

発表終了後、ワークシートに個人の振り返りを記入させる。その後、他のグループの良かった点を学級全体で共有する。最後に、教師から本時の発表活動の講評を行う。その際、発表のポイントに触れ、生徒の良かった点、今後の課題などを具体的に話ができると良い。

Let's Write ②

ホームステイのお礼状を書こう①

本時の目標

英語でお礼状を書くに当たり、必要な情報を得て、考えを整理することができる。

準備する物

・ワークシート

Unit 4

Let's Write 2
ホームステイのお礼状を書こう

Class(　　　) No.(　　　) Name

Step 1 ホームステイのお礼を書くことになりました。内容は主に次の３つのことを書こうと思っています。
「ホームステイの感謝」「ホストファミリーとの思い出」「自分の今後について」
まずは、キーワードで書きだしてみましょう。

talking	study English	ate	delicious food
enjoyed	some day	want to see	good memories
want to visit	again	interesting	wonderful time

Step 2 Step 1 で書いたキーワードをマップにしてみよう。

enjoyed
interesting
wonderful time
talking
Thank you
ate
want to study
delicious food
want to visit
some day
again

【書くことの記録に残す評価】

◎本時では、お礼状を書くためにワークシートを用いる。そのワークシートを２時間にわたって使用し、お礼状を記入させた後に回収し、記録に残す評価とする。

本時の展開 ▷▷▷

1 Small Talk をする

本単元で扱ってきた Small Talk のトピックを自分たちで選び、ペアで Small Talk を行う。時間は50秒程度設定する。

2 Shin と Nami のその後のホームステイについて紹介する

教科書 p.62で登場した Shin と Nami のその後のホームステイについて、教師が自作で電子黒板を使って紹介する。２人がホームステイ先での問題をどう解決し、どういうホームステイを経験したのか、ホストファミリーとの関わりについて、プラスの側面から紹介したい。

お世話になった人に、手紙で感謝の気持ちを伝えよう

活動のポイント：お礼状を書くために必要な情報を得て、考えを整理する。

教科書 p.62で登場した海斗と同じサマースクールに通っているクラスメート2人が、「困っていること」を解決し、どのようなホームステイをしたのかについて、教師があらかじめ考え、電子黒板で紹介するところから始める。

生徒は Shin か Nami のどちらかを選択し、どちらかになったつもりでそれぞれのホストファミリーにお礼状を書く、という活動に入る。その際、お礼状には「ホームステイの感謝」「ホストファミリーとの思い出」「自分の今後について」の3点を組み込むように指示しておく。本時の活動は次の通り。

楽しかったことはホストファミリーと話したことかな。
マップにまとめよう。

(1) お礼状の内容に関して、キーワードをワークシートになるべく多く記入させる。
(2) ある程度キーワードが記入できたらそれを基に「マップ」にして考えを整理する。（本時はここまでとする。）

3 お礼状を書くためにキーワードを書きだす

Shin または Nami のどちらかになり、ホストファミリーにお礼状を書く活動を設定する。内容は「ホームステイの感謝」「ホストファミリーとの思い出」「自分の今後について」と伝え、キーワードでワークシートに記入させる。（この段階ではできるだけ多く記入させる。）

4 考えを整理する

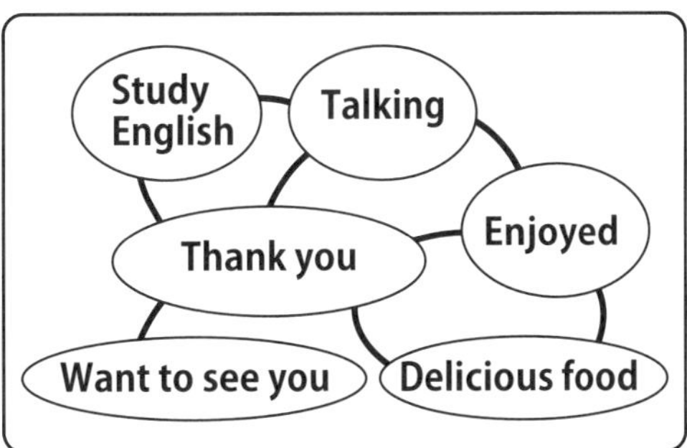

3 でキーワードを記入した後、それを基にマップにし、考えを整理していく。キーワードのつながりや、関連性なども同時に整理し、マップを作成させたい。（この段階でもまだセンテンスにせず、あくまでもキーワードでマップを作るように指導する。）

第13時

Let's Write ②

ホームステイのお礼状を書こう②

本時の目標

手紙の書き方を知り、英語でお礼状を書くことができる。

準備する物

・ワークシート

【書くことの記録に残す評価】

◎本時では、お礼状を書くためにワークシートを用いる。そのワークシートにお礼状を記入させた後に回収し、記録に残す評価とする。

本時の学習活動のポイント

前時にあらかじめ作成しておいたマップを基に、英語でお礼状を書く活動を行う。

英語でお礼状を書くに当たり、まず、「手紙の書き方」を知るために、教科書 p.67の STEP 1を題材にする。「日付」「はじめのあいさつ」「導入」「内容」「まとめ」「終わりのあいさつ」「署名」の順で書くことや、手紙を書く上で役に立つ英語表現を学ばせる。その後、あらかじめ作成しておいたマップをもう一度見直し、書く順番を決めたり、内容の加筆・修正を行い、再考する作業を入れ、生徒がお礼状を書くイメージを具体的に持つことができるようにする。作成後、生徒同士が書いたものを見合うことを通し、良い英語表現などを共有することができるように指導したい。

本時の展開 ▷▷▷

1 Small Talk をする

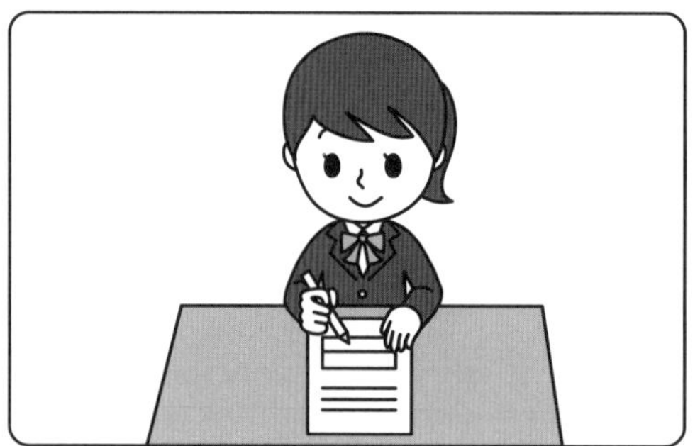

本単元で扱ってきた Small Talk のトピックを自分たちで選び、ペアで Small Talk を行う。その際、前時とは違うトピックにするよう、促す。話す時間は50秒程度で設定する。最後に Small Talk のメモとして活用してきたワークシートに振り返りを書かせて提出させる。

2 手紙の書き方を知る

お礼状を書くに当たり、手紙の書き方を教科書 p.67で確認する。「日付」「はじめのあいさつ」「導入」「内容」「まとめ」「終わりのあいさつ」「署名」の順で書くこと、その他、手紙を書くに当たり役立つ表現を教える。

お世話になった人に、手紙で感謝の気持ちを伝えよう

活動のポイント ：前時で作成したマップを基に、英語でお礼状を書く。

前時に作成したマップを基に、英語でお礼状を書く活動をする。
作成までの手順は以下の通りとする。

⑴ 手紙の書き方を知るために、教科書 p.67で海斗がウィルソンさんに向けて書いた手紙を題材にし、手紙の形式や書き方について理解する。また、手紙を書くときに役立つ表現もあわせて指導する。
⑵ 改めて生徒自身が作成したマップを見直し、書く順番を決めたり、不必要なところをカットしたり、分かりやすくするために言葉を添える部分がないか、生徒自身に確認をさせる。この時加筆・修正は全て赤ペンを用いて行うことで、どの部分が修正されたのか、教師も生徒も分かりやすくなる。
⑶ 教科書の題材を基にし、お礼状を英語で記入させる。時間は10分程度が望ましい。
⑷ 書いたものをペアで交換し、読み合うことで、お互いの英語表現で良かったところなどを伝え合う。今後の学習の励みになると良い。
⑸ 最後にワークシートを回収する。教師が添削して後日返却する。

手紙の書き方
・日付
・はじめのあいさつ
・内容
・おわりのあいさつ
・署名

役に立つ表現
・many thanks
・give you my heart
・regards to
・I hope to hear from you

3 マップを基にお礼状を書く

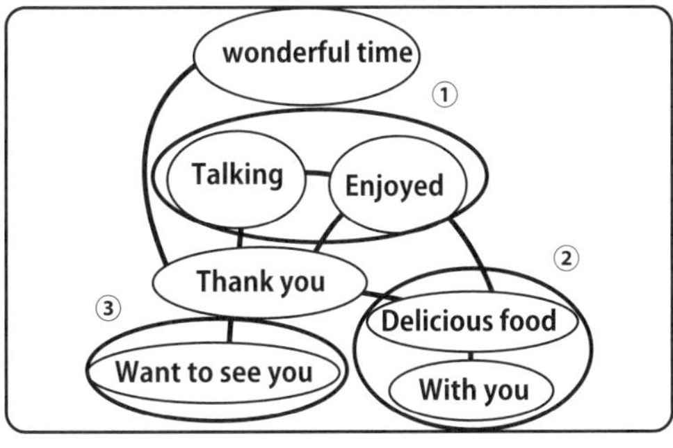

前時で作成したマップをもう一度見て、書く順番の番号を記入させる。また、不必要な個所をカットしたり、分かりやすくするために言葉を添える部分等、加筆・修正の時間を取る。（加筆・修正は全て赤ペンを用いる）その後、教科書の例文を基にし、お礼状を作成する。

4 書いたお礼状の内容を共有する

書けたお礼状をペアで交換し、読み合い、お互いのお礼状の良かったところを英語で簡単にコメントを記入する。最後に、教師が 2 名程度、取り上げ、実物投影機を用いて紹介すると良い。授業の最後にワークシートを回収し、添削をする。

Let's Listen ④

電車の運行状況を聞き取ろう

本時の目標

電車の運行状況に関するアナウンスを聞き、必要な情報を聞き取ることができる。

準備する物

・ワークシート

ALT が用意した イラスト ①

ALT が用意した イラスト ②

ALT が用意した イラスト③

【指導に生かす評価】

◎本時では、記録に残す評価は行わないが、目標に向けて指導を行う。子供の学習状況を記録に残さない活動や時間においても、教師が子供の学習状況を確認する。

本時の展開 ▷▷▷

1 題材の導入

Today we'll tell you about our country

ALT にあらかじめ頼み、海外の電車や運行などに関する話をしてもらう。国や地域によって交通機関に関する事情は異なるので、生徒が興味・関心を持つことができるように、日本とは異なるところや、ユニークな話もできると良い。

2 運行情報を聞き取るのに必要な表現の確認

Attention, please.
Due to yesterday's heavy rain, Aoba Line is late and the Izumi Line is not running. The other lines are on time.

地元の路線図や地元の駅の写真を提示し、本文の題材よりも簡単にした電車の運行状況に関するアナウンスを ALT に読んでもらい、内容をとらえさせる。その際、「遅延する」「運行していない」「定刻通り」という言い方について確認をする。

板書のポイント：運行情報を聞き取るのに必要な英語表現をしぼって板書する。1時間の学習活動が視覚的に分かる内容の板書にする。

電車の運行情報を聞き取ろう

①遅延する … be late / be delayed

②運行していない …be not running

③定刻通り …on time

目的地までの行き方

You should take the Midosuji Line to Hommachi.

You should change to the Yotsubashi Line.

地元の路線図のイラスト

3 教科書の題材を聞き、必要な情報をとらえる

p.70の Step 1、2に取り組ませる。Step 3では、目的地への行き方を伝えるための表現を学ばせる。自分たちの住む地域の路線図を提示し、目的地を設定し、その目的地に到着するまでの行き方を英語でいうことができるように練習させる。ペアで場所を変えて数回練習させると定着する。

4 オリジナルの電車の運行状況を作成し、お互いに聞き合う

地元の路線図を基に、個人で列車の運行情報を英文で簡単に作成し、ペアで聞き合い、運行情報を確認し合う。その後、ペアをチェンジし、お互いに聞き合う。作成した運行情報に関する英文は授業の最後に回収し、添削してから生徒に返却する。

Unit 5 【中心領域】話すこと［やり取り］

Universal Design（13時間）

＋Let's Talk ③（1時間）／Let's Listen ④（1時間）

単元の目標

聞き手を意識しながら、分かりやすく説得力のあるプレゼンテーションをするために、身近なもの・ことについての使い方ややり方を具体例としてあげたり自分の考えを述べたりすることができる。また、様々な人の視点に立って考え、自分の意見と理由を相手に伝えることができる。

単元の評価規準

知識・技能	思考・判断・表現	主体的に学習に取り組む態度
・〈疑問詞＋ to 不定詞〉を用いた文や〈主語＋ be 動詞＋ that 節〉の文の形・意味・用法を理解している。 ・〈疑問詞＋ to 不定詞〉を用いた文や〈主語＋ be 動詞＋ that 節〉の文の理解のもとに、具体例をあげたり、自分の考えを相手に伝えたりしている。	・自分を含む多くの人が幸せに生活していくために大切なものは何かというテーマで、説得力のあるプレゼンテーションをするために、様々な人の視点に立って考え、自分の意見を相手に伝えている。	・自分を含む多くの人が幸せに生活していくために大切なものは何かというテーマで、説得力のあるプレゼンテーションをするために、様々な人の視点に立って考え、自分の意見を、聞き手を意識しながら伝えようとしている。

単元計画

第1～3時（導入）	第4～7時（展開①）
1．Introduction（扉絵・Preview） p.71～p.72 本単元の目標を知り見通しを持つ。その後、「みんなが幸せになるために必要なものは何か」は何か考え、スピーチ活動を行う。その後、ユニバーサルデザインについて知る。 2．Scene ① part 1 p.73 〈疑問詞＋ to 不定詞〉の用法を練習する。その後、ピアノなど身近なもの使い方についてのインタビュー活動を行い、結果をレポートにまとめる。 3．Scene ① part 2 p.73 教科書本文のユニバーサルデザインの展示会についてのお知らせの内容を理解する。その後、各自が持ってきたユニバーサルデザイン商品について紹介し合う。	4．Scene ② part 1 p.74～75 〈動詞＋人＋疑問詞＋ to 不定詞〉の用法を練習する。その後、料理の作り方などについてのインタビュー活動を行い、その作り方について互いに教えてもらう予定を決める活動を行う。なお、Mini Activity の活動に代わるものとして扱う。 5．Scene ② part 2 p.74～75 教科書本文のメグと展示会のスタッフの対話を通して、ユニバーサルデザインについて考える。 6．Read and Think ① part 1 p.76～77 〈主語＋ be 動詞＋ that 節〉の用法を練習し、"What's important for quality of life?" というテーマでスピーチをする。 7．Read and Think ① part 2 p.76～77 メグのユニバーサルデザインについてのスピーチの内容を理解し、ユニバーサルデザインの有用性について考える。

指導のポイント

本単元のまとめとして、“What’s important for quality of life?” というテーマでプレゼンテーション活動を行う。その活動の中で「話すこと［発表］」の能力を向上させていきたい。具体的には、単元の初めにこのテーマを示し、次にユニバーサルデザインの考え方を学ぶ。自分を含む多くの人が幸せに生活していくために大切なものは何かを考えさせた上で、プレゼンテーション活動に取り組ませる。４人の小グループで活動をさせ、互いに評価させる過程を通し、身近なことを具体例にあげるなどして、より説得力があるように再考させていきたい。プレゼンテーションでは、常に聞き手を意識し相手が理解できるような表現を使う必要がある。発表のときは、原稿を準備させずに、マップを用いて行わせることで、相手の反応を見ながら、聞き手に合わせてプレゼンテーションの内容を組み立てさせるようにする。マップの作り方や使い方については、この単元全体を通して練習させるようにする。そうすることで英語を話す力の向上につなげていきたい。

評価のポイント

第１時で、① Clear Voice（主）、② Eye-Contact（主）、③ Persuasively（思）、④ For Everyone（思）がポイントであることを生徒に伝え、単元を通して意識させるようにする。第２～３時で①を、第４～６時で②を、第７～10時③を、第８～11で④のポイントを意識させる。第12時以降は①～④全てのポイントを意識させるようにする。パフォーマンステストでは、〈疑問詞＋ to 不定詞〉と〈主語＋ be 動詞＋ that 節〉の用法、及び①～④のポイントについて評価するようにする。評価する際はルービックを準備し、公平に評価できるようにする。ポイントの意識すべき詳細は、第１時の授業ページを参照してほしい。

第８～10時（展開②）	第11～13時（終末）
8．Read and Think ② part 1　p.78～79 教科書の本文を通して、ユニバーサルデザインの歴史を知る。 **9．Read and Think ② part 2　p.78～79** 本文をマップを作って、自分なりに説明する活動をする。（ストーリー・リテリング） **10．Unit Activity part 1　p.80** “What’s important for quality of life?” というテーマで、マップをつくりながらプレゼンテーションを考える。	**11．Unit Activity part 3　p.80** ４人グループで、プレゼンテーションの練習を行い、互いに助言し合う。 **12．Performance Test** 前時のように４人グループ（メンバーは変える）でプレゼンテーションを行い、教師に見てもらう。 記録に残す評価【話】 知 思 態 **13．Performance Test and Report** 前時で終わらなかった生徒のプレゼンテーションを発表し、残りの時間で自分のプレゼンテーションの内容をレポートにまとめる。 記録に残す評価【話】 知 思 主 記録に残す評価【書】 知 思 Let’s Talk ③：１時間 Let’s Listen ④：１時間

第1時

扉絵・Preview

Introduction

本時の目標

本時の目標を知ることで見通しを持つ。また皆が幸せになるために何が必要か考え、伝え合うことができる。

準備する物

・ワークシート（活動3用）
・教科書
・デジタルブック（もしくは付属CD）

【指導に生かす評価】
◎本時では、記録に残す評価は行わないが、本単元のまとめ活動のスピーチと本時のスピーチ内容が比較できるようにする。

本時の言語活動のポイント

本時では、本単元の目標を伝え、スピーチの際に意識する4つポイントについて説明する。

① Clearly：相手に伝わるような声量、速さ、表現を意識しているか。
② Eye-Contact：相手を確認しながら話し、相手の反応に合わせて伝えているか。
③ Persuasively：聞き手に分かりやすく説得力のあるプレゼンテーションはできているか。
④ For Everyone：「全ての人にとって」という視点があるか。

以上の4点について説明し、本時の最後に行うパフォーマンステストでそれらのポイントを評価することを伝える。

本時の展開 ▷▷▷

1 Small Talk をする

What do you want if ….
I want a new computer.
What do you want to do with the computer?. ….

'What do you want if you have a lot of money? というテーマでペアで対話をさせる。初めに、教師によるモデルを見せ、どの様に質問を継続していけばいいか示す。質問者と応答者に役割分担させ、各1分程度、継続して対話させるように促す。

2 本単元の目標と意識する4つのポイントを伝える。

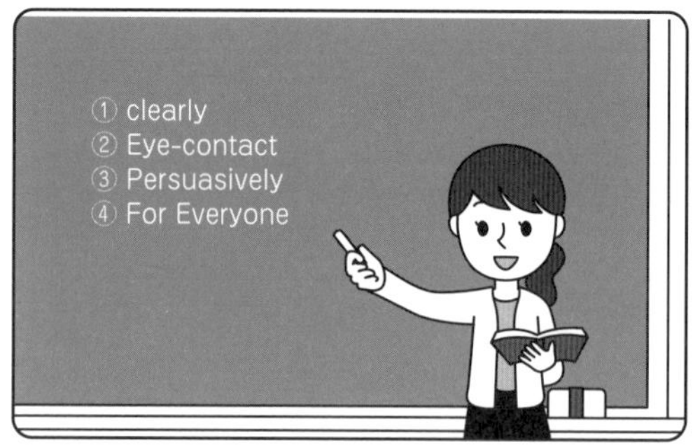
① clearly
② Eye-Contact
③ Persuasively
④ For Everyone

本単元の目標と意識する4つのポイントを説明する。本時のまとめ活動で "What's important for quality of life?" というテーマでプレゼンテーションをすることを伝え、意識するポイントも説明する。単元の最後に同じテーマでパフォーマンステストをすることも伝える。

3 MAP を用いたスピーチ活動

活動のポイント：MAP を作成させ、スピーチをさせる。英文などは書かせずに、即興で話すようにすることで、話す力を育てる。

【Model Speech】

I think money is important for quality of life. We need money to live. And we can buy everything with money. For example, food, houses, clothes, and so on. So money is important for us.

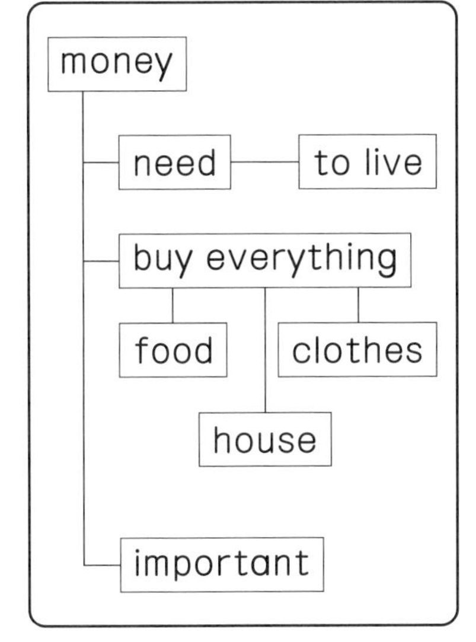

MAP を板書し、その MAP を指さしながら、教師によるモデルスピーチを見せる。その後、5 分程度で各自 MAP を作成させ、ペアと交代で互いのスピーチを見せ合う。

3 ペアでスピーチ活動をする。

“What's important for quality of life?” というテーマでスピーチ活動をする。教師によるモデルとなる MAP を板書し、スピーチを示す。モデルを参考に、MAP を作成させ、その後、ペアで互いにスピーチを行う。その後、ペアで互いにアドバイスさせる。

4 扉絵・Preview を通して、ユニバーサルデザインについて知る

教科書の扉絵を紹介し、いろいろな状況で階段とスロープどちらが使いやすいか考えさせる。その後、Preview の対話を聞かせ、ユニバーサルデザインの導入をする。最後に、コラムを通して、ユニバーサルデザインを学ばせる。

Scene ① Part 1

身近なものの使い方をたずねよう

本時の目標

身近なものの使い方や今夜すべきことについてたずね、その情報をレポートに書きまとめることができる。

準備する物

・ワークシート（活動 3 〜 4 用）
・CD プレーヤー
・ノート

【指導に生かす評価】

◎本時では、記録に残す評価は行わないが、目標に向けて指導を行う。授業の最後にワークシートを回収し、添削する。次時の復習の時間に、多くの生徒が間違えたところについて指導できると良い。

Unit 5　Do you know how to … ?

Class(1) No.(10) Name Umino Kota.

～ Let's Interview ! ～

Name	① use a smartphone	② what to do tonight	③ (ski)
(e.g.) Mr. Umino	He knows	study hard after dinner	He doesn't know
Taro	He knows	do his homework	He knows
Hanako	She doesn't know	watch TV	She doesn't know
Jiro	He doesn't know	study for the test	He doesn't know

～ Writing ～

(e.g.) Mr. Umino knows how to use a smartphone. He knows what to do tonight. He will study hard after dinner. He doesn't know how to play the piano.....

Taro knows how to use a smartphone. He has his smartphone. He knows what to do tonight. He will do his homework. He knows how to ski. He is good at skiing.....

本時の展開 ▷▷▷

1 Oral Introduction

教師が、CD プレーヤーの使い方が分からないジェスチャーを行いながら、対話を展開する。その中で、how to use の意味を推測させ、[疑問詞＋to 不定詞] の用法を板書しながら説明しノートにまとめさせる。

2 Pattern Practice

板書した基本文をもとに、how 以外の疑問詞を使った英文の練習をさせたり、肯定文や疑問文などに変えたりしながら、何度も口頭で言わせる。その際、次の Interview 活動につながるような英文を含めるように心がける。

3 身近なものの使い方や今夜すべきことについての Interview 活動

活動のポイント：モデルを示すことで、できるだけ英語のみをつかって Interview させるようにする。

[Model] ※ T2を指名した生徒に代えるのも可

T1：Hi!

T2：Hi!

T1：Do you know how to use a smartphone?

T2：Yes, I do. I have my iPhone.

T1：Really? I want an iPhone, too.
　　Do you have what to do tonight?

T2：Yes, I do. I have to do my homework.

T1：I see. Do you know how to play the guitar?

スマートフォンの使い方、今夜すべきこと、オリジナルの項目（楽器のひき方など）について、Interview させ、その内容をメモさせる。メモは日本語でもかまわない。はじめに隣の席のペアで練習させた後、２人ほど聞かせる。前後やななめでペアを組ませたり、立ち歩いて自由にペアを組ませても良い。

3 身近なものの使い方やすべきことについての Interview 活動

ワークシートを見せながら、インタビューのやり方を説明する。その後、実際に教師のモデルを見せてから、interview をさせ、その内容をメモさせる。となりや前後、ななめなどとペアを組ませ、３人以上の級友から情報を集めさせたい。

4 メモした内容をレポートに書きまとめる

レポートの例

Mr. Umino knows how to use a smartphone. He knows what to do tonight. He will study hard after dinner. He doesn't know how to play the piano…
※ワークシートに示すと生徒にも分かりやすい。

メモした内容を英文で書き、まとめさせる。事前に回収することを伝え、しっかりと取り組ませるように促す。必要に応じて、辞書を使わせるのも良い。教師は机間指導を行いながら、助言・指導を行う。回収したワークシートは添削し、次の授業で返却できると良い。

第3時

scene ① part 2

身近なユニバーサルデザインを紹介しよう

本時の目標

身近なユニバーサルデザインについて、紹介することができる。

準備する物

・教科書
・デジタルブック（もしくは、ピクチャーカードとフラッシュカード）
・ノート

【指導に生かす評価】
◎本時では、記録に残す評価は行わないが、目標に向けて指導を行う。スピーチ活動の際は、机間巡視しながら、生徒の話す力［発表］の学習状況を確認する。

〈Introduce universal

Q : What can we do at

A : We can see and design products

本時の展開 ▷▷▷

1 Small Talk

ウォームアップとして、”Do you have what to do this weekend?” というテーマで、ペアで対話させる。最初に教師によるモデルを示し、どのように質問をつなげればいいか見本を見せてからやらせるようにする。

2 本文の導入から本時の目標の提示する

本文のピクチャーカード見せながら、ユニバーサルデザイン製品について触れる。どうして使いやすいのか、誰にとって使いやすいのか考えさせる。その後、自分たちが持ってきた製品の紹介スピーチをすることを伝える。

板書のポイント：本時目標をしっかり書き、見通しを持たせる。

design products〉

this event?

touch some universal first-hand.

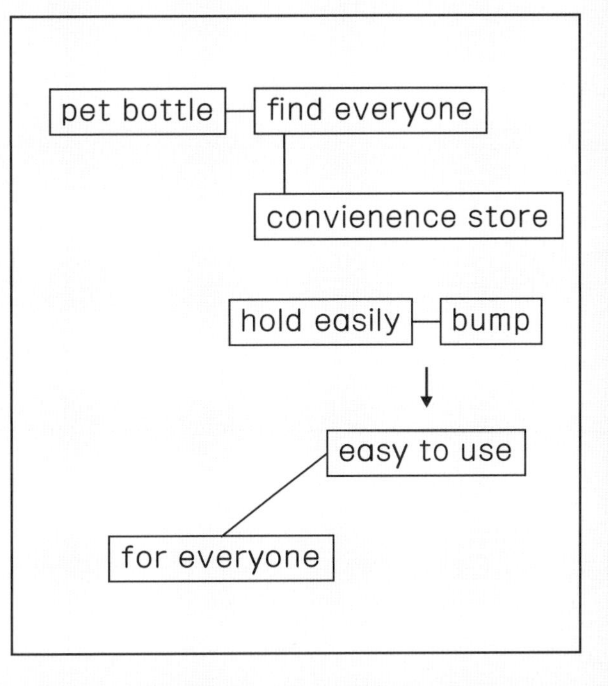

3 Q & A を通して本文の内容を理解する

始めにフラッシュカードを使って、新出単語の練習をする。その後、板書した質問の答えを考えながら、本文を聞かせる。その後、解答を確認する。最後に、本文の音読練習をしながら、内容の確認をさせる。

4 身近なユニバーサルデザインについて紹介する

最初に教師によるモデルスピーチを見せる。MAP を板書して説明したのち、各自、MAP をノートに作成させる。その後、ペアで持ってきたユニバーサルデザイン製品を互いに紹介させ合う。（※持って来れない生徒は写真やイラストでも良い）

第4時

Scene ② part1

料理の作り方を教えてもらおう

本時の目標

友だちに料理の作り方を知っているかたずね、その作り方について教えてもらう日の約束をすることができる。

準備する物

・ワークシート（活動 3 4 用）
・ノート

【指導に生かす評価】

◎本時では、記録に残す評価は行わないが、目標に向けて指導を行う。授業の最後にワークシートを回収し、添削する。次時の復習の時間に、多くの生徒が間違えたところについて指導できると良い。

Unit 5　What dishes do you want to cook?

Class(1) No.(10) Name Umino Kota.

☆ Do you want to know how to cook.....?

① miso soup	② curry and rice	③ hamburg	④ 肉じゃが

~ Let's make appointmets ~

What dish?	Who?	When?
(e.g.) miso soup	Mr. Umino	next Sunday
① miso soup	Taro	tomorrow
② curry and rice	Hanako	next Saturday
③ hamburg	Akiko	next Sunday
④ 肉じゃが	Jiro	next Saturday

【Useful Expression】
Do you know how to cook...? Could you tell me....? When can you tell me how to cook...?

~ Writing ~

(e.g.) I want to know how to cook miso soup. Mr. Umino can cook miso soup very well. So, he will tell me how to cook good miso soup.....

I want to know how to cook miso soup. Hanako can cook curry and rice, so she will tell me how to cook curry and rice next Saturday.....

本時の展開 ▷▷▷

1 Short Speech

ウォームアップとして、前回作成したユニバーサルデザイン製品についての MAP を使って、紹介スピーチを行わせる。前時のペアとは違うペアで行わせるようにする。（前後で組ませるなど）

2 Oral Introduction

I can't cook miso soup, but I want to learn how to cook miso soup. Could you tell me how to cook miso soup?
Sure.

教師の対話から、本時の新出表現である［動詞＋人＋疑問詞＋to 不定詞］の用法を推測させる。内容は味噌汁の作り方など、具体的である方が良い。対話の流れを、活動 4 と同じようにすることで、本時の目標につながるように意識する。

3 料理の作り方を教えてもらう約束をする Interview 活動

活動のポイント：モデルを示すことで、できるだけ英語のみをつかって Interview させるようにする。

[Model] ※ T2を指名した生徒に代えるのも可

T1：I want to know how to cook miso soup. Can you cook miso soup?

T2：Yes, I can.

T1：Really? Could you tell me how to cook miso soup?

T2：Sure?

T1：Thank you. When will you be free? ……

まず、自分が作れるようになりたい料理をいくつか考える。その後、その料理の作り方を知っている人を探すインタビュー活動を行わせる。その人に作り方を教えてもらうと仮定して、約束させるようにする。そうすることで、実際の使用場面を意識させるようにする。

3 料理の作り方についての Interview 活動

ワークシートを見せながら、インタビューのやり方を説明する。その後、実際に教師のモデルを見せてから、interview をさせ、その内容をメモさせる。となりや前後、ななめなどとペアを組ませ、3人以上の級友から情報を集めさせたい。

4 メモした内容をレポートに書きまとめる

レポートの例

I want to know how to cook miso soup. Mr. Umino can cook miso soup very well, so he will tell me how to cook good miso soup……
※ワークシートに示すと生徒にも分かりやすい。

メモした内容を英文でまとめさせる。事前に回収してチェックすることを伝え、しっかりと取り組むように促す。必要に応じて、辞書を使わせる。教師は机間指導を行いながら、助言・指導を行う。回収したワークシートは添削し、次の授業で返却できると良い。

第5時

Scene ② part 2

ユニバーサルデザインについて考えよう

本時の目標

メグと展示スタッフの対話を理解し、ユニバーサルデザインについて考えることができる。

準備する物

・教科書
・デジタルブック（もしくは、ピクチャーカードとフラッシュカード）
・ノート
・ワークシート（活動 ）

【指導に生かす評価】

◎本時では、記録に残す評価は行わないが、目標に向けて指導を行う。ワークシートの問題に取り組んでいる様子を机間指導しながら、学習状況を確認する。

ワークシート活用のポイント

教科書の本文である、メグと展示会スタッフの対話を T or F や Q & A を理解させる。できるだけ日本語を介することなく、英語の問題に取り組ませるようにして、日本語に訳すことなく内容が理解できるように促す。そのために、何度も本文を聞いたり、読んだりさせるようにしたい。T or F は教科書を閉じさせた Listening 問題として、Q & A は本文を読ませながら取り組ませるなど、生徒の実態に合わせて指導する。Q & A は板書して、説明した方が分かりやすい。

本時の展開 ▷▷▷

1 Small Talk

ウォームアップとして、"Could you tell me how to study at home?" というテーマで、ペアで対話させる。最初に教師によるモデルを示し、どのように質問をつなげ、応答をするのか見本を見せてから行う。

2 前時の新出表現の復習

前時の導入で示した内容で、教師による対話を見せることで前時の復習をする。ただし、違う料理にするなど工夫をする。その後、教科書 p.74の Practice などを活用して、パターンプラクティスに取り組ませる。

3 本文の内容理解

〈Q & A〉

(1) What can we do thanks to the bumps?

→ We can open the jar easily.

(2) What does the jar have for blind people?

→ It has braille.

(3) Does the staff member know where to find universal design facilities in their city?

→ Yes, he does.

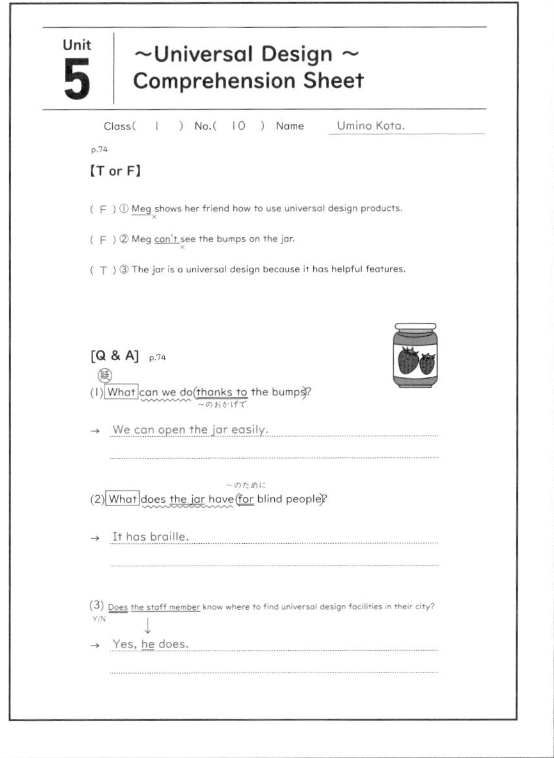

Unit 5 ~Universal Design ~
Comprehension Sheet

Class(1) No.(10) Name Umino Kota.

p.74
【T or F】

(F) ① Meg shows her friend how to use universal design products.

(F) ② Meg can't see the bumps on the jar.

(T) ③ The jar is a universal design because it has helpful features.

[Q & A] p.74

疑
(1) What can we do thanks to the bumps?
～のおかげで

→ We can open the jar easily.

～のために
(2) What does the jar have for blind people?

→ It has braille.

(3) Does the staff member know where to find universal design facilities in their city?
Y/N

→ Yes, he does.

3 本文の内容理解

T or F と Q & A を通して、教科書の本文であるメグと展示会のスタッフとの対話を理解する。その際、T or F は本文を教科書を閉じさせ、Listening で行うなど、生徒の実態に合わせる。

4 表現の説明をする

教科書の本文の中で、説明が必要だと考えられる部分にアンダーラインをひかせる。その後、板書しながら説明し、ノートにまとめさせる。板書の内容は必要最小限にして、生徒が活動する時間を多く確保できるようにする。

第6時

Read and Think ① part 1

大切なもの・ことについてスピーチしよう

本時の目標

「全ての人が幸せな生活をするために何が必要か」というテーマでスピーチができる。

準備する物

・教科書
・ワークシート（活動 2 〜 3 ）

【指導に生かす評価】
◎本時では、記録に残す評価は行わないが、目標に向けて指導を行う。ペアでスピーチの練習をするときに、机間指導をしながら、学習状況を確認する。

ワークシート活用のポイント

教師のモデルスピーチを見せた後に、実際に板書しながらどのようにMAPを作成したのかを説明する。英文は書かせずに、キーワードかキーフレーズだけを書かせ、矢印などでつなげさせるようにする。最初は、どのように書き始めて良いか分からない生徒もいるかもしれないが、まずは間違っても良いから書いてみるように促す。そうすると、多くの生徒が作成できるものである。5分程度作成させた後、実際に声に出して各自練習させる。その後、ペアを変えながら、2〜3回スピーチを紹介させ合う。ペアのスピーチの内容は下の表にメモをさせ、まとめ活動のプレゼンテーションで活用できるようにする。

本時の展開 ▷▷▷

Oral Introduction

教師の英語による対話で〈主語 +be+that 節〉の導入を行う。指名した生徒に質問をし、上記のイラストのような流れで、意味を推測させるようにする。

2 新出表現の用法のドリル演習

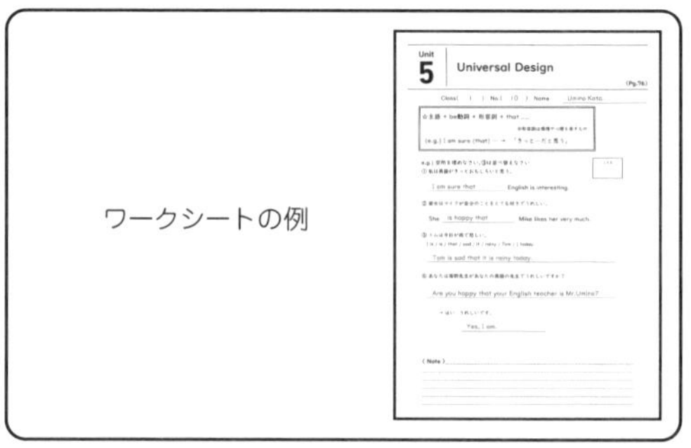

新出表現の自作ドリル演習を行わせる。問題数は5問程度でよい。4人グループで協力して行い、最初に終わった人をリトルティーチャーとして、教え合いをするなど工夫する。ドリルの解答を作成し、配付すると、その後の活動の時間が確保できる。

3～4 MAP を作成させてからのスピーチ活動

〈MAP の例〉

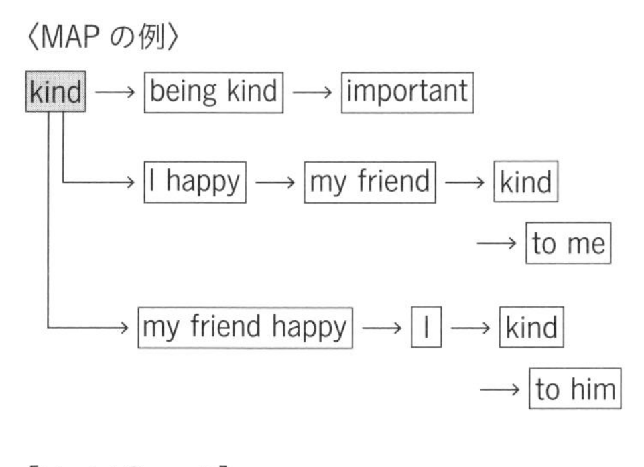

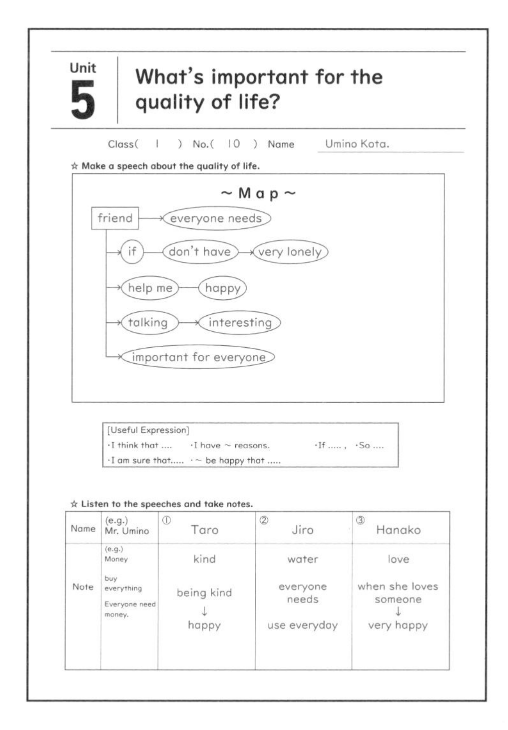

Unit 5 What's important for the quality of life?

Class(I) No.(10) Name Umino Kota.

☆ Make a speech about the quality of life.

～Map～

friend → everyone needs
→ if — don't have → very lonely
→ help me — happy
→ talking → interesting
→ important for everyone

[Useful Expression]
・I think that ....　・I have ～ reasons.　・If ..... ,　・So ....
・I am sure that.....　・～ be happy that .....

☆ Listen to the speeches and take notes.

Name	(e.g.) Mr. Umino	① Taro	② Jiro	③ Hanako
Note	(e.g.) Money buy everything Everyone need money.	kind being kind ↓ happy	water everyone needs use everyday	love when she loves someone ↓ very happy

[Model Speech]

I think that being kind is important for the quality of life. I am happy that my friend is kind to me, and my friend is also happy that I am kind to him. I am sure that being kind is important for everyone.

3 MAP 作成する

教師によるモデルスピーチを示し、説明しながら MAP を板書する。その後、5 分程度、各自で MAP の作成をさせる。キーワードやキーフレーズのみを書かせ、英文は書かないように指示する。最後は "I am sure that..." でまとめさせるなど工夫させる。

4 スピーチの練習をする

各自、個人でリハーサルをさせた後、ペアで交替でスピーチを紹介し合う。MAP を見ても良いが、相手のことも見て、反応を確認させながら話すように促す。聞いている方のペアは内容をメモさせる。時間があるならば、ペアを代えて 2 ～ 3 回繰り返せると良い。

第7時

Read and Think ① part 2

ユニバーサルデザインの有用性について考えよう

本時の目標

ユニバーサルデザイン製品の例を知ることで、ユニバーサルデザインの有用性について考えることができる。

準備する物

・教科書
・デジタルブック（もしくは、ピクチャーカードとフラッシュカード）
・ノート
・ワークシート（活動 2 ）

【指導に生かす評価】

◎本時では、記録に残す評価は行わないが、目標に向けて指導を行う。ワークシートの問題に取り組んでいる様子を机間指導しながら、学習状況を確認する。

ワークシート活用のポイント

本文の導入後に、本時の目標を生徒に示す(Let's learn about examples of universal design など)。その後、新出単語の練習をしてから、ワークシートの読解問題に取り組ませる。T or F は本文を見せずに listening で行わせ、Q & A は本文を読ませながら取り組ませるなど、工夫する。教科書77ページの問題は全て取り組ませる必要はなく、本時の目標達成に向けたものだけを使う方法もある。場合によっては教科書に書き込ませることも良いが、Q & A に関しては、しっかり書くスペースを確保したいところである。なお、Round 1 は扱わず、Round 2(1)の問題はワークシートで扱っている。Round 2(2)は教科書に直接書き込ませようにしている。

本時の展開 ▷▷▷

1 Short Speech

I think that reading comics is important for my daily life. I am happy that I can buy the new comic of ONE PIECE....

ウォームアップとして、"What's important for your daily life?" というテーマでスピーチを行わせる。MAP を板書した上で、教師によるモデルを示す。その後、２～３分で MAP を作成させてから、ペアでスピーチを紹介させ合わせる。

2 本文の内容理解

T or F や Q & A（Round 2 (1)）を通して、本文の内容を理解させる。その後、Round 2 (2)に取り組ませる。できるだけ日本語に訳さずに、英語のみを使って本文の内容を理解させたい。繰り返し本文を聞いたり読んだりする中で、理解できるようにする。

3 本文の内容理解

〈Q & A〉

(1) What does "universal" mean?
→ It means "for all people."

(2) Where did Meg find other examples of universal design?
→ She found them in her city.

(3) Who does the ramp help?
→ It helps people in wheelchairs, people pulling heavy luggage, the elderly and people with babies and small children.

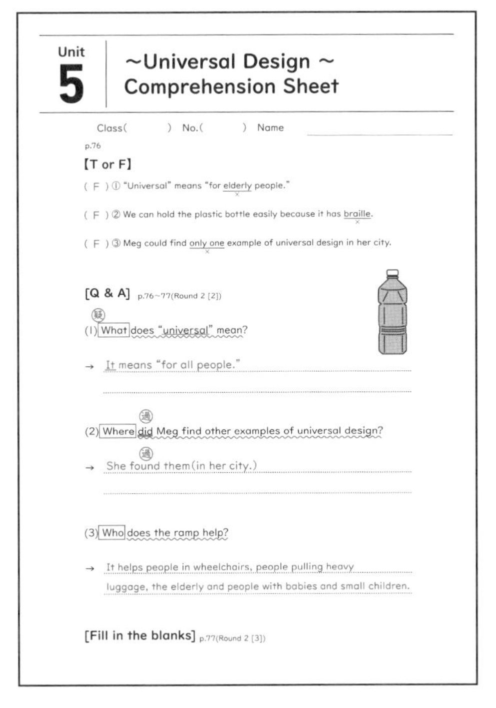

Unit 5 ~Universal Design ~ Comprehension Sheet

Class(　　) No.(　　) Name

p.76

【T or F】

(F) ① "Universal" means "for elderly people."

(F) ② We can hold the plastic bottle easily because it has braille.

(F) ③ Meg could find only one example of universal design in her city.

[Q & A] p.76~77(Round 2 [2])

(1) What does "universal" mean?
→ It means "for all people."

(2) Where did Meg find other examples of universal design?
→ She found them (in her city.)

(3) Who does the ramp help?
→ It helps people in wheelchairs, people pulling heavy luggage, the elderly and people with babies and small children.

[Fill in the blanks] p.77(Round 2 [3])

3 本時の目標を達成できたかの確認

本文の読解練習の後、本時の目標を達成できたか確認する。どんなユニバーサルデザイン製品が紹介されていたか、どのような点が使いやすいか、すべての人にとって使いやすいか、といったことを理解させる。場合によっては、日本語を使ってでも、共有したい内容である。

4 本文の音読練習をする

発音の確認だけでなく、内容の復習も兼ねて音読練習させる。一斉でのリピート、ペアと1文交替で読ませる、シャドーイングなど、様々な形を用いて、何度も読ませるようにする。形式を変えることで、マンネリ化せず、集中して取り組ませることが期待できる。

第8時

Read and Think ② part 1

ユニバーサルデザインの歴史を知ろう

本時の目標

ユニバーサルデザインができた経緯を知ることで、なぜ大切なのかについて考えることができる。

準備する物

・教科書
・デジタルブック（もしくは、ピクチャーカードとフラッシュカード）
・ノート
・ワークシート（活動 2 ）

【指導に生かす評価】
◎記録に残す評価は行わないが、目標に向けて指導を行う。話合いをしている様子を見ながら、ユニバーサルデザインの意義を理解できているか確認をする。

ワークシート活用のポイント

本文の導入後に、本時の目標を生徒に示す（Let's learn about the history of universal design）など）。その後、新出単語の練習をしてから、ワークシートの読解問題に取り組ませる。T or F は本文を見せずに listening で行わせ、Q & A は本文を読みながら取り組ませるなど、工夫する。Q & A（教科書 p.79 Round 2）は書くスペースを確保するために、右のようなワークシートに取り組む。Round 1 と Round 3 の問題は教科書に直接書き込ませてもよい。Q & A に関しては板書しながら説明すると、生徒が理解しやすい。

本時の展開 ▷▷▷

1 Oral Introduction

ピクチャーカードを見せながら、本文の導入を行う。写真の人物を知っているか、彼の幼少期の様子についてどう思うか、彼が全ての人のためにできることは何か考えているのか、など生徒に問いかけながら、本文の導入をする。

2 Round 1 ～ 3 及び T or F

本文の内容を T or F や Round の問題などを通して、本文の内容を理解させる。できるだけ、日本語に訳さずに、英語のみを使って本文の内容を理解させたい。読解問題に取り組みながら、繰り返し本文を聞いたり読んだりする中で、理解させるようにする

3 本文の内容理解

〈Q & A〉

(1) Who is Ronald Mace?

→ He is the father of universal design.

(2) What did people start to do (in the 1970s?)

→ They started to remove barriers for disabled people.

(3) What did Ronald Mace do (in the 1980s?)

→ He founded the Center for Universal Design, and spread his idea to the world.

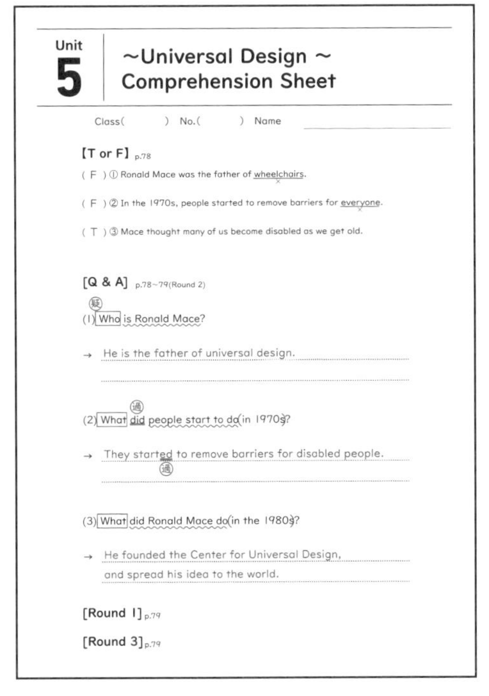

Unit 5 ~Universal Design ~ Comprehension Sheet

Class(　　　) No.(　　　) Name

【T or F】 p.78

(F) ① Ronald Mace was the father of wheelchairs.

(F) ② In the 1970s, people started to remove barriers for everyone.

(T) ③ Mace thought many of us become disabled as we get old.

[Q & A] p.78~79(Round 2)

(1) Who is Ronald Mace?

→ He is the father of universal design.

(2) What did people start to do (in 1970s)?

→ They started to remove barriers for disabled people.

(3) What did Ronald Mace do (in the 1980s)?

→ He founded the Center for Universal Design, and spread his idea to the world.

[Round 1] p.79

[Round 3] p.79

3 本時の目標を達成できたか確認

本文の読解練習の後、ユニバーサルデザインができた経緯について確認する。教科書 p.78のコラムを読み合わせながら、ユニバーサルデザインの「7つの原則」について確認させる。

4 Round 3 2

教科書 p.79の Round 3 2 に取り組ませる。表の説明をした後に、4人グループで話し合わせる。ユニバーサルデザインの意義について理解できるように、使用言語は日本語でもかまわない。その後、何人か生徒に発表させ、全体で共有させる。

第9時

Read and Think ② part 2

本文の内容をリテリングしよう

本時の目標

ユニバーサルデザインの経緯について本文について、MAP でまとめ、自分なりの表現で説明できる。(リテリング)

準備する物

・教科書
・デジタルブック（もしくは、ピクチャーカードとフラッシュカード）
・ワークシート（活動 4 ）

【指導に生かす評価】
◎本時では、記録に残す評価は行わないが、目標に向けて指導を行う。まとめ活動のプレゼンテーションのためにも、MAP 作成の練習をさせるようにする。

本時の言語活動のポイント

本文の内容を MAP で簡潔にまとめさせ、それを見ながら、自分なりの表現で説明させる。すべての内容を説明する必要はなく、各生徒の判断に任せる。正直、レベルが高い活動であるため、段落ごとにまとめさせることにする。場合によっては、1段落だけになる生徒がいてもよい。ペアでスピーチする際は、教科書の本文は見ないで、自分で作成した MAP を見ながら行わせる。文法的な間違いをしても良いので、英語のみで説明する経験をさせたい。

本時の展開 ▷▷▷

Short Speech

"What subject is important for you?" というテーマでスピーチをさせる。初めに、板書した MAP を見せながら、教師によるモデルを見せる。各自 2～3 分で MAP を作成させた後、ペアでスピーチを紹介させ合う。

2 本時の目標を示す

ピクチャーカードを見せながら、本文の内容を復習する。その後、本時の目標を示す（Let's try retelling! など）。本文の内容を MAP でまとめ、それを見ながら自分なりの表現で、内容を説明することを伝え、見通しを持たせる。

3 MAP を用いたスピーチ活動

活動のポイント：MAP に本文の内容をまとめさせ、その内容を自分なりの表現で説明させる。

【Model Speech】
Ronald Mace is the father of universal design. He was in a wheelchair, and he had a difficult time. He wanted a better world for disabled people…….

モデルを示す際は、イメージをつかませるために MAP を見せながら行う。しかし、生徒の MAP 作成時は、それがあると自分なりのものが作れなくなるので、生徒作成時は、モデルの MAP は見せないようにする。

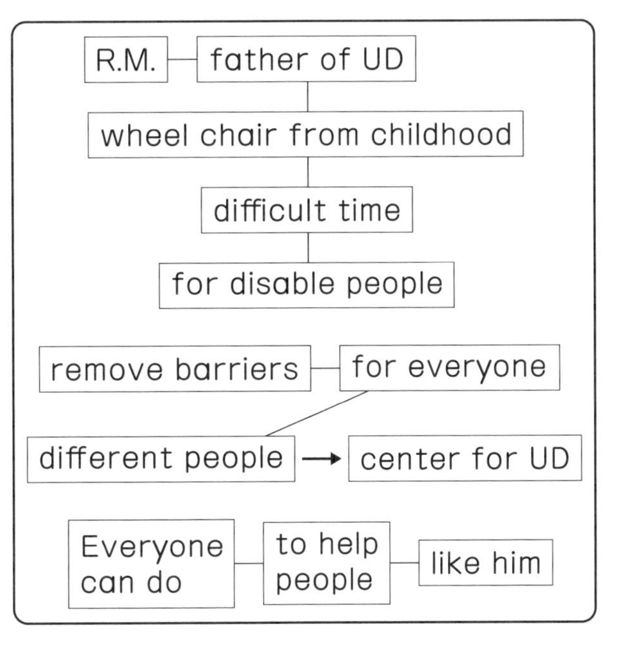

3 本文の発音練習をする

新出単語の復習の後、本文の内容の把握も兼ねて発音練習を行う。一斉でリピートなどさせた後で、4人グループで1文ずつ読ませるなど、形式を工夫する。4人グループの際は4回繰り返させる。最初の1文をローテーションさせることで、全ての文を読むことになる。

4 リテリング

教師によるモデルを示した後、本文の内容の MAP を作成させる。モデルの MAP はワークシートで示したり、パワーポイントで示したりする。ただし、生徒が作成する際は、ワークシートを回収するなどして、生徒に見えないようにする。

第10時

Unit Activity part 1

What's important for the quality of life? ①

本時の目標

聞き手を意識した分かりやすく説得力のあるプレゼンテーションに向けたMAPを作成することができる。

準備する物

・ワークシート（活動 3 ～ 4 用）
・ノート

【指導に生かす評価】
◎本時では、記録に残す評価は行わないが、目標に向けて指導を行う。机間指導しながら、MAPの作成の様子を確認する。"for everyone" の視点があるかも確認する。

Unit 5 What's important for the quality of life?

Class(1) No.(10) Name Umino Kota.

～ Concept Map ～

quality of life
For example
get money
enjoy our life
Everyone can work
I will study a lot !
Everyone is smart,
poor people
everyone
education
(教育)
teaching student
if
We learn about everything
we get our friends
To get education go to school
the world will be happy
people all over the world
communication is important for our life
quality of life

【 Useful Expression 】
・I think that .... ・I am sure that ... ・When ... ・If .... ・Because ....
・What do you think about it? ・I think so, too because... ・I don't think so because...

本時の展開 ▷▷▷

1 Short Speech

ウォームアップとして、"What's important for our school?" というテーマでスピーチをさせる。初めに、板書したMAPを見せながら、教師によるモデルを見せる。各自2～3分でMAPを作成させた後、ペアでスピーチを紹介させ合う。

2 プレゼンテーションを作成する上でのポイントの説明

第1時で説明した4つのポイントを改めて説明する。本単元の題材であるユニバーサルデザインの考え方に触れ、"for everyone" の視点を加えるように促す。

2～3 ポイントの説明をしてからMAPを作成させる

活動のポイント：分かりやすく、説得力のあるプレゼンテーションができるように意識させる。また、“for everyone” の視点も意識させる。

第1時に説明した4つの視点を、改めて説明する。まずは、相手に伝わらなければ意味がないため、聞き手を意識しながら分かりやすいプレゼンにすること。具体例などを加えて、説得力があるプレゼンにすること。ユニバーサルデザインの意義について学んだことを通して、“for everyone” の視点を入れること。これらのポイントを改めて強調して伝える。同じテーマで、本単元のまとめとしてパフォーマンステストを行うことも伝える。その際の評価のポイントも、上記の4つであることを伝え、より意識させるようにする。

3 MAPを作成する

20分程度でワークシートにMAPを作成させる。英文ではなく、キーワードやキーフレーズを使わせるようにする。活動2で確認した4つのポイントを意識しているか、机間指導をしながら助言・指導する。

4 ペアでプレゼンテーションの練習をする

まず、各自リハーサルを1分程度で行わせる。前に聞き手がいることをイメージさせ、立ってやらせる。その後、ペアに互いのプレゼンテーションを発表させ合う。どうすればより良いプレゼンテーションになるか、互いにアドバイスさせるようにする。

第11時

Unit Activity part2

What's important for the quality of life②

本時の目標

聞き手を意識した分かりやすく説得力のあるプレゼンテーションをすることができる。

準備する物

・ワークシート

【指導に生かす評価】

◎本時では、記録に残す評価は行わないが、目標に向けて指導を行う。次時に行うパフォーマンステストの中で、同じ視点で評価することを伝え、より良いプレゼンになるように促す。

本時の言語活動のポイント

4人グループの練習の前に、4つのポイントの復習をして、それらの点を意識させながら練習させるようにする。一人はワークシートに良かった点やアドバイスなどを書かせるようにして、残りの2人を聞き手としてする。そうすることで、相手意識を持ってプレゼンしているかどうか、客観的に評価できるようになる。各々スピーチの後に、話合いの時間を設け、どのようにすればより分かりやすく説得力のあるプレゼンになるか話し合わせる。その結果をメモさせ、再考する際に使えるようにする。スピーチの時間は各1分程、話合いの時間は各2分程とする。1回目のスピーチの後に、教師のモデルを示すことで、話し合う視点が明確になる。なお、話し合いの仕方や改善のポイントなどの説明は、日本語でもかまわない。詳しい留意点は本単元のKey Activityのページを参照。

本時の展開 ▷▷▷

1 Small Talk

"What subject is important for you?" というテーマでペアで対話を行う。教師によるモデルを見せ、どのように質問をつなげるか、そしてどのように応答するかを示してから行わせるようにする。

2 4人グループでのプレゼンの練習。

"What's important for the quality of life?" というテーマで、4人グループでプレゼンの練習をさせる。1人は発表者のアドバイスを記入し、2人は聞き手とする。聞き手に伝わるように意識しながら話すように促す。なお、各発表者のスタートのタイミングは合わせる。

2 4人グループでのプレゼンテーション活動

活動のポイント：聞き手を意識させ、分かりやすく説得力のあるプレゼンになるように練習させる。

【Model Speech】

I think that to be kind to everyone is important for the quality of life. When a student helped me kindly, I was happy. And when I helped a student, and he said, "Thank you" to me, I was really happy. I think that you had an experience like this before. If everyone is kind to each other, we all will be happy So, I think that to be kind to everyone is important for the quality of life. That's all. Thank you.

モデルを示す前に４つのポイント（Clearly, Eye-Contact, Persuasively, For Everyone）を特に意識して聞くように伝える。

3 プレゼンテーションのモデルを示す。

各グループで１回目のプレゼンの練習が終わったタイミングで、教師によるモデルを示す。４つのポイントについて意識して聞かせるようにさせる。グループ活動の途中で示すことで、１時間の授業の中で、より生徒の変容が見られるようになる。

4 ペアで、再考したプレゼンの確認をする。

４人グループで互いにアドバイスしたことを踏まえて、MAP の再考をさせる。その際、赤ペンを使わせると、どのように工夫したか分かりやすくなる。その後、ペアで再考したプレゼンを互いに発表させ、次時のパフォーマンステストに備えさせる。

第12・13時

パフォーマンステスト

プレゼンテーションをしよう

本時の目標

聞き手を意識しながら分かりやすく説得力のあるプレゼンテーションをすることができる。

準備する物

・ワークシート（活動4）

【話すこと、書くことの記録に残す評価】

◎本時では、記録を残す。時間配分を考えALT と分担して行う場合、ルーブリック等を作り、各々生徒を公平に評価できるように心がける。

本時の言語活動のポイント

第1時から意識させた4つの視点と、3観点を以下のように対応させる

① Clearly：相手に伝わるような声量、速さ、表現を意識しているか。【話】主

② Eye-Contact：相手を確認しながら話し、相手の反応に合わせて伝えているか。【話】主

③ Persuasively：聞き手に分かりやすく説得力のあるプレゼンテーションはできているか。【話】思

④ For Everyone：「全ての人にとって」という視点があるか。【話】思

【話】知・技は「5文程度で、自分の考えを述べることができる」という視点で評価する。

右のようなルーブリックを作成し、公平に評価できるようにする。

本時の展開 ▷▷▷

1 リハーサル

"What's the important for the quality of life?" というテーマでプレゼンテーションの練習を行う。個人で練習させた後、ペアに互いにプレゼンをし合い、改善点をアドバイスさせ合う。

2 パフォーマンス・テスト

一人ずつ、教師がプレゼンテーションを評価する。40人学級の場合は、教室を半分に分け、JTE と ALT で分担するなどすると、2時間程度で終えることができるだろう。教室を左右で半分に分けて、同時進行でプレゼンをさせる。

2 パフォーマンステスト

活動のポイント：ルーブリックを活用して、公平な評価ができるようにする。

【ルーブリックの例】

		A	B	C
知識技能		ほぼ誤りなく、自分の考えを述べることができる。	多少誤りがあるがコミュニケーション上問題なく、自分の考えを述べることができる。	自分の考えを述べることができない。
思考判断表現	persuasively	具体例や理由などを２つ以上挙げながら、分かりやすく説得力のある主張ができる。	理由を１つ含めて、主張できる。	理由が述べられていない。
	for everyone	様々な人の立場に立って、考えることができている。	他の人の立場に立って、考えることができている。	他の人の立場に立って考えられていない。
主体的に学びに向かう態度	Clearly	分かりやすい表現にしたり、ゆっくり話したりするなど、相手に伝わるように工夫しようとしている。	相手に伝わる声量と速さで話そうとしている。	相手に聞こえるように話そうとしていない。
	Eye Contact	相手に伝わっているか確認し、必要に応じてもう一度言うなどして、伝えようとしている。	相手に伝わっているか確認しながら、伝えようとしている。	相手のことを見ようとしない。

イラストのように机を発表者に向けさせて、メモをとらせながらプレゼンを聞かせるようにする。２か所で行う場合は、始まりのタイミングは合わせるようにする。なお、ALT の側はビデオで撮影するなどして、確認できるようにしておくと良い。

4 Report

パフォーマンステストは２時間目の半分ほどで終わるため、残りの時間でプレゼンした内容をレポートに書かせる。MAP を見ながら、自分の主張を改めてまとめさせる。テストで話した通りでなくても良いと指示し、場合によっては新しいことを書かせても良い。

本単元の Key Activity

第11時 4人グループでプレゼンテーションの練習

活動の概要

第11時において、次時のパフォーマンステストに向けた練習として、４人グループを組ませ、その中で“What's important for quality of life?”というテーマでプレゼンの練習をさせる。グループ内で順番に発表をさせ、各々の発表が終わるたびに、どうすればより良くなるか話し合わせる。各発表の始まりのタイミングは同じにする。その後、その話し合った内容をもとに、自分の MAP を再考して、最後にペアでプレゼンのリハーサルをさせる。

活動をスムーズに進めるための３つの手立て

①アドバイス
隣のペアは発表者の良いところやアドバイスを書かせる。残りの２人が聞き手。

②話し合い
１人目の話し合いの前に、どのようなことを話し合うか日本語で説明する。

③３回目発表前に教師によるモデル紹介
授業の中で、生徒の変容が、より分かるようになる。

活動前のやり取り例

JTE：You know the four important points for your good presentation today. Please tell me.
S：Clearly.
JTE：Good! You have to speak clearly and use clear English. Another point is…?. S：Eye-Contact
JTE：That's right! Please make good eye-contact and check your listener's understanding. Next point is …? S：Persuasively
JTE：Good! If you give your presentation persuasively, your listener will think so, too. And the last point is…. S：For everyone.
JTE：Great! Today, you have to think about the quality of life for everyone! We want everyone to have the quality of life.

活動前のやり取りのポイント

前時で確認したプレゼンテーションのときに意識すべき４つの視点を確認する。プレゼン練習は原則英語のみで行わせたいので、英語でポイントの確認をする。その際、４つのポイントを書いたカードを準備し、第１時からそれらを使って説明していると、生徒が答えやすくなる。

活動のポイント

聞き手を意識して話せるようにする。それは声の大きさや速さだけでなく、分かりやすい表現や具体例など、相手が理解できるように意識させる。話し合いでは、より分かりやすいプレゼンにするにはどうすればいいか教えさせたり、具体例などのアイディアなどを一緒に考えさせるようにする。話し合った内容はしっかりとメモさせるように促す。

活動中の発表の例

I am sure that to be kind to everyone is important for the quality of life. When my friend helped me kindly, I was happy. And when I helped one of my friends, and he said, “Thank you” to me, I was really happy. I think that you had an experience like this before. If everyone is kind to each other, we all will be happy. So, I am sure that to be kind to everyone is important for the quality of life. That’s all. Thank you.

活動後のやり取りのポイント

話し合った内容をもとに、自分の MAP を再考させる。その際、改善したことを赤ペンで書かせるようにすると生徒の変容が把握しやすい。その後、各自で声に出してリハーサルをさせてから、ペアにプレゼンを紹介させ合い、良くなったところを教え合わせる。最後に何人かの生徒に発表させ、全体で共有するようにする。

1時間

Let's Talk ③

地下鉄での行き方をたずねたり、教えたりしよう

本時の目標

電車や地下鉄での行き方をたずねたり、答えたりすることができる。

準備する物

・教科書
・デジタル教科書（フラッシュカードとピクチャーカードで代用可）
・地元の路線図のイラスト

【指導に生かす評価】
◎本時では、記録に残す評価は行わないが、目標に向けて指導を行う。机間指導をしながら、生徒の学習状況を確認する。

本時の言語活動のポイント

実際の使用場面をイメージしやすいように、自分の地域で使う路線図を使って対話させる。活動１で今週末で行きたい場所について話させ、その場所への行き方について、最後に対話させるようにすると、授業に一貫性が出る。教科書で扱われている路線図は、シンガポール市内のものであるので、生徒たちにとってイメージしづらい可能性がある。学校の地元の路線図を拡大コピーしたり、各生徒用に印刷して配付したりするなどすると良い。

本時の展開

1 Small Talk をする

"Where do you want to go this weekend? And how do you go there?" というテーマで、ペアで対話をさせる。初めにモデルを示し、どのように質問をつなげていけばいいかを示す。電車や地下鉄を使って行くような場所だと良い。

2 Oral Introduction から表現の説明

自分の学校の地域の電車や地下鉄の路線図を使って、導入を行う。近場の駅から、目的地の近くの駅までの行き方をたずね、生徒に答えさせる。活動１で示した、モデルの場所などの近くの駅にするなど工夫する。その後、板書しながら表現の説明をし、本時の目標を伝える。

4 自分の地域の路線図を使ったペア活動

活動のポイント：自分の地域の路線図を使って、実際の使用場面をイメージして対話をさせる。

A) I want to go shopping at the Mall.
It is near Nagamachi Station.
Could you tell me how to get to Nagamachi Station?
B) Take the South North Line.
A) I see. How many stops is Nagamachi from here?
B) Four stops.

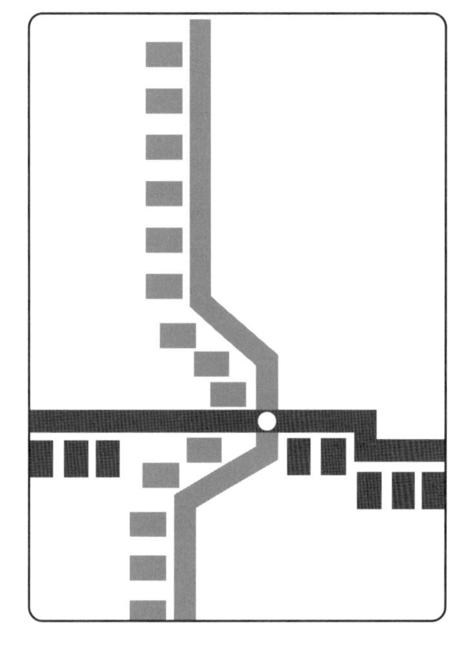

はじめに教師によるモデルを示してから、ペアで練習させる。交互に行わせ、２人とも終わったら、違う場所でやらせたり、前後のペアに代えるなど、できるだけ多くの場所について対話させるように工夫する。その場所に行く目的などを加えさせるなどするとさらに良い。

3 教科書の STEP 1 ～STEP 3 の内容を確認する

教科書の流れに沿って、内容を確認する。STEP 1 は日本語で良いので、行き方の確認をする。STEP 2 は一斉指導やペア活動で、発音の確認をしながら、表現の練習をする。STEP 3 ではペアでそれぞれ練習させた後、全体で確認する。役割を交替するなど工夫する。

4 自分の地域の路線図を使ったペア活動

自分の地域の路線図を使って、行き方をたずねたり答えたりする練習をする。実際に行きたい場所を答えさせ、その場所の最寄り駅を目的地にするなど、工夫する。ペアで、いくつか練習させた後、何人かの生徒に発表させ、全体で共有する。

1時間

Let's Listen ⑤

留守番電話の内容を聞き取ろう

本時の目標

留守番電話を聞き、主な内容を聞き取ることができる。

準備する物

・教科書
・デジタル教科書（フラッシュカードとピクチャーカードで代用可）
・ワークシート（Teacher's Manual ワークシート編1 基礎基本 p.41など）

【指導に生かす評価】
◎本時では、記録に残す評価は行わないが、目標に向けて指導を行う。机間指導をしながら、生徒の学習状況を確認する。

本時の言語活動のポイント

導入として、教科書で紹介されている3つの映画イラストを見て、各々どんなジャンルの映画であるか、教師によるQ & Aを通して予想させる。その後、本時の目標を伝え、STEP 2～STEP 3のリスニング問題に取り組ませる。聞かせる前に、問題文や選択肢に目を通させ、場面や状況をイメージさせてから、練習させるようにする。その練習の成果を活動4の問題演習を通して確かめさせるようにする。

本時の展開 

1 Small Talk をする

What kind of movies do you like?
I like SF movies.

"What kind of movies do you like?" というテーマで、ペアで対話をさせる。初めにモデルを示し、どのように質問をつなげていけばいいかを示す。ジャンルを答えたら、具体的な映画について話させると良い。

2 STEP 1～STEP 2 を通して、リスニングの練習をする

デジタル教科書か付属の CD を使い、教科書の STEP 1～STEP 2 を通して、リスニングの練習をする。場面や状況をイメージさせてから、聞かせるようにする。生徒の状況に応じて、2回聞かせるのも良い。

3 STEP3 を通した Small Talk

活動のポイント：どんなジャンルで、どんな内容か、自由に想像させながら対話させる。

A) Which movie do you want to see?
B) I want to see "My name" because I like love story.
A) Why is this movie love story?
B) It is like "Your Name". I like the movie "Your Name".
This is a really interesting love story.
I think that "My Name" is the story after "Your Name".
A) Oh, that sounds interesting!

どんな内容でも良いこととして対話を行わせる。机間指導をしながら、ユニークな内容を想像している生徒などを見つけ、最後には発表させると面白い。時間に応じて、隣ペア、上下ペアと何度か相手を替えながら、対話させると良い。

3 STEP 3 を通しての Small Talk

教科書で紹介されている3つの映画の内容を想像させて、どの映画が見たいかについて、対話させる。どんな映画か自由に想像させて話させるのも面白い。最後に何人か指名し教師と生徒の対話を見せて、全体で共有する。

4 本時の振り返りをする

指導本付属のワークシートなどを使って、Listening の練習をする。事前に、問題文や選択肢などに目を通させて、場面や状況をイメージしながら聞くことの重要性を伝え、その練習をさせるようにする。

【中心領域】話すこと［発表］、書くこと

Unit 6 Research Your Topic（10時間）

＋Let's Talk ④（1時間）／Let's Listen ⑥（1時間）／Let's Read ②（1時間）／Stage Activity 2（3時間）／学び方コーナー 3（1時間）／Grammar for Communication 5（1時間）

単元の目標

身近な話題についてわかりやすく伝えるために、生徒たちにとって人気のあるものについて発表する活動を通して、事実や自分の考え、気持ちなどを整理し、簡単な語句や文を用いてまとまりのある内容を話すことができる。

〈教科書巻末 CAN-DO リストとの関連〉 クラスで人気のあるものなどについて、情報や自分の気持ちなどを整理して発表することができる。

単元の評価規準

知識・技能	思考・判断・表現	主体的に学習に取り組む態度
・比較表現を用いた文の構造を理解している。 ・比較表現を用いて、複数のものを比べて説明する技能を身につけている。	・事実や自分の考え、気持ちなどを整理し、簡単な語句や文を用いてまとまりのある内容について説明している。	・事実や自分の考え、気持ちなどを整理し、簡単な語句や文を用いてまとまりのある内容について説明しようとしている。

単元計画

第1～2時（導入）	第3～4時（展開）
1～2．目的や場面、状況を理解する ・目的・場面・状況の把握（Preview） 日常生活における比較表現に触れる。 ・本文の概要把握、内容理解（Scene） 比較表現がどのような状況で使われているのか本文の前後関係から読み取り、分かったことを伝え合う。 ・比較表現の理解（Key Sentence → Practice） 比較表現を用いた文の形・意味・用法について理解する。 ・振り返り 比較表現の特徴について理解することができたか確認する。	**3．目的意識を持って言語活動に取り組む①** ・言語活動の実践 ・言語活動の実践（Mini Activity） ・比較級・最上級の活用（Round 1～3） ・振り返り **4．目的意識を持って言語活動に取り組む②** ・言語活動の実践（MMP） ・本文の内容理解（Read and Think ①） ・本文の概要を把握するとともに発表をする際に活用できる表現を理解する。 ・Reading（Round 1～3） ・振り返り 知識・技能の習得状況を確認する。

指導のポイント

本単元は、映画についてクラス内での調査を発表するものである。言語活動を通して、課題設定力、情報収集力、資料作成力、発表力、評価力といった様々な力を習得させたい。言語材料は、比較級と最上級、そして同等比較が扱われている。比較表現は –er や –est をつけるなど語形変化が難しいところであるが、言語活動を通して、身近な話題について、どういうときに比較級・最上級・同等比較を活用することが有効なのか指導していきたい。

評価のポイント

第1時～第2時では目的・場面・状況の把握を行うなどして指導に生かす評価を行う。第3時～第4時においても目的意識を持って言語活動に取り組ませることで、指導に生かす評価を行う。第5時～第6時において、指導に生かす評価と記録に残す評価を実施する。第7時～第8時の Read and Think を通して、思考・判断について、振り返りカードに記録する。第9時の Unit Activity において、自己表現している様子について記録に残す評価を行う。第10時の Stage Activity をパフォーマンステストに設定して、これまでの言語活動を通してどのような変容が見られたか確認する。

第5～6時（展開）	第7～10時（終末）
5～6．知識、技能の習得に向けて指導を行う ・練習 比較表現を練習する。 ・本文の内容理解（Read and Think ②） 本文の概要を把握するとともに発表をする際に活用できる表現を理解する。「発表すること」や「フィードバックすること」について学習する。 ・比較級・最上級の理解 (Key Sentence → Practice) 複雑な比較表現を用いた文の形・意味・用法を理解する。 ・振り返り 学習内容について理解できているか振り返る。 **記録に残す評価【話　書】** 知 思 主	**7～8．相手のことを考えながら言語活動に取り組む** ・言語活動の実践（第7時） ・教科書の活用（第8時） 「発表すること」や「フィードバックすること」を実践する。 ・比較級・最上級の活用 (Grammar for Communication 5) ・振り返り **記録に残す評価【話　書】** 知 思 主 **9～10．パフォーマンステストを通して指導と評価の一体化を図る（Stage Activity 2）** クラスで人気あるものについて紹介する。 **記録に残す評価【話　書】** 知 思 主 Let's Talk ④：1時間 Let's Listen ⑥：1時間 Let's Read ②：1時間 Stage Activity 2：3時間 学び方コーナー 3：1時間 Grammar for Communication 5：1時間

第1時

Scene ①

目的や場面、状況を理解しよう

本時の目標

目的や場面、状況を理解するために、先輩が発表するプレゼンテーションを鑑賞する。

準備するもの

・CAN-DO リスト
・スクリーン
・振り返りシート

【指導に生かす評価】

◎本時では、記録に残す評価は行わないが、目標に向けて指導を行う。生徒の学習状況を記録に残さない活動や時間においても、教師が生徒の学習状況を確認する。

本時の言語活動のポイント

本時の最初の活動である先輩によるプレゼンテーションを見ることを通して、生徒が興味・関心を持って目的や場面、状況を把握できるようにしたい。

本時では生徒同士のやり取りを通して、自分の考えや気持ちを表現する言語活動につなげ、比較することを消極的に捉えず、効果的なところがあることについて捉えさせたい。

先輩だけに限らず、英語があまり得意ではない教師が堂々と話している様子も見せるのもよい。

本時の展開 ▷▷▷

1 目的・場面・状況の把握（Preview）

「今週の映画ヒットランキング」を確認する。

教科書の Preview を活用して目的・場面・状況を理解する。

2 本文の概要把握（Scene ①）

本文の概要を把握する。

教科書 p.84の Movie Trivia Quiz についての対話文を読んで比較表現を確認する。

生徒の興味・関心を引き付けるプレゼンテーション

活動のポイント

言語活動に向けて

　生徒が発表をする場面を設定して、目的意識を持って言語活動に取り組むことで、興味・関心を持って英語学習に臨めるようにしたい。

その他のアイデア

・個人でチェックできるようにタブレットにプレゼンテーション動画を記録し、繰り返し見えるようにする。

配慮を要する生徒のため

①日頃から生徒の学習に取り組む様子を記録して、「生徒のできること」を把握する。

②生徒の力をどのように伸ばしていくか長期的な計画を立てる。

③教室環境の整備を行う（生徒が集中できるように黒板まわりの掲示物は最小限にする）。

④見通しをもつことができる掲示物をはる。

3 比較表現の理解 (Key Sentence → Practice)

　比較表現を用いた文の形・意味・用法について理解する。(Key Sentence → Practice)

　教師が比較表現について教科書やスライドを使って英語で説明する。また英語学習に苦手意識を持っている生徒に向き合う。

4 振り返り

　比較表現の特徴について理解することができたか確認する。

・振り返りシートで、学習した内容を振り返る。
・教科書 p.85のように比較表現を用いた文を伝え合う。

第2時

Scene ②

目的や場面、状況を理解しよう

本時の目標

目的や場面、状況を理解するために、先輩が発表するプレゼンテーションを鑑賞する。

準備するもの

・タブレット、スクリーン、振り返りシート

【指導に生かす評価】

◎本時では記録に残す評価は行わないが、指導に生かす評価を行う。記録に残さない活動や時間においても、教師が子どもの学習状況を確認する。

本時の指導のポイント

もう一度プレゼンテーションを繰り返し見ることで、前回聞き取れなかったところに気付くような場面を設定したい。また教師が内容について英語で質問したり、関連する内容について生徒に尋ねることで理解を深める場面を設定したい。

ICT を活用した英語授業

『外国語の指導における ICT の活用について』（文部科学省）

・OECD PISA2018調査によると日常生活では多くの生徒がデジタル機器を使用しているが、（OECD 平均以上）学習には、十分に活用されていない。

・今後、児童生徒自身が ICT 機器を操作する活動や、インターネットを活用した遠隔地の教師・児童生徒等とつないでコミュニケーションを取るといった活動に、さらなる ICT 機器の活用が望まれる。

本時の展開 ▷▷▷

1 目的・場面・状況の把握

（プレゼンテーション）先輩のプレゼンテーション動画を紹介する。

先輩が学校について紹介する動画を見る。動画の中で使われていた比較表現を取りあげる。

2 本文の内容理解（Scene ②）

（Scene ②）教科書の内容を確認する。

①New Words を各自確認→全体練習

②音読練習（動画確認→ chorus reading →個人練習→チェック）

③内容確認（Q A で概要を捉える）

④マーキング（大切なところを強調する）

授業の流れをつくる導入

活動のポイント

授業の流れについてのアイデア

①話すこと→書くことの流れに（書くことはハードルが高い）。

②授業を８～９分単位で組み立てる。

③テンポとゆとりをもたせる（速いだけではついていけない）。

Teacher Talk, Small Talk で英語の授業の雰囲気をつくる

① Teacher Talk で授業の方向づけを行う。

② Small Talk で笑顔あふれる授業にする。

③英語を使う必然性がある課題設定を行う。

ICT の有効活用を目指して

①授業の始まりはデジタル教科書がすべての生徒が見えるかどうか確認する。

②スクリーンとタブレットのワイヤレス化など環境整備が望まれる。

③ ICT が目的にならないようにする。「なぜ ICT を活用するのか？」「これは英語の授業なのか？」を意識しながら効果的な活用を行う。

3 比較表現の理解 (Key Sentence → Practice)

文法事項を英語で説明する。（Key Sentence → Practice)

①教師はスライドを使って英語で説明する。（わからないことの見える化を図る）

②ノートにまとめる。

4 振り返り

振り返りを行い、次の指導に生かす。

①振り返りシートで、学習した内容を振り返る。

②教科書 p.86のように比較表現を用いた文を伝え合い、ノートに書く。

第3時

MIni Activity・Read and Think ①

目的意識を持って言語活動に取り組もう

本時の目標

複数のものを比較して伝えたり、相手からの質問に答えたりすることができる。

準備するもの

・スクリーン
・タブレット
・MMP シート

【指導に生かす評価】
◎３時間目から６時間目まで、指導に生かす評価を行う。７時間目では記録に残す評価（思・態）をペーパーテスト等の結果に活動の観察の結果を加味して評価する。

本時の指導のポイント

本時では言語活動として「英語の先生に自分の興味があることについて紹介する」という課題を設定する。プリントを見ながらパターンを読み上げるのではなく、伝える相手のことを意識して説明する。そのためにも、なぜ外国語の教師に英語で伝えるのか、必然性のある場面を設定したい。

本時の展開 ▷▷▷

1 言語活動の実践①（MMP）（英語の先生編）

言語活動の実践（MMP）として自分が興味があるものを紹介する。
①課題に対して英語の先生と会話を行い、すべての先生からサインがもらえるようにする。
②生徒が待ち時間にも練習するような雰囲気づくりをする。

2 言語活動の実践②（Mini Activity）

クラスメイトが興味あることを質問する。
① Listen（ラジオで英語のクイズを聞く）
② Speak & Write（クイズを出し合う）

活動のポイント

本時では「みんなが満点のパフォーマンステスト（MMP）」に取り組む

「英語の先生に、自分が興味があることについて紹介する」という課題について英語で説明する。教室の角に JTE、支援員などを配置して「あの先生は食べ物が好きだから〇〇について話したらいいんじゃない。」「〇〇についてどう表現したらいいかな」など相談しながら、相手意識を意識して会話に臨ませたい。

生徒が英語が嫌い・苦手にならないように、言語活動を通して資質・能力を育んでいく。実際のパフォーマンステストなど記録に残す評価を行いたい。

配慮を要する生徒のために

板書の構造化

今何を行っているのか授業の流れが分かるように、マグネットで授業シールを作成して、活用する。

文字も大切

ユニバーサルデザインされたフォントを活用し、すべての生徒が落ち着いて活動に臨める工夫を行う。

3 本文の概要把握 (Read and Think ①)

（Read and Think ①）Round 1 を通して本文の内容を理解するとともに「発表すること」について学習する。

4 振り返り

学習したことについてまとめることを通して、知識・技能の習得を確認する。

①振り返りシートで、学習した内容を振り返る。

② p.88下のように比較表現を用いた文を言い合い、ノートに書く。

第4時

Read and Think ①

目的意識を持って言語活動に取り組もう

本時の目標

調査や発表の効果的な方法について考え、目的意識を持って言語活動に取り組むことができる。

準備するもの

・スクリーン
・タブレット
・MMP シート

【指導に生かす評価】
◎３時間目から６時間目まで、指導に生かす評価を行う。７時間目では記録に生かす評価（思　態）をペーパーテスト等の結果に活動の観察の結果を加味して評価する。

本時の指導のポイント

本時では言語活動として「クラスメイトに自分が興味あることついて紹介する」という課題を設定する。プリントを見ながらパターンを読み上げるのではなく、相手のことを意識して説明してほしい。大切にしたいのはこれまでの活動の積み重ねである。

また、小学校における Small Talk のように、はじめに先生と生徒のやり取りを通して活動への方向づけを行い、全体で共有するべきことがある場合、中間指導を行う（日頃から小学校の授業を見に行くのも有効である）。

本時の展開 ▷▷▷

1 言語活動の実践②（MMP）（ミニティ—チャー編）

言語活動の実践（MMP）自分が興味があるものを紹介する。
①前時の課題を全体で共有して進める。
②全員がミニティ—チャーからサインをもらう。

2 本文の内容理解（Read and Think ①）

（Read and Think ①）本文の内容を理解する。
① New Words を各自確認→全体練習
②音読練習（動画確認→ chorus reading →個人練習→チェック）
③内容確認（Q A で概要を捉える）
④マーキング（大切なところを強調）

活動のポイント

「みんなが満点のパフォーマンステスト」に取り組む

今回は「クラスメイトに、自分の興味あることについて紹介する」という課題について会話を行う。前回よりもいい表現活動を行うために、どのような指導を行うのか、どのようにハードルをあげていくか、どのような雰囲気づくりを行うか考えて授業に臨みたい。

ICT の有効活用を目指して

1人1台端末の普及を受けて

「令和の日本型学校教育」の構築を目指して」（2021年1月中央教育審議会）では2020年代を通じて実現すべき「令和の日本型学校教育」の姿として個別最適な学びが求められており、ICT が重要な役割を果たすことになっている。

授業の中で自分のペースで繰り返し見ることで、学びにつながるような場面を設定したい。

3 Reading（Round 1 ～ 3）

比較表現を使った文がどのように使われているか理解する。JTE は苦手意識をもっている生徒への支援にあたる。

4 振り返り

学習した内容について把握して、知識・技能の習得を確認する。

①振り返りシートで、学習した内容を振り返る。

② p.88の英文の質問に答える。

第5時

Read and Think ②

知識・技能の習得に向けて指導しよう

本時の目標

教科書の本文の内容を理解するとともに、比較表現を使った文章について理解を深めることができる。

準備するもの

・スクリーン、タブレット、カードゲーム

【指導に生かす評価】

◎３時間目から６時間目まで、指導に生かす評価を行う。７時間目では記録に残す評価（思　態）をペーパーテスト等の結果に活動の観察の結果を加味して評価する。

本時の指導のポイント

言語活動を通して指導する

本時の「指導」では「内容面からの指導」と「言語面からの指導」を行う。パフォーマンステストに至るまでの指導については『指導と評価の一体化のための学習指導に関する参考資料』も参考にしたい。

①活動に取り組む前

・目的や場面、状況を理解させる。

・使用する言語材料を明示しない。

②言語活動（１回目）

③指導（生徒の発話内容を例とする）

・内容面、言語面から指導する。

④言語活動（２回目）

本時の展開 ▷▷▷

1 練習（基本編）

練習を通して、比較表現を使用することに慣れる。授業のはじまりにカードゲームを行う。ルールや時間を変えながら比較表現を使用する場面を設定する（ルールの説明は英語でするのもよい）。

2 本文の概要把握（Read and Think ②）

Round 1 を通して本文の概要を把握するとともに Round 3 を通して「フィードバック」について学習する。

生徒の興味・関心をひきつけるカードゲーム

活動のポイント

カードゲームで言語材料を定着させる

生徒が日頃興味・関心を持って取り組んでいるゲームやアニメは、時に生徒と授業をつなぐきっかけになる。今回はアニメのヒーローやゆるキャラなどの身長、体重、強さなどが書かれているカードを作成してカードゲームを行う。

Kinniku-man	
Height	185cm
Weight	90kg
Strength	95points
Beauty	40points
Intelligence	30points

Rikishi-man	
Height	190cm
Weight	102kg
Strength	80points
Beauty	40points
Intelligence	30points

Brocken Jr.	
Height	195cm
Weight	90kg
Strength	90points
Beauty	50points
Intelligence	40points

その他のアイデア

・テレビ番組や教科、インフルエンサー、スポーツ選手など人気調査を行い、結果について比較級・最上級を用いて発表することもできる。

配慮を要する生徒のため

①時にはカルタのようなものを活用して、文字と発音を結びつける活動を行う。

②字を書く際は「大文字で始める」「文字の間隔」「ピリオド・クエスチョンマーク」などを文章を書く上での約束事として、活用する。

3 比較級・最上級の理解 (Key Sentence → Practice)

比較表現を用いた文を理解する。(Key Sentence → Practice)

長い形容詞の比較級・最上級を指導する。JTE は苦手意識をもっている生徒への支援にあたる。

4 振り返り

知識・技能を習得しようとしているかを振り返る。

①振り返りシートで、学習した内容を振り返る。

② p.90のように比較表現を用いた文を伝え合い、ノートに書く。

第6時

知識・技能の習得に向けて指導しよう

本時の目標

教科書の本文の内容を理解するとともに、比較表現を使った表現に慣れるよう練習する。

準備するもの

・スクリーン
・タブレット
・カードゲーム

【指導に生かす評価】
◎3時間目から6時間目まで、指導に生かす評価を行う。7時間目では記録に生かす評価（思　態）をペーパーテスト等の結果に活動の観察の結果を加味して評価する。

本時の指導のポイント

言語活動を通して指導する

言語活動については『小学校外国語・外国語活動ガイドブック』に言語活動の定義が示されており、言語活動と練習を区別する必要があると記されている。生徒の実態を捉え、スムーズに言語活動ができるようにしたい。

本時の「指導」とは「内容面からの指導」と「言語面からの指導」を行う。パフォーマンステストに至るまでの指導については「指導と評価の一体化のための学習指導に関する参考資料」も参考にしたい。

中間指導で大切にしたいこと

・指導したことを理解しているか確認する。
・みんなが使える表現を紹介する。
・活動を進めるにあたって困っていることがないか確認する。

本時の展開 ▷▷▷

1 練習（応用編）

練習を通して、比較表現を使用することに慣れる。

授業のはじまりにカードゲームを行う。前回とはルールや時間を変えながら比較級を使用する場面を設定する。そこから表現したり、発表したりする場面を設定する。

2 本文の内容理解（Read and Think ②）

本文の内容を理解する。
① New Words を各自確認→全体練習
②音読練習（動画確認→ chorus reading →個人練習→チェック）
③内容確認（Q A で概要を捉える）
④マーキング（大切なところを強調）

生徒の興味・関心をひきつけるカードゲーム

活動のポイント

カードゲームなどで生徒のやる気をひき出す

　ゲームをするときに活用できるのは昔からのボードゲーム。語順に慣れさせる活動に役立つ。英語学習に苦手意識をもっている生徒も、視覚的に英文を認識できるものにしたい。また説明を英語にしてみたり、活動中は英語しか使えないなどの約束事を決めると英語の授業における大きな一場面につながる。

※ゲームは手づくりでつくるのも楽しさである。そしていつでもできるよう蓄積する。

ICT の有効活用を目指して

スタディログの１例

① ICT 端末上で問題演習を行う。

② ICT 端末上で授業で学習したことを共有する。

③ノートに学習した内容を写真に撮影し、共有する。

自己調整について

『「指導と評価の一体化」のための学習評価に関する資料』参照。

・単元を通して、学習の「開始時点」「途中段階」「終末」について振り返りを行う。

・変容の自覚（できるようになったことは何か）、変容の理由（なぜできるようになったのか）について振り返りをさせる。

3 Reading（Round 1 ～ 3）

　比較表現を用いた文を理解できるようにする。

　JTE は英語学習に苦手意識をもっている生徒への支援にあたる。

4 振り返り

　生徒が理解しているか確認し苦手な生徒を支援する。

①授業を通して、知識・技能を習得しようとしているか振り返る。

② p.91の Point of View について考える。

第7時

相手のことを考えながら、言語活動に取り組もう

本時の目標

たくさんのクラスメイトと言語活動に取り組むことで、相手のことを考えながら発表する。

準備するもの

・スクリーン
・タブレット
・ワークシート

【話すこと、書くことの記録に残す評価】
◎記録に残す評価（思・態）をペーパーテスト等の結果に、活動の観察の結果を加味する。必要な情報、概要、要点を捉えることができるかどうかを評価する。

本時の言語活動のポイント

本時の言語活動の課題は「ALT のロジャー先生に私たちの学校の特徴をわかりやすく説明する」である。発表する相手は日本に来たばかりの ALT（近隣の小学校に勤務している ALT でも可）を想定して練習する。お互い意見を出し合いながら内容の改善を図る。特徴をわかりやすく説明するために比較表現は有用である。しかし比較表現を羅列するのではなく、効果的に活用できるよう工夫していきたい。

また、配慮を要する生徒のために、楽しい英語の授業を目指して TPR（全身反応教授法）を活用して、飽きさせない工夫をしたい。そのためには、教師が話しすぎる授業をするのではなく、生徒がのびのびと活動できるようにすることが大切である。授業のはじまりに TPR を活用する場面を取り入れる。説明は英語を活用する。

本時の展開 ▷▷▷

1 言語活動の実践③（MMP）（ALT 編）

自分が興味があるものを紹介する。
①課題に対して英語の先生と会話を行い、すべての先生からサインがもらえるようにする。
②生徒が待ち時間にも練習するような雰囲気づくりをする。

2 言語活動の実践（Unit Activity）

「発表すること」を実践する。
いろいろなプレゼンテーションの技法があるが、ここでは発表する姿勢として３V の法則、作成の方向として PANIC の法則を活用する。

みんなが満点のパフォーマンステスト(MMP)にチャレンジ②回転寿司ローテーション

活動のポイント：回転ずしのようにローテーションを行い、多くの人に向けて発表を行う。

	↑			↑			↑
①	①		⑥	⑥		⑪	⑪
②	②		⑦	⑦		⑫	⑫
③	③		⑧	⑧		⑬	⑬
④	④		⑨	⑨		⑭	⑭
⑤	⑤		⑩	⑩		⑮	⑮
↓			↓			↓	

→

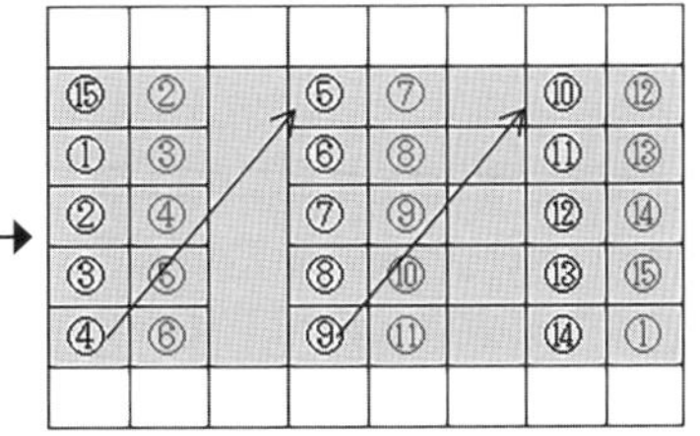

その他のアイデア
・タブレットに学校の特徴を説明している様子を録画して、ALT からよかったところについてビデオメッセージを送る。

発表にあたっては、「PANIC の法則」や「３Ｖの法則」を紹介するとよい。

PANIC の法則（発表をつくるポイント）

P（purpose）：目的を理解しているか？
A（audience）：聞き手はだれか？
N（need）：聞き手は何を求めているか？
I（information）：どんな情報を盛り込むか？
C（communicarion）：伝える準備はできているか？

3V の法則（発表に対する姿勢）

Visual：明るい表情で相手を見ているか？
Vocal：大きい声を出しているか？
Verbal：話の内容を工夫しているか？

3 比較級・最上級の活用（Grammar for Communication 5）

Use で比較表現について理解する。
①比較表現について教師の説明を聞く。
②聞いた内容についてノートにまとめる。
③ノートにまとめた内容について先生と話す。
④ Point of View に触れる。

4 振り返り

振り返りでは、生徒が授業を通して、どのような変容が見られたのかについて確認する場面を設定したい。指導の配慮が必要な生徒には個別による指導を行い、学習したことに達成感を味わわせる。

第8時

相手のことを考えながら、言語活動に取り組もう

本時の目標

たくさんのクラスメイトと言語活動に取り組むことで、相手のことを考えながら発表する。(リラックスした雰囲気で表現を行うことができるようにする。)

準備するもの

・スクリーン、タブレット、ワークシート

【話すこと、書くことの記録に残す評価】
◎記録に残す評価をペーパーテスト等の結果に活動の観察の結果を加味して評価する。「思考・判断・表現」と「態度」を一体的に評価する。

本時の言語活動のポイント

本時の言語活動のポイントは相手のことを考えて表現しているか。またあいさつや、相づち、アイコンタクトなど日常のコミュニケーションに必要なことが入れられているかを大切にしたい。

単元のまとめとなるパフォーマンステストに向けて表現できるようにこの時間を有効に使って話す時間を設定する。

本時の展開 ▷▷▷

1 言語活動の実践③（MMP）（ALT 編）

自分が興味があるものを紹介する。

①課題に対して英語の先生と会話を行い、すべての先生からサインがもらえるようにする。

②生徒が待ち時間にも練習するような雰囲気づくりをする。

2 教科書の活用（Let's Talk 4 ）

比較表現を用いた文を活用する。

自分の好みや要望を伝えながら買い物をすることができるよう活動に取り組む。

みんなが満点のパフォーマンステスト（MMP）にチャレンジ②

活動のポイント ：パフォーマンステスト（MMP）シート

第２学年 英語科 パフォーマンステスト ２年　組　番 氏名（　　　　　）

	5点	4点	3点	2点	1点
関心・意欲・態度 Attitude (Greeting/ During the test)	アイコンタクトやジェスチャーを活用している。	間違いを恐れず自分から話そうとしている。	話そうとしている。	話そうとしていない。	話していない。
表現 Speaking1 (Pronunciation)	イントネーションを気をつけている。	常にrや th など英語の音に気をつけながら話している。	rや th など英語の音に気をつけながら話している。	英語の音に気をつけていない。	発音していない。
表現 Speaking2 (Conversation)	新しい表現を使った疑問文に，流ちょうに英語で答えることができる。	新しい表現を使った疑問文に，即興的に英語で答えることができる。	新しい表現を使った疑問文に，ヒントをもらいながら英語で答えることができる。	新しい表現を使った疑問文に，単語で答えることができる。	答えることができない。

会話の中で使いたい文法表現
（1）　あいさつ
（2）　自己紹介（名前）
（3）　？

	1回目	2回目	3回目	4回目	5回目
関心・意欲・態度					
表現 Speaking1					
表現 Speaking2					
得点	／15	／15	／15	／15	／15
先生のサイン					

ICTの有効活用を目指して

・音楽を流しながら、活動に取り組ませることがある。生徒は音楽の中で聞こえるように話すので活気ある活動になる。
・座席表アプリを使うと、生徒にとっては刺激になるし、教師にとっては生徒の活動状況がわかるので授業が進めやすくなる。

3 比較級・最上級の活用（Grammar for Communication 5）

Form → Let's Try で本文の内容を理解する。
①前回 Use でまとめたノートを全体で共有する。
② Form で比較表現の形について確認する。
③ Let's Try を行い、前後関係から考える。

4 振り返り

振り返りでは、生徒が授業を通して、どのような変容が見られたのかについて確認する場面を設定する。

パフォーマンステストを通して指導と評価の一体化を図ろう

本時の目標

知識・技能が習得できているのか、思考力・判断力・表現力を育成することができているかパフォーマンステストを通して、評価するとともに、指導の改善につなげる。

準備するもの

・スクリーン、タブレット、ワークシート

【話すこと、書くことの記録に残す評価】
◎9時間目ではペーパーテスト等の結果を活動の観察の結果を加味して記録に生かす評価を行う。

本時の評価のポイント

本単元は目的・場面・状況を設定し、表現内容の適切さについて評価する。英語使用の正確さは、「比較級を使って」とあらわすよりは「あっ比較級を使って表現するんだな！」と思えるような場面設定を行う。目的、場面、状況に応じた表現内容については「相手意識」が持てるような場面を設定する。

本時の展開 ▷▷▷

1 思考・判断・表理の評価

	聞くこと	読むこと	話すこと	書くこと
知識・技能	話されたり書かれたりしている内容を理解できるかどうか		英語使用の正確さ（使用する言語材料の提示がない状況でそれらを用いて話したり書いたりすることができるかどうか）	
思考・判断・表現	目的、場面、状況に応じて必要な情報、概要、要点を捉えることができるか		目的、場面、状況に応じた表現内容の適切さ	
主体的に学習に取り組む態度	基本的には「思考・判断・表現」と一体的に評価			

本単元は、主に思考・判断・表現について評価を行う。特に「話すこと」における目的、場面、状況に応じた表現内容の適切さについて評価する。生徒に単元を通してポイントに沿った言語活動を与えることが大切である。

評価について確認する

各観点における評価のポイント

	聞くこと	読むこと	話すこと	話すこと	書くこと
知識・技能 思考・判断・表現	ペーパーテスト等の結果 活動の観察の結果を加味		パフォーマンステスト及び活動の観察の結果 （ペーパーテスト等の結果を加味）		
主体的に学習に取り組む態度	自己評価（振り返りの記述内容）を参考				

カリキュラムの自校化に向けてチェックする。

- □ 学年の目標や単元の目標は設定されている。
- □ 評価規準の文言を確認する。(「できる」「している」「しようとしている」)
- □ 評価方法は記入されている。
- □ 目標と評価の表記について確認する（ex 思考力・判断力・表現力→思考・判断・表現）が明確化されている。
- □ 指導と評価の計画が、各観点において変容が見取れる計画になっている。
- □ 指導に生かす評価と記録に残す評価が計画的に配置されている。

2 評価基準の目線を合わせる

パフォーマンステストの評価を行うのは JTE か ALT か、両方なのか、何について評価するのかの共通理解を図る目線合わせが必要となる。

生徒のパフォーマンスについて、どのような根拠で評価をしたのか目線合わせを行う。

3 パフォーマンステストの環境設定

最初に受ける生徒と最後に受ける生徒を同じ条件でテストを行うために事前連絡をする。

事前に形成的評価でもメモを取ることや評価計画を設定する際に、あとで該当生徒を確認できるような計画を作成することが大切である。

1時間

Let's Talk ④

買い物で自分の要望を伝えよう

本時の目標

買い物をする場面を通して自分の好みや要望を伝えることができる。

準備する物

・買い物用品（衣類やカゴなど）

本時の言語活動のポイント

本時のねらいは買い物をする場面を通して自分の好みや要望を伝えることである。Today's Point では Shall I～? を学習する。その他にも How much…？などの有用な表現について紹介する。指導にあたってはパターン化した会話ではなく、Tool Box などを活用して目的・場面・状況に応じて表現を自分で選択できる場面を設定したい。

【指導に生かす評価】

◎本時では、記録に残す評価は行わないが、目標に向けて指導を行う。生徒の学習状況を記録に残さない活動や時間においても、教師が生徒の学習状況を確認する。

本時の展開 ▷▷▷

1 オーラルイントロダクション

ロールプレイング、スキットの動画、教科書準拠動画などで視覚化を図り、目的や場面を確認する。生徒にはどのような場面か見せたい。そこから Step は自分で選択していく。

2 全体練習をする

各自 New Word に触れて練習してから全体練習を行う。全体練習にあわせて Goods, Size, Color, Price の単語も英語でやり取りしながら確認する。

3 海外旅行で買い物するとしたら？

活動のポイント：ロールプレイングで実際の場面を想定する。

本時では「海外旅行で買い物するとしたら？」という状況が設定されている。生徒の中にはイメージが湧かないことも考えられる。生徒が目的意識を持って活動に取り組めるようにさらに具体的に場面を設定することも考えられる。中学２年生の後半を迎え、いよいよ中学３年生になるこの時期でも、本物を準備するだけでロールプレイングをしようという雰囲気が変わってくる。

●日常場面に直結した場面を大切にしたい

日常生活の中で買い物をする場面は身近で、教科書の様々な場面で使われている。Step 3で行われるスキットを考える時間は生徒にとっても楽しいものであり、教師にとっても生徒理解の機会になる。動画に撮ってみたり、原稿を清書したものをポートフォリオのようにファイルにはさみながら掲示したりすると後輩の１年生の英語学習への興味・関心を高めることにもつながる。

3 対話活動

黒板にセンテンスカードを提示して英文を発話する。そこからはローテーションしながら対話活動を行う。たくさんの人と会話をすることで新しいやり取りが発生する。

4 本時の振り返りをする

生徒の頑張りを認めながら、Tool Box を紹介した後に対話スキットを作成する。作成中の中間評価で Tool Box にある表現も紹介し、活用させる。スキットについて教師からアドバイスをもらい、完成させる。

1時間

Let's Listen ⑥

商品の特徴を聞き取ろう

本時の目標

商品のコマーシャルを聞いて、その特徴について理解することができる。

準備する物

・コマーシャル動画

【指導に生かす評価】

◎本時では、記録に残す評価は行わないが、目標に向けて指導を行う。生徒の学習状況を記録に残さない活動や時間においても、教師が生徒の学習状況を確認する。

本時の言語活動のポイント

コマーシャルは、「この商品の特徴は、従来製品よりも電池の持ちが良くなった点です」と優れているところを伝えている。ある商品が他のものと比べて特に優れている点を表すものになる。私たちは商品を購入するうえで消費者として特徴を見極めることが大切で、比較表現はその重要なポイントになる。本時ではただ音声を聞き取るだけではなく、普段のシチュエーションを設定してコマーシャルの情報を集めていきたい。

英語を暗号のように読んだり書いたりするのではなく、文のまとまりとして表現できるようにしたい。そのためには短いフレーズを読んで音声から導入することで、後に書くことについても触れていきたい。

本時の展開 ▷▷▷

1 目的や状況を把握する

動画を見て何の商品のコマーシャルか考え、目的・場面・状況を確認する。

2 商品のコマーシャルを聞く

Step 1 及び Step 2 を聞き取る。英語学習に苦手意識を持っている生徒も学習に臨めるように、ポイントを押さえて聞き取るよう支援する。

3 コマーシャルから商品の特徴を聞き取ろう

活動のポイント：聞き取りづらい雰囲気でも集中して聞き取る

音声教材を使って指導する際、生徒は Step1と Step2を取り組むだけでなく、計画的に時間を確保し深めていきたい。例えばコマーシャルはどのような時に見るだろうか？ちょっと聞き取りづらい雰囲気をつくる中で聞かせることで逆に生徒は集中して聞かせたい。

①本時はペアで活動に取り組む。はじめにペアの片方が聞き取る役割、もう片方が父の役割をする。
②テレビショッピングを行う際に、どのようにプレゼンテーションを行うのか JTE や ALT が通信販売のテレビ番組の一部のように紹介して生徒の興味・関心を引き付けるのもよい。
③本時はあくまで聞き取りをねらいとした１時間の授業であるので、タイムマネジメントなどバランスを考えながら活動に取り組む。

3 聞き取りづらい雰囲気で聞く

家でくつろいでいるときのように、コマーシャルを流している時はリアクションをしたり、テレビに語りかけたりしていろいろな音が流れる中で聞いてみる。

4 買いたい商品を伝える

自分が買いたいほうの商品名とその理由を伝え合う。テレビショッピングのように自分が Step 1、2を通して買いたい商品について紹介する。

Let’s Read ②

心情変化を読み取ろう

本時の目標

登場人物の心情の変化を深く読み取ることができる。

準備する物

・本題材をモチーフにした動画
・ICT 端末

【指導に生かす評価】
◎本時では、記録に残す評価は行わないが、目標に向けて指導を行う。生徒の学習状況を記録に残さない活動や時間においても、教師が生徒の学習状況を確認する。

本時の言語活動のポイント

はじめに最後に本題材をモチーフにした外国のコマーシャルに触れ、動画で内容について理解することで、登場人物の心情の変化を深く読み取る。さらに役割演技を通して気持ちをこめて音読することができるように指導していきたい。

ここでは1人1台端末のメリットを生かし、生徒が自分のペースで動画を鑑賞し、内容について理解する。さらに中学1年生もしくは、小学6年生に発表するという場面を設定する。下級生の前で表現するという目標を設定することで、より一層内容について学び、練習に取り組み、表現活動に取り組むことが想定される。

本時の展開 ▷▷▷

1 動画で内容を確認する

はじめに最後に本題材をモチーフにした外国のコマーシャルに触れ、動画で内容について理解する。

2 練習試合の後に発表を行う

まずは一人一人 ICT 端末で何回も練習を行い、その後、練習試合としてペアで見せ合う。できるようになってきたら全体へ発表をする。

1 登場人物の心情を読み取り、気持ちをこめて音読する

活動のポイント：役割演技で気持ちを込めて音読する

物語の読解では登場人物の心情の変化を深く読み取ることが大切である。そこから、役割演技を通して気持ちをこめて音読することができるように指導していきたい。

●小学生や中学１年生に発表する

本題材について、暗唱にチャレンジさせることも、主人公の感情について理解するうえで有意義な活動になる。そのような取組を小学生の１日体験入学などの機会に発表することも、お互いにとって刺激になる。

●生徒の取組が次年度の教材へ

先輩が頑張っているは姿は、後輩にとって大きな刺激になる。本題材を読んでいる様子を動画として記録する。そしてこのような記録を次年度ぜひ授業で活用してほしい。先輩も頑張っているので自分も頑張ってみようと思わせたい。

3 理解を深める

内容が理解できているか確認するための簡単な問題を与える。答えを確認するときにはなぜそうなるのか根拠になる文章を確認するとよい。

4 本時の振り返りをする

最後はレポートをまとめて提出する。

3
時
間

Stage Activity2

調べたことをプレゼンテーションしよう

本時の目標

クラスで人気あるものを調べて、その結果を発表することができる。

準備する物

・Unit 6 で作成したレポート
・ICT 端末

【話すことの記録に残す評価】

◎本時では「記録に残す評価」を行う。生徒の変容を記録に残せるように計画的に評価を行う。指導の配慮を要する生徒には事後指導を忘れずに行う。

本時の言語活動のポイント

本単元は教科書では Stage 2 にあたる。Unit 4 ～Unit 6 の活動を踏まえ Stage Activity を行う。特に、Unit 6 の単元を通して行ってきた言語活動として作成したレポートをグループで発表するとよい。

中学 3 年では debate を行うので、そこを見据えながらクラスメイトの発表をもとに感想を述べたり、意見を述べたりする機会を設定したい。

また、唐突に質問するだけでなく、対話する活動を通して、自分の考えについて考える場面を設定したい。

本時の展開 ▷▷▷

1 Unit 6のレポートを発表

Unit 6 の単元を通して行ってきた言語活動として作成してきたレポートをグループで発表する。その後、感想を伝え合い、作り直す作業を行う。

2 グループでのプレゼンテーションの練習を行う

グループでプレゼンテーションの発表練習を行う。グループ内で感想を伝え合い、よりよい発表となるように練習する。

1 すべての生徒が関わる授業へ

活動のポイント：豊かな表現活動ができる集団へ

表現活動を充実したものにするためにはどのようにしたらいいだろうか。あいさつをする。話を聞く。いきいきと表現する。時間を守る。客観的に自分の学びを分析する。これらのことを行える生徒を育てるためには「〜しなさい」と一方的に指示をするのではなく、１年の区切りなどで、授業の規律について考える場面を設定したい。そうすることで、生徒による笑顔の授業にかわってくる。

●学級経営の重要性

話合いをスムーズに行うポイントとして、学級経営の重要性が挙げられる。空いている時間に担当している学級の授業の様子を見てみると授業づくりの様々ヒントが見えてくる。

3 発表会を行う

プレゼンテーションを行う。パフォーマンステストをする場合、ALT や英語支援員などチームですすめる。例えばグループ指導を JTE 中心、パフォーマンステストは ALT 中心で、複数の教師で評価を行う場合、評価基準の確認を行う。

4 本時の振り返りをする

振り返りを行う。友達の発表を聞いて感じたことなどもまとめ、次の学習へ生かす。

1
時間

学び方コーナー３

賛成や反対する表現を活用しよう

本時の目標

相手の意見に賛成したり反対したりするときの英語の表現を理解し活用する。

準備する物

・買い物用品（衣類やカゴなど）

【指導に生かす評価】

◎本時では、記録に残す評価は行わないが、目標に向けて指導を行う。生徒の学習状況を記録に残さない活動や時間においても、教師が生徒の学習状況を確認する。

本時の言語活動のポイント

本時では、相手の意見に賛成や反対をする表現を理解し、活用する活動を行う。

自分の意見に賛成か反対かを述べることでその意見が明確なものになる。さらになぜ賛成なのか、なぜ反対なのか理由を述べることで主張が具体的なものになる。そのような利点を生かしながら１つ１つのテーマについて、いろいろな相手と話し合うことを通して、コミュニケーションの楽しさを味わわせたい。このような活動をもとに３年生の学習へとつなげていきたい。

本時の展開 ▷▷▷

1 リラックスした雰囲気をつくる

アイスブレイク活動を英語で行い、リラックスした雰囲気をつくる。

2 よい話合いについて考える

手本として教師同士で話合いをしている様子を聞く。よい話合いとはどのようなものか全体で共有する。

1 生徒の身近なテーマで話合いをする

活動のポイント：小学校の授業をヒントに

小学校の国語の授業でもメモをとって文章化する場面が見られる。また話すパターンを活用して話合いを行うこともある。そのような習慣を中学生になっても続けていくことで話合いもスムーズになる。ただし、「棒読み」にならないように注意する。ヒントカードやワークシートの棒読み、自分の意見だけを言い続ける言い合いにならないように、教師の仕掛けによって話合いをつくっていく（動画→表現の明確化→流れがわかる板書など）。

●わからないことをわからないと言える授業に

「○○さんは～が好きです」「×× さんは～が嫌いです」「理由は～だからです」ではもったいない。それを読んで自分はどう思ったのか表現させるには絶好の機会となる。「先生○○って英語で何と言うのですか？」から “Excuse me, Mr. △△ .how do you say ○○ in English? Thank you.” と自然に言える授業にしたい。

3 意見を伝える話合い活動

教科書にのっている意見を伝える表現を紹介し、実際に話合いを行う。中間評価で、生徒のよかったところを拾い、今後の目標を全体で共有する。何回かローテーションをする。

4 本時の振り返りをする

ノートで活用した表現をまとめ、本時の振り返りを行う。

1時間

Grammar for Communication 5

ものをくらべよう

本時の目標

比較表現の重要性を知り、適切に使えることができる。

準備する物

・付箋（ICT 端末の機能でも可）
・ICT 端末

【指導に生かす評価】

◎本時では、記録に残す評価は行わないが、目標に向けて指導を行う。生徒の学習状況を記録に残さない活動や時間においても、教師が生徒の学習状況を確認する。

本時の言語活動のポイント

本時は比較表現に関する知識・技能を習得する単元である。教科書を活用して、これまで学習してきた内容について整理する時間にしたい。また Let's Try! では比較表現がどのような場面で使われているかも気付かせたい。

本時の展開 ▷▷▷

1 比較表現について理解する

スライドやピクチャーカードを使って教科書p.94について教師が説明する。

2 付箋

生徒は説明された内容について、付箋やノート、端末上のシートにまとめる。

2 比較表現の良さを知り、使えるようになる

活動のポイント：比較表現の利点を考える

本題材を通して比較表現の有効性について考えさせたい。比べることは優劣をつけるものではなく、その事象の特徴を明確にできるということに気づかせたい。穏やかな雰囲気で ALT のやりとり（教師や生徒）を活用して、相づちやジェスチャーを使って気付かせたい。

●形容詞・副詞比較変化表

生徒たちは、意外に比較変化について発音することが好きな生徒も多い。不規則変化表を渡して、「自分の部屋に貼ってみよう」などと言ってみると、保護者からも「あのプリント貼ってますよ」という声が聞こえる。単なる暗記で終わらせず、活用できるようにしたい。

●クイズをつくってみよう

英語の riddle などを見せながら謎かけを作ってみたり、地理的内容など他教科と関連させた問題を作ってみたりするのも有効である。

3 対話活動

JTE や ALT は付箋やノートについて質問し、生徒は学習したことについて整理する。その後、再び学んだこと教師に伝える。

4 本時の振り返りをする

付箋やノート、ICT 端末のシートを全体で鑑賞しあう場面を設定して、大切なところを確認するとともに、自分では気付かなかったことについて確認する。

【中心領域】読むこと、書くこと

World Heritage Sites (10時間)

単元の目標

世界遺産について学び、その価値について考えることを通して、事実や自分の考え、気持ちなどを整理し、簡単な語句や文を用いてまとまりのある文章を書くことができる。
〈教科書巻末の CAN-DO リストとの関連〉自分の町のおすすめの場所などについて、意見や理由を加えてまとまりのある短い文章を書くことができる。

単元の評価規準

知識・技能	思考・判断・表現	主体的に学習に取り組む態度
・受け身の文の構造を理解している。 ・受け身の文の理解をもとに、情報を整理する技能を身に付けている。	・世界遺産について学び、事実や自分の考え、気持ちなどを整理し、簡単な語句や文を用いてまとまりのある文章を書いている。	・世界遺産について学び、事実や自分の考え、気持ちなどを整理し、簡単な語句や文を用いてまとまりのある文章を書こうとしている。

単元計画

第1～2時（導入）	第3～4時（展開）
1～2．目的や場面、状況を確認し、受け身について理解する ・目的・場面・状況の把握（Preview） 日常使われている、受け身を活用した文に触れる。 ・本文の内容理解（Scene） 受け身がどのように使われているか、本文の前後関係から読み取り、分かったことを伝え合う。 ・受け身の理解（第1時 Key Sentence、第2時 Mini Activity） 受け身を用いた文の形・意味・用法を理解する。 ・振り返り 受け身の特徴について理解することができたか問題に取り組む。	**3～4．目的意識を持って言語活動に取り組む** ・言語活動の実践 単元内で行われる言語活動を確認し、目的を持って活動に取り組めるような場面を設定する。 ・本文の概要把握（第3時）、受け身の理解（第4時） ・Reading（第3時）、本文の内容理解（第4時） ・振り返り 思考・判断・表現について言語化させ、知識・技能の習得状況を確認する。

指導のポイント

本単元は、世界遺産について、生徒同士の対話、発表スピーチ、ウェブサイト上の紹介文など様々な方法で内容理解を深めていく。言語材料は受け身（平叙文、疑問文）が扱われている。受け身という概念について理解することで、英語の表現の幅が広がるとともに、過去分詞の有用性に気づき、現在完了形の学習にもつなげていきたい。

評価のポイント

第１時～第２時では目的・場面・状況の把握を行うなどして指導のための評価を行う。第３時～第４時においても目的意識を持って言語活動に取り組ませることで、指導のための評価を行い、今後の指導に生かせるようにしたい。第５時～第６時において、指導に生かす評価と記録に残す評価を実施する。第７時～第８時の Read and Think を通して、思考・判断がどのような変容が見られるのか、振り返りカードを通して言語化させ、その変容を見取る。第９時～第10時の町紹介マップの作成・鑑賞会では生徒が一人一人の作品を鑑賞できるよう、鑑賞方法を工夫するとともに、鑑賞の観点を提示して今後の表現活動への意欲につなげる。

第５～６時（展開）	第７～10時（終末）
５～６．知識・技能の理解・習得に向けて指導を行う ・練習 練習活動を通して、受け身を用いた文に慣れる。 ・本文の内容理解（Read and Think ②） 世界遺産の特徴ついて学習する。 ・Reading（Round１～３） 内容面の指導を行う。 ・振り返り 生徒は学習内容について理解できているか振り返り、自己調整を促す。 **記録に残す評価【読　書】** 思 主	**７～８．言語活動を活用して育てたい力を育成する** ・言語活動の実践 相手にわかりやすく説明できるようにするためにどのようにすればいいか考える。 ・Reading（第７時）、言語活動の実践（第８時） 「世界遺産」について学習するとともに、情報を発信する方法について学ぶ。 ・受け身の活用（第７時：Unit Activity） （第８時：Grammar for Communication６） 受け身を用いた文を活用できるようにする。 ・振り返り 生徒の変容を確認して、記録する。 **記録に残す評価【読　書】** 思 主 **９～10.（言語活動）** 17　教科書の活用（Let's Listen ⑦） パフォーマンステスト 近隣の学校の ALT に自分の住んでいる町について紹介する。 **記録に残す評価【読　書】** 知 思 主

第1時

Preview・Scene 1

目的や場面、状況を確認し、受け身について理解しよう

本時の目標

世界遺産について知り、受け身を使った文の構造に触れる。

準備するもの

・CAN-DO リスト
・スクリーン
・振り返りシート

【指導に生かす評価】
◎本時では記録に残す評価は行わないが、指導に生かす評価を行う。子どもの学習状況を記録に残さない活動や時間においても確認する。

言語活動のポイント

世界遺産の成り立ちについて触れる。中学3年生になり時事問題など難しい話題について学習することを踏まえ、Teacher Talk（今回は ALT の説明）を有効に活用することで、自然に題材に近づける授業づくりを心掛けたい。

本時の展開 ▷▷▷

1 目的・場面・状況の把握（Preview）

朝美とジョジョの対話を聞く。
① 教科書の Preview を活用して目的・場面・状況を確認する。
② わかったことを伝え合う。

2 本文の概要把握（Scene ①）

（Scene ①）教科書を使い、受け身について学習するとともに、受け身がどのような時に使われているのか確認する。（これが言語活動における課題の理解にもつながる。）

授業について考えよう①

授業のはじまりで雰囲気をつくりましょう

①あいさつ（日頃のあいさつが形骸化していませんか？）

How are you?　I'm fine, thank you.　How is the weather?
いつも同じだとコミュニケーションをしてる感じがしなくなってしまう。

② Small Talk

原稿を見ないで、いろいろな人と話す場面を作りたい。
生徒とのやり取りをしながら Small Talk につなぎたい。

③ Teacher Talk

Teacher's talk から授業の本題に入り、そのあとも英語を活用したい。ここで世界遺産について導入を行い、本時の展開に進んでいく流れをつくる。

配慮を要する生徒のために

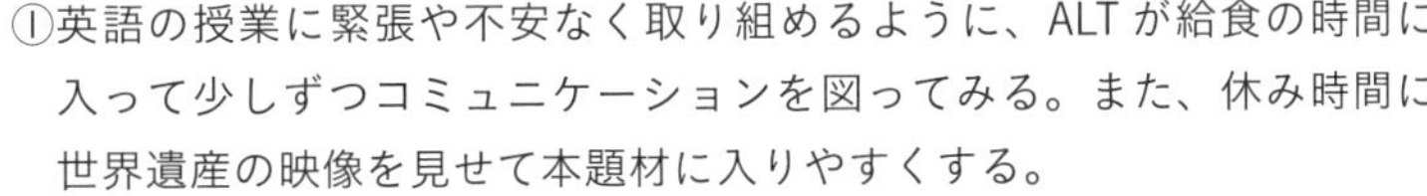

①英語の授業に緊張や不安なく取り組めるように、ALT が給食の時間に入って少しずつコミュニケーションを図ってみる。また、休み時間に世界遺産の映像を見せて本題材に入りやすくする。

②生徒が英語学習について「わからない」ことを教師に言えるように日頃から信頼関係をつくりたい。

3 受け身の理解 (Key Sentence → Practice)

(Key Sentence → Practice)

ALT（いない場合 JTE）が受け身について英語で説明する。JTE や英語支援員は英語学習に苦手意識を持っている生徒の支援にあたる。

4 振り返り

振り返りを行い、次時の指導に生かす。

タブレットで問題演習をしたり、座席表で振り返りをしたり、意見を共有したりすることで学習した内容を振り返る。

Scene 2・Mini Activity

目的や場面、状況を確認し、受け身について理解しよう

本時の目標

ALT のプレゼンテーションを通して、世界遺産の成り立ちについて学ぶとともに、受け身を使った文の構造を理解することができる。

準備するもの

・CAN-DO リスト
・スクリーン
・タブレット

【指導に生かす評価】
◎本時では記録に残す評価は行わないが、指導に生かす評価を行う。子どもの学習状況を記録に残さない活動や時間においても確認する。

言語活動のポイント

世界遺産の成り立ちについて触れる。中学3年生に向けて、時事問題など社会について英語を活用しながら学習することを踏まえ、ALT を有効に活用する授業づくりを心掛ける。

言語活動では次の3つを大切にしたい。
・オーセンティックな題材
・英語を深く学ぶ場面設定
・英語を使用する必然性

本時の展開

1 目的・場面・状況の把握

（プレゼンテーション）ALT がスライドで紹介する。

ALT が世界遺産について紹介する。生徒が興味・関心が持てるようスライドを活用して紹介するとともに、受け身について取りあげる。これまでの海外旅行の様子などを活用する。

2 本文の内容理解（Scene ②）

①予習をしているかノート確認する。
② New Words を各自確認→全体へ。
③音読練習（動画確認→ chorus reading →個人練習→確認）
④内容確認（Q A で概要を捉える）
⑤マーキング（大切なところを強調）

ALTによる映像を交えたプレゼンテーション

活動のポイント：ALTの力を有効に活用しましょう

① ICTを活用して世界遺産を紹介する。
※活用できるサイト：Google Earth、YouTube、各地域のライブカメラも有効である。
②世界遺産の成り立ちについて、そして世界遺産が抱える課題について説明する。
③ UNESCOの世界遺産教育プログラムも参考にしたい。

第二言語習得理論について考えてみよう　英語をどのように教えたらいいのか

その根拠になるものとして第二言語習得理論が挙げられる言語教授法の中で、現在も第二言語の教室で多くみられる教授法として以下のものが挙げられる。
① PPP（Presentation–Practice–Production）
② PCPP（Presentation–Comprehension–Practice–Pro-duce）
③改訂型PPP
教科書の内容を踏まえ、指導方法について考えよう。

3 受け身の理解（Mini Activity）

会話を聞いて内容について質問する。
① Listen（会話を聞く）
② Speak and Write（品物当てゲームをする）

4 振り返り

振り返りを行い、次々の指導にいかす。
タブレットで問題演習をしたり座席表で振り返りをしたり意見を共有したりすることで学習した内容を振り返る。

第3時

Read and Think ①

目的意識を持って言語活動に取り組もう

本時の目標

ALT の先生に日本にある世界遺産を紹介するために、情報を整理して発信することができる。

準備するもの

・スクリーン
・タブレット
・ワークシート

【指導に生かす評価】

◎本時では指導に生かす評価を行う。7時間目から記録に残す評価にペーパーテスト等の結果を加味して評価する。

本時の指導のポイント

本時では教科書 p.110を参考に世界遺産の紹介文を整理する。英語学習への不安を軽減するために段階的に言語活動を進める。

（課題）「ALT の先生に世界遺産について紹介しよう」

教科書 p.110の世界遺産の紹介文を使って、① Reporter になろう、② Editor になろう、③ Writer になろうという活動を通して紹介文を完成させる。

本時の展開 ▷▷▷

1 言語活動の実践① Reporter になろう

単元内で行われる言語活動に取り組む。

ペアや4人グループで用紙を分割したり、ICT 端末の共同作業機能を活用して自分たちが決めた世界遺産について情報収集する。第7時～第8時まで情報の精選を各自行う。

2 本文の概要把握（Read and Think ①）

Round 1を通して「情報を収集すること」や「情報を発信すること」について学習する。

情報を正しく伝える力を高めよう

活動のポイント Reporter → Editor → Writer と段階的に文章を整理する

国立教育政策研究所発出の平成31年度（令和元年度）『全国学力・学習状況調査 授業アイディア例（中学校英語）』では与えられた情報に基づいて、英文を正確に書くことに課題が見られた。そこで指導事例として Reporter → Editor → Writer と段階的に文章を整理していく言語活動が紹介されている。

配慮を要する生徒のために

①ワークシートで使用する文字はユニバーサルフォントを活用して、フォントサイズも大きくするなど工夫する。

②言語活動を段階的に行うことで、生徒が継続して活動できるようにする。

3 Reading（Round 1 ～ 3 ）

Round 1 ～ 3 で受け身を使った文がどのように使われているか理解する。JTE は苦手意識をもっている生徒への支援にあたる。

4 振り返り

振り返りを行い、次々の指導にいかす。

タブレットで問題演習をしたり、座席表で振り返りをしたり、意見を共有するなど学習した内容を振り返る。

第4時

目的意識を持って、言語活動に取り組もう

本時の目標

ALTの先生に日本にある世界遺産をわかりやすく紹介するために、情報を整理して発信することができる。

準備するもの

・スクリーン
・タブレット
・ワークシート

【指導生かす評価】
◎本時では指導に生かす評価を行う。7時間目から記録に残す評価（思　態）をペーパーテスト等の結果に言語活動等観察の結果を加味して評価する。

本時の指導のポイント

本時では教科書 p.110を参考に世界遺産の紹介文を整理する。英語学習への不安を軽減するために段階的に言語活動を進める。

（課題）「ALTの先生に世界遺産について紹介しよう。」

教科書 p.110の世界遺産の紹介文を参考に、① Reporterになろう、② Editorになろう、③ Writerになろうという活動を通して紹介文を完成させる。

本時の展開 ▷▷▷

1 言語活動の実践② Reporterになろう

言語活動に取り組む。

ペアや4人グループで用紙を分割したり、ICT端末の共同作業機能を活用して自分たちが決めた世界遺産について情報収集する。第7時〜第8時まで情報の精選を各自行う。

2 受け身の理解 (Key Sentence → Practice)

(Key Sentence → Practice)
受け身を用いた文を活用する。

受け身を用いた文の形・意味・用法を理解するとともに、活用できるようにする。

授業について考えよう② 「Classroom English を使う」

日頃から英語を使うことで生徒も慣れてくる。

【Greeting】Good morning.／Good afternoon. How are you doing?

【Checking Today's goal】Let's check today's goal（theme）. Let's try ○○ .

【When teachers give students worksheets】How many sheets do you need？（数を英語で言わせてから）Here you are.（Thank you）You are welcome.（生徒も紙を渡すとき）は Here you are.

【Praise】Good job. Great. Good. Weldone. Marverous.

【Other】How do you say ○○ in ○○？Volunteer? Raise your hand. Clap your hands.（Big hands）. Do you need time? Please show me your homework. Please look at the picture. Move your desks. Move your desk back. Make pairs. Get ready set go.

第二言語習得理論について考えてみよう

【インプット強化】目標言語項目に気づきやすくなるようにインプットを行う指導

①聴覚インプット強化：目標言語項目を強調して読んで音声的に強調する。

②視覚インプット強化（テキスト強化）：目標言語項目を太字にしたり、フォントを変換したりする。

③インプット洪水：教材に目標言語項目を多量に盛り込むことで際立たせる。

3 本文の内容理解 (Read and Think ①)

①予習をしているかノート確認

② New Words を各自確認→全体練習

③音読練習（動画確認→ chorus reading →個人練習→確認）

④内容確認（Q A で概要を捉える）

⑤マーキング（大切なところを強調）

4 振り返り

振り返りを行い、次々の指導にいかす。

タブレットで問題演習をしたり、座席表で振り返りをしたり、意見を共有したりすることで学習した内容を振り返る。

第5時

Read and Think ②

知識・技能の理解・習得に向けて指導を行おう

本時の目標

知識・技能の習得に向けて、受け身を使った文章を作成することができる。

準備するもの

・スクリーン
・タブレット

本時の指導のポイント

言語活動を通して思考力・判断力・表現力を使って知識・技能を習得することが求められている。教師も言語活動について再認識して、言語活動と練習活動を区別して授業づくりに臨んでいきたい。

第5時〜第6時の授業は「指導」(内容面からの指導と言語面からの指導)を行う。パフォーマンステストに至るまでの指導については「指導と評価の一体化のための学習指導に関する参考資料」を参考にしたい。

【指導に生かす評価】

◎本時では指導に生かす評価を行う。7時間目から記録に残す評価をペーパーテスト等の結果に活動の観察の結果を加味して評価する。

本時の展開 ▷▷▷

1 練習

練習を通して、受け身を使った文に慣れる。

授業のはじまりにカルタを行う。生徒に飽きさせないようにルールや時間を変えながら受け身を使った文を認識する場面を設定する。

2 本文の概要把握 (Read and Think ②)

Round 1を通して本文の概要を把握するとともに「ウェブサイトで紹介すること」について学習する。

生徒の興味・関心をひきつけるカルタ

活動のポイント カルタで生徒の興味・関心をひきつける

カルタを通して音声を聞いて書かれている英文を認識させるため活動を行う。生徒にとっても楽しみながら取り組むことができ、抵抗なく英語学習に臨むことができる。

その他のアイデア

世界遺産について質問するクイズ番組 Jeopardy を活用する。わからない単語も推測させながら複数時間取り組ませることで、英語学習に苦手意識を持っている生徒にも参加しやすいものとなる。

配慮を要する生徒のために

- ゲームを通して文字と音声を結合させる Cording（コーディング）、音声と文字を結合させる Encording（エンコーディング）の訓練につなげていきたい。
- 練習活動に終始するのではなく、言語活動で生徒の英語力を育てていきたい。

3 Reading（Round 1 ～ 3 ）

Round 1 ～ 3 で、受け身を使った文がどのように使われているか理解する。JTE は苦手意識をもっている生徒への支援にあたる。

4 振り返り

生徒が理解しているか確認し、苦手な生徒を確認する。

（自己調整を図る）

生徒の練習を通して、知識・技能を習得しようとしていたか振り返る。

第6時

知識・技能の理解・習得に向けて指導を行おう

本時の目標

知識・技能の習得に向けて、受け身を使った文章を作成することができる。

準備するもの

・スクリーン
・タブレット

本時の指導のポイント

言語活動を通して思考力・判断力・表現力や知識・技能を習得することが求められている。教師も言語活動について再認識して、言語活動と練習活動を区別して授業づくりに臨んでいきたい。

本時の授業は「指導」（内容面からの指導と言語面からの指導）を行う。パフォーマンステストに至るまでの指導については『指導と評価の一体化のための学習指導に関する参考資料』を参考にしたい。

【指導に生かす評価】

◎本時では指導に生かす評価を行う。7時間目から記録に残す評価をペーパーテスト等の結果に活動の観察の結果を加味して評価する。

本時の展開 ▷▷▷

1 練習

練習を通して、受け身を使った文を定着させる。練習の目的は、学習した文をたくさん触れること。大切なのはその後どのように言語活動につなげていくかが大切である。

2 Reading（Round 1 ～ 3 ）

Round 1 ～ 3 で受け身を使った文がどのように使われているか理解する。JTE は苦手意識をもっている生徒への支援にあたる。

絵を活用した活動

活動のポイント フラッシュピクチャーを活用する

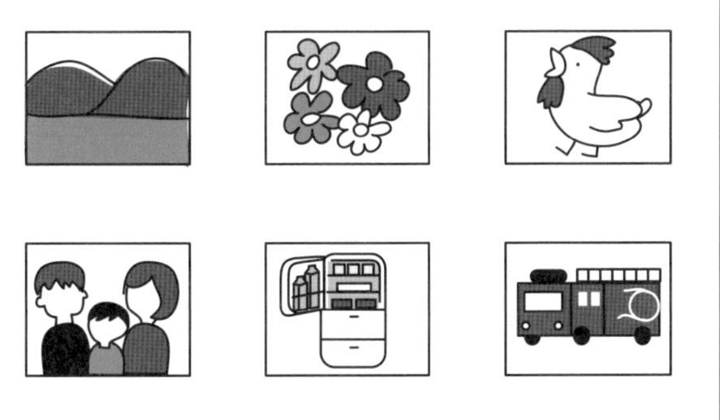

複数の絵を黒板に掲示して、絵について英語で表現する。限られた時間の中で絵について英語で表現できたらクリア。見せ方を変えて絵を2～3秒以内で切り替えて時間内に英語で表現する。

Pictionary（ピクチョナリー）を用いる

グループに分かれ1枚の絵について、できるだけ多く英文表現する。グループの代表が制限時間内に黒板にいっぱい文章を書く。

第二言語習得理論について考えてみよう

corrective feedback（学習者の話す英語に間違いが含まれている場合）

・インプット供給型フィードバック（短時間で終わる分学習者の記憶に残りにくい。）

・アウトプット誘発型フィードバック（正解が記憶に残るけど時間がかかる）

3 本文の内容理解 (Read and Think ②)

①予習をしているかノート確認
② New Words を各自確認→全体練習
③音読練習（動画確認→ chorus reading →個人練習→確認）
④内容確認（Q A で概要を捉える）
⑤マーキング（大切なところを強調）

4 振り返り

生徒が練習を通して、知識・技能を習得しようとしていたか振り返る。

第7時

言語活動を活用して育てたい力を育成しよう

本時の目標

日本の世界遺産について、ALT に情報を発信することができる。

準備するもの

・スクリーン
・タブレット

【読むこと、書くことの記録に残す評価】

◎7時間目から記録に生かす評価（思・態）にペーパーテスト等の結果を活動の観察の結果を加味して評価する。

本時の指導のポイント

本時では教科書 p.112を受けて、日本にある世界遺産について紹介する文を作成する。ユネスコの世界遺産マップから、日本の世界遺産の紹介文を探して、ALT に紹介したい文を調べる。

本時では生徒が作成した記事をウェブサイトの記事を作成する。ウェブサイトの記事はたくさんの人々に向けて書かれるものなので、表現方法など配慮して情報発信ができるよう、言語活動を進めていきたい。

〈その他のアイデア〉

日本にある世界遺産のガイドマップの記事を作成する。できあがったガイドブックは市役所や公民館などたくさんの人が見てもらえるような場所に設置してみる。

本時の展開 ▷▷▷

1 言語活動の実践③

（編集者になろう）単元内で行われる言語活動に取り組む。

第３時～第４時で作成した原稿をもとに、共同作業で編集を行う。「ALT に世界遺産について伝える」という相手意識ををもってまとめる。

2 Reading（Round 1 ～ 3 ）

Round 1 ～ 3 で受け身を用いた文を理解できるようにする。

受け身を使った文がどのように使われているか理解する。JTE は苦手意識をもっている生徒への支援にあたる。

板書のポイント：授業のねらいや、英文が残っていてヒントになる板書を行う。

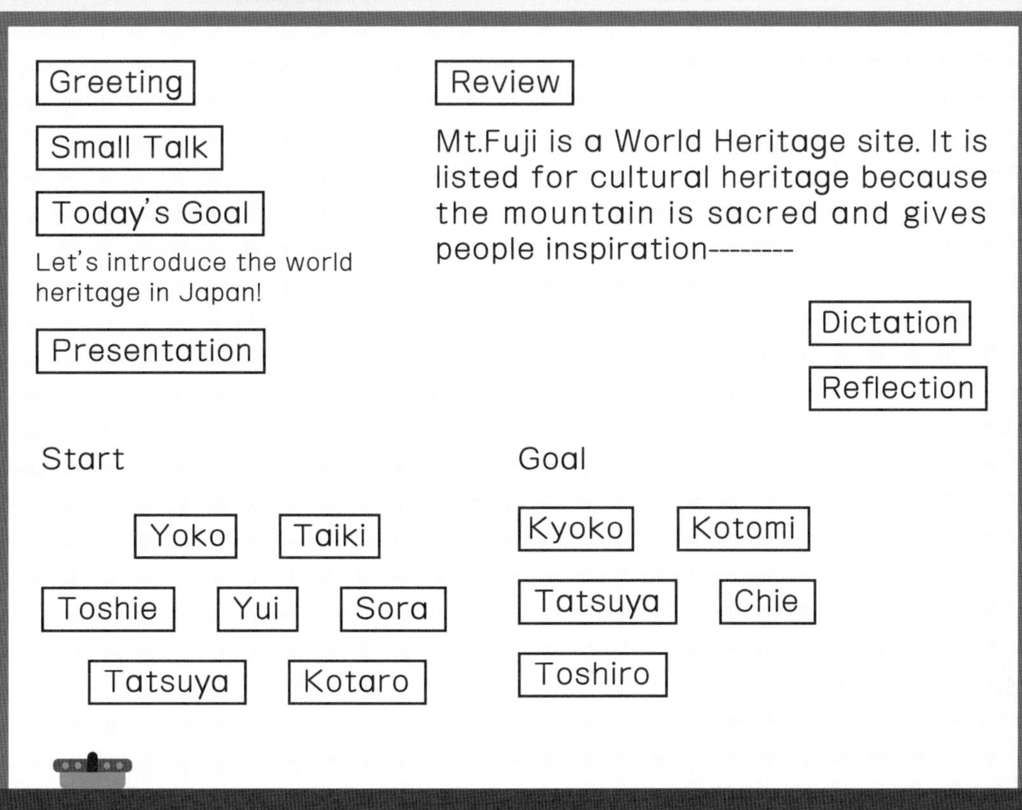

3 受け身の活用（Unit Activity）

Unit Activity で「情報収集」「情報発信」について学習する。どのような情報が必要なのかを読み取り、どのように情報を発信すればいいのかを学習する。また、受け身の文章について確認する。

4 振り返り

振り返りでは、生徒は言語活動を通して、変容が見られたのか確認する。教師は生徒の取組について、活動を促すコメントをする。

第8時

言語活動を活用して育てたい力を育成しよう

本時の目標

日本の世界遺産について、ALT に情報を発信するために必要な資質・能力を育成することができる。

準備するもの

・スクリーン
・タブレット

【読むこと、書くことの記録に残す評価】
◎7時間目から記録に生かす評価をペーパーテスト等の結果に活動の観察の結果を加味して評価する。

本時の指導のポイント

本時では教科書 p.112を受けて、日本にある世界遺産について紹介する文を作成する。ユネスコの世界遺産マップから、日本の世界遺産の紹介文を探して、ALT に紹介したい文を調べるとよい。

本時の展開 ▷▷▷

1 言語活動の実践④

(②編集者になろう) 単元内で行われる言語活動に取り組む。

第3時～第4時で作成した原稿をもとに、共同作業で編集を行う。「ALT に世界遺産について伝える」という相手意識ををもってまとめる。

2 言語活動の実践⑤ (Let's Talk ⑤)

(Let's Talk ⑤)「電話でのやりとり」について学習する。

自分の好みや要望を伝えながら電話で要件を伝える。

活動のポイント ウェブサイトをつくろう

本時では生徒が作成した記事をウェブサイトの記事を作成する。ウェブサイトの記事はたくさんの人々に向けて書かれるものなので、表現方法など配慮して情報発信ができるよう、言語活動を進めていきたい。

その他のアイデア

日本にある世界遺産のガイドマップの記事を作成する。できあがったガイドブックは市役所や公民館などたくさんの人が見てもらえるような場所に設置してみる。

配慮を要する生徒のために

・生徒がつくったものを認めてあげることで、次の表現活動につなげていきたい。そのうえで生徒へのフィードバックは有効である。

3 受け身の活用（Grammar for Communication 6 ）

受け身の文を活用する。

Grammar for Communication 6 で教科書を活用して受け身を用いた文の形・意味・用法を理解し、活用できるようにする。

4 振り返り

振り返りでは、生徒は言語活動を通して、変容が見られたのかについて確認する。教師は生徒の取組について、活動を促すコメントをする。

パフォーマンステストを通して指導と評価の一体化を図ろう

本時の目標

ウェブサイトを作成するパフォーマンステストを通して、知識・技能を習得して、思考力・判断力・表現力を育成するなど資質・能力を向上させることができる。

準備するもの

・スクリーン
・タブレット
・ワークシート

【読むこと、書くことの記録に残す評価】
◎記録に生かす評価をペーパーテスト等の結果に活動の観察の結果を加味して必要な情報、概要、要点を捉えることができるかどうか評価する。

本時の指導のポイント

本時は自校の ALT に自分の住んでいる町について紹介する言語活動を設定する。ALT は日頃から接していることもあり、どんなものが好きで、どのようなことを話せばいいのか焦点が絞りやすい。

本時の流れ

・① Greeting（あいさつ）→② Teacher talk →③ Small Talk →④ Grammar for Communication or Let's Listen
（2時間を有効に使う）
・同時進行で ALT に別室にいてもらい、生徒はウェブサイトの原稿を見せながら、内容について発表を行う。
・ALT から合格をもらったら（手直しが必要な場合提出日までなおす）、共有のウェブサイトに更新する。

本時の展開 ▷▷▷

1 ウェブサイト

時間に余裕があったら生徒にトライさせたい。

自分たちだけが見ることができる（公開も可能）ウェブサイト作成のシステムを活用して、ウェブサイトを作成する。アカウントがあれば保護者の閲覧も可能なので、ここまで学習した内容を見てもらう有効な手段である。操作方法も簡単なため、生徒が作成することもできる。

CLIL（内容言語統合型学習）を体験してみよう

活動のポイント CLIL をやってみよう

CLIL とは Content and Language Integrated Learning の略称で内容言語統治型学習のことを表す。習得を目指す言語（主に英語）を用いながら、理科や社会などを学ぶ学習法である。また、学習者の思考力やコミュニケーション能力、協同学習、異文化理解を重視しているのも CLIL の特徴といえる。

配慮を要する生徒のために

①生徒の発達段階に応じて、興味・関心のある動画サイトやウェブサイトを活用した活動を取り入れる。そのために日頃から生徒とのコミュニケーションも大切である。

② CLIL など生徒にとって身近な話題について、英語を使って学んだり、表現したりすることは有効である。生徒が「知りたい」「伝えたい」と感じられる場面を設定する。

2 Grammar Card 学習したことをまとめ共有する

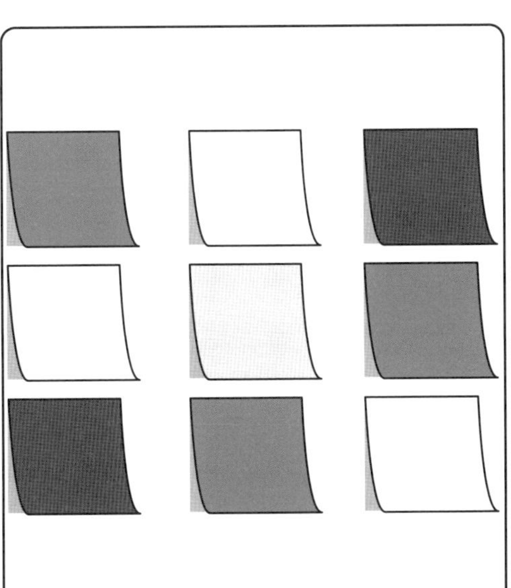

Grammar Card

Grammar for Communication で学習した内容、Use や Form について自分で付箋やノートにまとめる。生徒には考えたことを書いてまとめる時間をつくらせたい。

できたものは、廊下に掲示したり、みんなで見合う時間も設定したい。

1
時間

Let's Listen ⑦

店内のアナウンスを聞き取ろう

本時の目標

店内のアナウンスを聞き、イベントなどの情報を聞き取ることができる。

準備する物

・ICT 端末

【指導に生かす評価】

◎本時では、記録に残す評価は行わないが、目標に向けて指導を行う。生徒の学習状況を記録に残さない活動や時間においても、教師が生徒の学習状況を確認する。

本時の言語活動のポイント

本時は店内のアナウンスを聞き、イベントなどの情報を聞き取ることをねらいとしている。外国のショッピングモールはどんなところか想像しながら聞き取れるように授業をつくりたい。

また、アナウンスは店内のいろいろな音と同時に流れるので聞き取りづらいこともありうる。本時の目的は店内のアナウンスの内容を聞き取ることであるから、そのような状況を設定するのもよい。聞き取ることに苦手意識を持っている生徒もいると思われるので、聞き取る方法についても触れたい。

本時の展開 ▷▷▷

1 目的・場面・状況の確認

Before You Listen を使って買い物の場面のイメージする。その後、海外のショッピングモールの動画を見せて、聞き取る状況のイメージをより鮮明にする。

2 課題に取り組む

Step 1 、 2 に取り組む。様々な情報を店内マップや Step 1 、 2 のリストを見ながら聞き取りのポイントを理解しながら聞き取る習慣を付けさせたい。

1 聞き取りのポイントを学ぼう

活動のポイント 聞き取りのポイントを確認する

教科書の Let's Listen には Before You Listen が設定されている。本時では「休日にデパートやショッピングセンターに行くとしたら、何をしたいですか。ペアで話し合いましょう」と書かれている。そのような場面を通して目的・場面・状況を確認するようにする。さたに、じっくり聞き取るためのポイントについて指導し、準拠教材など本題材以外の教材を使って聞き取る場面で練習しながら、次の聞き取る場面につなげていきたい。

●受け身表現の利点について考えよう

能動態は主語が行動の中心になるのに対して、受動態は行動の中心が誰もがわかっていたり、必要でない情報で、動詞の方が重要な情報である場合などが考えられる。

デパートやショッピングセンターの行動の中心（イベントなどを開催する）は店自体であるので、受け身表現を活用することが効果的である。そのようなことも生徒に考えさせてパフォーマンステストに臨ませたい。

3 補充（準拠教材）

本時のねらいである聞き取る力を育成するために、違った場面の状況についても触れたい。

4 本時の振り返りをする

聞き取った内容をもとに、自分の考えを表現できるようにもっていく。

1時間

Let's Talk ⑤

電話で自分の好みや要望を伝えよう

本時の目標

電話で要件を伝える場面を通して自分の好みや要望を伝えることができる。

準備する物

・ICT 端末
・４コマ漫画の枠

【指導に生かす評価】

◎本時では、記録に残す評価は行わないが、目標に向けて指導を行う。生徒の学習状況を記録に残さない活動や時間においても、教師が生徒の学習状況を確認する。

本時の言語活動のポイント

本時のねらいは、電話で要件を伝える場面を通して自分の好みや要望を伝えることである。Today's Point では Do you want to~? の表現を学習する。さらにその答え方として I'd like to, but I can't. などの電話の時だけでなく、誰かを誘ったり、誘いを断ったりするときに役に立つ表現を紹介する。本時の指導にあたっては今週末の音楽祭に誘うという一連の流れについて考えさせる。あいさつや Tool Box の英文を活用して表現する楽しさを味わわせたい。

本時の展開 ▷▷▷

1 オーラルイントロダクション

ALT のオーラルイントロダクション（４コマ漫画の枠を活用）をしながら自分たちで状況「あなたならどのようなストーリーをつくる？」を考えさせる。

2 ペアで言語活動をする

ただ原稿を読むだけでなく、時々パートナーを交代することでクラスメイトのよいところを吸収しながら演じるように伝える。

2 電話で自分の要望や好みを伝える

活動のポイント：電話のやりとりもオーセンティックにする

生徒は電話でのやりとりを楽しんで行うことができるように、ちょっとした工夫を行いたい。例えば、ただの電話ではなくオンライン会議システム活用することで、雰囲気を変えることができる。

●日常場面に直結した場面を大切にしたい

日常生活の中で買い物をする場面は身近で、教科書の様々な場面で使われている。Step 3で行われるスキットを考える時間は生徒にとっても楽しいものであり、教師にとっても生徒理解の機会になる。動画に取ってみたり、原稿を清書したものをポートフォリオのようにファイルにはさめながら掲示したりすると後輩の 1 年生の英語学習への興味・関心を高めることにもつながる。

3 対話活動

Tool Box の表現を参考に条件にあった内容を考える。教師が回りながら、わからない表現などについて支援しながらそれぞれのペアについて場面を考えさせる。

4 本時の振り返り

本時の振り返りを行う。活動のなかで出てきた電話に使える表現などをまとめる。

1
時間

Grammar for Communication 6

視点を変えて情報を伝えよう（受け身）

本時の目標

受け身表現の特徴や良さを知り、使うことができる。

準備する物

・ICT 端末

【指導に生かす評価】

◎本時では、記録に残す評価は行わないが、目標に向けて指導を行う。生徒の学習状況を記録に残さない活動や時間においても、教師が生徒の学習状況を確認する。

本時の学習活動のポイント

中学３年生になる前に、主体的に学ぶことを通して英文の構造を理解させたい。１時間目は教師の英語による説明、２時間目はペアで「学び合い」の時間、そして３時間目は生徒の知的好奇心をくすぐる問題をたくさん紹介したい。

本時の展開 ▷▷▷

1 教師による説明

教科書を使って教師が説明する。生徒は説明されたことについてノートにまとめる。

2 ペアで学び合いをする

JTE、ALT、外国語指導員はノートについて質問する。その後、ペアで学び合いを行い、教師に学んだことを伝える。

1 海外旅行で買い物するとしたら？

活動のポイント：自由英作文を出題する

テストでは「自由英作文」を出題する。目的、場面、状況を教師が生徒に提示して、生徒は英文を書く。その前に違う目的・場面・状況を設定して英作文を書く活動を行う。

英語学習に苦手意識を持っている生徒も取り組めるような課題と時間を与える。また、生徒の「わからない」に答えられるような授業づくりに心がけ、「一人の疑問はみんなの疑問」と捉え、みんなで疑問を共有できるようにしたい。

●不規則動詞変化表

形容詞・副詞比較変化表と同様に不規則変化表を渡して、「自分の部屋に貼ってみよう」と伝える。このようなプリントをただ渡すだけではもったいない。繰り返し目に触れる場面を設定することで理解につなげたい（はじめから高いハードルを与えない）。

3 自由英作文にチャレンジ

目的、場面、状況を教師が生徒に提示し、生徒は英文を書く。

4 振り返り

自由英作文は提出し、教師が添削を行う。文法のミスや別の表現方法などもアドバイスしたい。

Stage Activity

3 My Favorite Place in Our Town

(8時間) 【中心領域】読むこと、話すこと（発表）

＋Let's Read ③ (4時間)

単元の目標

相手とのやり取りを通して興味・関心のあることを理解し、自分の街のおすすめの場所について紹介し、相手にその良さや特徴を伝えことができる。

単元の評価規準

知識・技能	思考・判断・表現	主体的に学習に取り組む態度
・本単元では記録に残す評価は行わない。	・話し相手の興味・関心がある物事を理解し、それを踏まえ自分の街のおすすめの場所やその特徴について伝えている。	・話し相手の興味・関心がある物事を理解し、それを踏まえ自分の街のおすすめの場所やその特徴について伝えようとしている。

単元計画

第1時（導入）	第2～3時（展開）
1．関連する既習の語句を思い出そう Step 1～3の活動を通して、おすすめのものの紹介で使われる表現等の定着度や理解度を確認する。必要に合わせて、定着を図る言語活動を取り入れ、次時の活動につなげる。また、Step 4の活動を通して、ゴールとなる活動のイメージを持つ。	**2．相手の情報を読み取ろう** 相手が自分の街に興味を持ってくれるように、相手の興味関心を踏まえて紹介する場所やものを決定する。前半に個人でALTの友人の情報カードから興味関心のあることを読み取る活動を行い、後半にグループでおすすめの場所を決定する活動をとおして、読み取った情報を確認し整理する。 **記録に残す評価【読】** 思 **3．相手の興味・関心に合わせて自分の街のおすすめの場所を紹介するために情報カードを作ろう** 前時にグループで話し合い、決定したそれぞれが紹介する場所やものの情報カードを作成する。一度作成した後に、グループ内で回し読みをすることで、級友が作成したカードを参考に修正し、よりよい情報カードを完成させる。

指導のポイント

本単元では、自分の街の良さや特徴について伝えることができる。これまでも、おすすめの場所や物等を照会する活動は度々取り上げられてきた。そこで、本単元では、自分の街の良さを一方的に伝えるのではなく、相手の興味・関心を理解したうえで、何を紹介したらいいのかを考えさせ、それを踏まえて街の良さを紹介させたい。

単元のゴールとなる活動では実際にネイティブスピーカー（ALT の友人等）におすすめの場所やものを紹介する場面を作りたい。このときに、オンラインで ALT の友人や家族とつなげ、実際に紹介し、やり取りできる環境を整えたい。

単元最後の活動に向けて、前半に聞き手の興味・関心を知るための読む活動を設定する。そこで得た情報を整理し、理解したうえで、自分の街のおすすめの場所やその特徴を紹介することができるように指導する。

評価のポイント

第１時では Step 1 ～ 4 の活動を通して、これまで小学校より学習してきたおすすめを紹介する時等に用いる語句や表現について定着しているかどうかを見取る。生徒の実態に合わせて、必要な語彙や表現の想起及び定着を図る。第２時では、単元の目当てとなる活動を明確に示したうえで、相手とのやり取りを通して、必要な情報を得ることができているかを見とる。第３時では、第４時に向けて情報カードを作る。

第４時、最終の活動では、相手の興味・関心を捉えたうえで自分の街を紹介できているかを見とる。発表のみならず、作成した情報カードからもその様子を見取るようにする。

第４時（終末）	第５～８時（Let's Read ③）
４．相手の興味・関心に合わせて自分の街のおすすめの場所を紹介しよう 前の時間までに作成した情報カードを活用し、聞き手の興味関心を踏まえながら、自分の街に興味・関心を持ってもらうことができるように発表する。その後に実際に聞き手とやり取りをすることで、自分の発表を振り返り、今後の学びにつなげる。 **記録に残す評価【話（発表）】** 思 態	Let's Read 3 **１．全体を聞き、概要と構成をつかもう** はじめに文章を聞き、概要と構成をつかむ。時系列で大くくりに内容をまとめる。 **２．前半「星野さんの人生」を読み取る** 星野さんの人生について書かれた前半を読み取り、印象に残ったことを発表する。学級でテーマを設定し、自分の考えを書く。 **３．後半「アラスカの環境問題」を読み取る** アラスカの環境問題について書かれた後半を読み取り、印象に残ったことを発表する。学級でテーマを設定し、自分の考えを書く。 **４．テーマを決めて自分の考えや思いを書いて伝える。** 単元全体をとおしてして読み取ったことを踏まえ、学級でテーマを設定し、自分の思いや考えについて書いて伝える。

第1時

STEP ①②

関連する既習の語句を思い出そう

本時の目標

街を紹介するために必要な表現や語彙を想起する。

準備する物

・振り返りシート
・ワークシート（展開 3 用）

【指導に生かす評価】

◎本時では、記録に残す評価は行わないが、目標に向けて指導を行う。子供の学習状況を記録に残さない活動や時間においても、教師が子供の学習状況を確認する。

本時の言語活動のポイント

本時では 3 の活動で、Tool Box を使用した活動を行う。ただ単に反復するのではなく、使用場面を考え会話の中で使用することで知識及び技能の定着を図る。

固有の目的や場面、状況で使われる表現もあるが、多くの表現は異なる場面（ここではおすすめのもの紹介以外）でも使われる。本活動では、様々な目的や場面、状況で使用することで、言葉として使い方や意味を理解するようにしたい。

そこで、ペアとなり、自然な会話の中で Tool Box にある表現を他のどのような場面で使えるかを考えさせ、共有していく。そうすることで、思考・判断・表現するための力を育成することを目指す。

本時の展開 ▷▷▷

1 Small Talk をする

ALT と JTE とで興味あることや街に関連することをやり取りする。次に、生徒と同じ内容でやり取りをし、最後には生徒同士でやり取りをするようにする。このときに生徒の本単元で使用する表現や語彙の定着度等を確認することができる。

2 Step 1、2 をとおして既習事項を確認する

教科書 p.118の Step 1 ・ 2 をとおして物の紹介等について表現や語彙等、既習事項を確認する。生徒が理解していない内容を明らかにしたうえで次の活動に移り、既習事項の定着を図る。

3 Tool Box の表現を活用した活動

活動のポイント：自然な会話の中で Tool　Box の中にある表現を使用することでその使い方を理解する。

ペアになり Tool Box に書かれた表現を他の目的や場面、状況の違う中で使用する。使用できた場合には、ワークシートにチェックを入れ、その使用場面を記入する。

3 Tool Box を使用して、語彙や表現を確認する

教科書 p.118、p.119の Tool Box にある表現を確認する。本単元で使われる目的や場面、状況以外での使用場面を考え、やり取りの中で使用することで、言葉として理解するとともに、その定着を図ることを目指す。

4 本時の振り返りをする

振り返りシートに本時の Tool Box を活用した活動をとおして気づいたことを記入する。振り返りをとおして教科書で取り上げられている目的や場面、状況以外でも使用されていることに気付かせる。

相手の情報を読み取ろう

本時の目標

相手の興味・関心を持つことを読み取ることができる。

準備する物

・振り返りシート
・ALT の友人カード（グループの数）

【読むことの記録に残す評価】
◎活動 2 で書いてある情報から相手の興味関心があるものや事柄について読み取っているかを評価基準を基に【思考・判断・表現】の観点から評価する。

本時の言語活動のポイント

本時では活動 2 で ALT の友人について書かれたカードから興味関心があるものについて読み取る。その後、活動 3 で読み取った情報をグループで確認し、紹介するおすすめの場所やものを決定する。

活動 3 においてグループ内で情報を整理する際には、なぜそう思ったのかその根拠も合わせて伝えるようにさせたい。そこで、JTE と ALT とのやり取りをとおして具体的な話し合いの進め方を確認したい。

聞き手の情報を確認した後に、何について紹介するかを決定する。次の時間に一人 1 枚の情報カードを作成する。何を紹介するべきかアイディアが出ない場合には、他のグループに相談することも可とする。

※グループでの話し合いは全て英語で行う。英語で表現できない場合は、ジェスチャー等で補いながら協力して話し合いを進めるよう伝える。

本時の展開 ▷▷▷

1 興味・関心を聞き取る活動をする

JTE と ALT の週末の出来事を聞いて、興味・関心のあるものを推測する。話された言葉から興味・関心があるものを聞き取ることで終わるのではなく、関連して興味・関心があるものを推測する。

2 興味・関心を読み取る活動をする

ALT の友人カードを読み、何に興味があるかを読み取る。グループの数のカードを準備し、内容を読み取らせる。自己紹介文の内容については生徒の実態に合わせて使う表現や語彙等に注意しながら作成する必要がある。

3 読み取った情報を整理し、おすすめの場所や物を決める活動

活動のポイント：読み取った情報をもとに相手の興味関心を踏まえておすすめする場所やものを決定する。

グループになり、それぞれ ALT の友人の自己紹介文から読み取った内容を確認する。それを踏まえ、一人一人が何を紹介するかを決定する。英語でのディスカッションの参考となるように、この活動に入る前に JTE と ALT とでやり取りを示す必要がある。

JTE と ALT による例の示し方

JTE：What did you find from this paper?

ALT：Oh, I think John likes eating. In this paper, he has written about eating food twice.

JTE：What kind of food does he like?

ALT：I think he likes hot food. He said he want to go to Thailand. Thailand is famous for hot food.

JTE：Oh, I see. I will introduce about Chinese restaurant in our town. It's not Thai restaurant, But it has hot food.

ALT：That's Great. Then I will introduce about hot Food.

3 おすすめの場所・ものの決定

ALT の友人カードから読み取った情報をグループで確認する。そのうえで、誰が何を紹介するかを決定する。また、グループ内でおすすめする場所やものが思い浮かばない場合には、他のグループへ聞き取りをしてもよいこととする。

4 本時の振り返りをする

本時の活動を振り返る。ALT の友人カードからどの様な情報を読み取ったか、どのようなところから読み取ったかを書かせる。それにより、読み取り方を整理させる。

第3時

STEP ③

相手の情報を把握しよう

本時の目標

相手の興味・関心を持つことを踏まえて自分の街をよりよく知ってもらうために書いて伝える。

準備する物

・振り返りシート
・ALT の友人の情報カード

【指導に生かす評価】
◎本時では、記録に残す評価は行わないが、目標に向けて指導を行う。生徒の学習状況を記録に残さない活動や時間においても、教師が学習状況を確認する。

本時の言語活動のポイント

本時の活動 3 では、活動 2 で確認した情報カードをグループ内で回し読みする。その中で、以下の点を確認する。

・新たに使ってみたい表現はないか
・表現や表記等に間違いはないか

回し読みをとおして、自分自身で間違いに気付ける目を養うとともに、更に良い情報カードとなるように表現等を修正し、情報カードを再構築する。

表現等の間違い等を見る視点として、以下の3点について黒板に示す。

○時制
○人称
○文構造（S と V の関係）

※本視点は絶えず提示することで生徒自身が意識できるようにする。

本時の展開 ▷▷▷

1 情報カードのイメージを持つ

教科書 p.119の Step 3をとおして、これから作成する情報カードのイメージを持つ。

このときに生徒の実態を捉え、今後の活動に使用する表現や語彙の定着が不十分なものは反復練習等で補う。

2 情報カードを作成する

前回決定した、街のおすすめの場所やものについて、Step 3を参考に情報カード（案）を作成する。写真や絵などについては次の時間に貼ることを伝え、準備することを確認する。

3 情報カードを修正する

活動のポイント：グループ内での回し読みをとおして情報カードをより良いものにする。

JTE ：Make a group of five.
Pass around the information cards you made.
If you find any good expressions, write them down.
You may use them in your card.

回し読みをする

JTE ：What kind of good expressions did you find from your friend's information card?

C1 ：C2 wrote "   ".
I want to use it.

JTE ：How are you going to use it?

C1 ：I will use like this.
"   ".
Is it O.K?

JTE ：Class, is it O.K?

Class ：Yes!

3 情報カードを修正する

作成した情報カードをグループ内で回し読みする。その際に、取り入れたい表現等があれば参考にする。また、使用されている表現に間違いがないかを互いにチェックする。確認するポイントについては黒板に示す。情報カードを修正し、口頭で発表し、聞き合う。

4 本時の振り返りをする

本時の活動をとおして、使いたいと思った表現や語彙を記入させる。また、本時のおすすめの場所やものを紹介する場面以外で使用できる場面も合わせて記入させる。そのことによって、言葉の意味や使い方を考えさせる。

STEP ④

おすすめを紹介して自分の街に興味・関心を持ってもらおう

本時の目標

相手の興味・関心を持つことを踏まえ、おすすめの場所やものを実際に紹介し、自分の街に興味関心を持ってもらう。

準備する物

・振り返りシート
・情報カード
・タブレット等

【話すこと（発表）記録に残す評価】
◎各グループの活動 2 を撮影し、設定した評価基準を基に「話すこと（発表）」について【思考・判断・表現】及び【主体的に学習に取り組む態度】の観点について評価する。

本時の言語活動のポイント

本時では前時までに作成した情報カードをもとに、おすすめマップを作成し、実際に発表する（活動 2 ）。本時の言語活動では、発表後にやり取りをする場面を設定することで、コミュニケーションとは、相手がいて、配慮することが必要だということに気付かせたい。自分がその配慮をどこまでできたのか、配慮するためにどれだけのことを自己紹介文から読み取れたのかを実感させたい。２年生の終盤の本活動は、２年生のまとめであり、３年生へのつながりとなる。そこで、４時間をとおして「聞くこと」「読むこと」「話すこと（やり取り）」「書くこと」「話すこと（発表）」の五領域を関連付けて活動してきたことを最後のやり取りをとおして実感させたい。

本時の展開 ▷▷▷

1 情報カードのイメージを持つ

情報カードを撮影し、地図に貼りつけ、紹介の準備をする。ICT 機器を活用することで、相手は手元で拡大することができ、見やすいように配慮する。

2 情報カードをもとに発表する

オンラインで ALT の友人グループごとにつなぎ、それぞれ情報カードをもとに発表する。
※オンラインでの接続が難しい場合には来校できる人物を設定しておく。

3 なぜおすすめの場所やものとしてそれを選んだのかを伝える

活動のポイント：やり取りをとおして本時までに取り組んできた５領域の活動の流れを確認するとともに、実際にコミュニケーションをとることをとおして実感させる。

教師は、机間巡視をしながらネットワークに不具合がないかをサポートする。ネイティブスピーカーとのやり取りは極力生徒に任せることで、実際にコミュニケーションを図っている実感を持たせる。

3 なぜこのおすすめの場所・ものを選んだのかを伝える

なぜ今回、おすすめの場所やものとして紹介したのか根拠を伝える。実際に自分の街に興味・関心を持ったかどうか、訪れたくなった場所、ほしいものを聞くことをとおして生徒に生のコミュニケーションを実感させたい。

4 本時の振り返りをする

本時の振り返りでは、最後のオンラインでのやり取りをとおして、どのような配慮が聞き手のためになったのか記入させる。そのことをとおしてコミュニケーションにおいて相手に配慮することの大切さに気付かせる。

4時間

Let's Read ③

文章の概要を捉えよう

本時の目標

Let's Read 3の概要を捉える。

準備する物

・振り返りシート
・ワークシート（活動 4 用）
・道案内・建物の絵カード（掲示用）
・Small Talk に使う地図

【指導に生かす評価】

◎本時では、記録に残す評価は行わないが、目標に向けて指導を行う。子供の学習状況を記録に残さない活動や時間においても、教師が子供の学習状況を確認する。

ワークシート活用のポイント

本時では、段階に分けて文章を聞き、概要から、更に小さな内容へと内容を捉えていく。

はじめに文章全体を聞き概要を捉え、2回目に前半（人生の部分）と後半（アラスカの環境問題の部分）に分け、それぞれの概要を捉えさせる。3回目は段落ごとに聞かせ、内容の詳細部分を確認していく。

大きくとらえた後に、徐々に詳細を確認していくことで概要のとらえ方と必要な情報のとらえ方を学ばせたい。

聞かせる回数はそれぞれ1回ずつとする。ただし、最後となる3回目（各段落ごと）では必要に応じてスピードを落とすことも考える。

本時の展開 ▷▷▷

1 Small Talk をする

アラスカや環境問題について、生徒とやり取りをすることで本単元における生徒の実態を捉える。

2 文全体を捉える

文全体を通して聞く。その際に、細かくメモを取る必要はなく、聞いた後にどのような文かを端的に答えさせることを伝える。ワークシートの First の欄にできるだけ短い文で書かせる。短い文で書かせることで、訳ではなく概要を捉えさせる。

First

Second

1st half	
2nd half	

Third

1st paragraph	
2nd paragraph	
3rd paragraph	
4th paragraph	
5th paragraph	
6th paragraph	

3 文を前半後半に分けそれぞれの内容を捉える

文を前半と後半に分け、それぞれ一回ずつ聞かせる。前半部の内容及び後半部の内容を捉える。Second にあるそれぞれの欄にできるだけ短い文で書かせる。全体で確認しながら表現等を共有する。

4 段落ごとに切って聞く

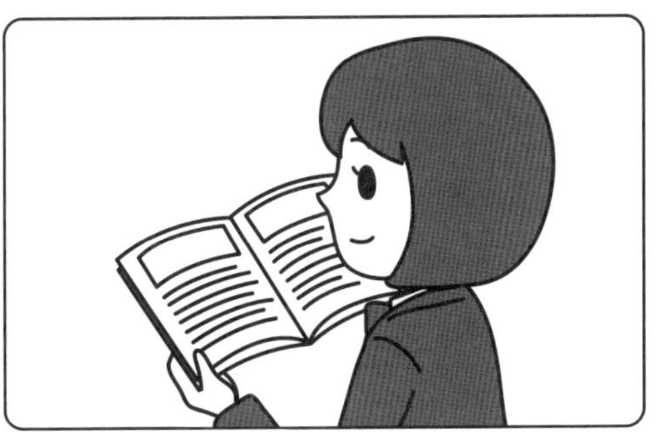

段落ごとに聞かせて、それぞれの内容を捉えさせる。その際、前の活動までで聞き取りに不安がある場合は、スピードを調整する。

Third の欄に分かった内容をすべて書かせる。その際に、活動 **2** **3** の回答を踏まえ、内容を推測しながら書かせる。

4時間

Let's Read ③

星野さんの人生について話し合おう

本時の目標

星野さんの人生について読み取ったことを基に自分の考えを伝え合うことができる。

準備する物

・振り返りカード
・ワークシート（前時に使用）
・星野さんの情報（時間の最後に提示）

【指導に生かす評価】

◎本時では、記録に残す評価は行わないが、目標に向けて指導を行う。

本時の言語活動のポイント

活動 2 でまとめた内容を活動 3 でクラス全体と共有する。活動 3 が充実したものになるように、活動 2 では感じたことや考えたことを多く発表に取り入れるように伝える。そのためには、必要に応じて、教師が質問し生徒とやり取りをすることで、多面的・多角的な見方や考え方を引き出すようにする。

活動 3 ではどのような意見も否定することなく聞き、様々なものの見方や考え方があることに気付かせたい。

本時の展開 ▷▷▷

1 Small Talk をする

星野さんの人生について教師が Small Talk を行う。

2 星野さんの人生について考える

前時に使用したプリントを使用しながら、前半部分の星野さんの人生についてグループで話し合う。グループで感銘を受けた点や疑問に思った点など、根拠や私見を交えながらまとめる。必要に応じて、前半部分を読み聞かせる。

3 クラス全体で星野さんの人生について感じたことを共有する

活動のポイント：活動 2 でまとめた内容がどのような内容であっても否定することなく聞く。

3 クラス全体で星野さんの人生について思ったことを共有する

活動 2 をクラス全体で発表し、この活動をとおして、級友の様々な見方や考え方に触れる。最後に、最も印象に残った内容をクラスで決める。

4 クラスで決めたテーマをもと自分の考えを書く

活動 3 で決めた、クラスで最も印象に残った内容をテーマに10分程度で自分の思いや考えを書く。グループで回し読みをして、他者の良い表現を参考にしたり、間違えを互いにチェックしたりする。チェック項目は、時制、人称、文構造の３点である。

4時間

Let's Read ③

アラスカの環境問題について話し合おう

本時の目標

アラスカの環境問題について読み取ったことを基に自分の考えを伝え合うことができる。

準備する物

・振り返りカード
・ワークシート（前時に使用）
・アラスカの情報（時間の最後に提示）

【指導に生かす評価】
◎本時では、記録に残す評価は行わないが、目標に向けて指導を行う。

本時の言語活動のポイント

活動 2 でまとめた内容を活動 3 でクラス全体と共有する。活動 3 が充実したものになるように、活動 2 では感じたことや考えたことを多く発表に取り入れるように伝える。そのためには、必要に応じて、教師が質問し生徒とやり取りをすることで、多面的・多角的な見方や考え方を引き出すようにする。

活動 3 ではどのような意見も否定することなく聞き、様々なものの見方や考え方があることに気付かせたい。

本時の展開 ▷▷▷

1 Small Talk をする

アラスカについて教師が Small Talk を行う。生徒とのやり取りを交えながら行うことで、生徒の興味関心を引くとともに、生徒の実態を把握する。

2 アラスカの環境問題について考える

第一時に使用したプリントを使用しながら、後半部分のアラスカの環境問題についてグループで話し合う。グループで興味を持った点や疑問に思った点など、根拠や私見を交えながらまとめる。必要に応じて、後半部分を読み聞かせる。

3 クラス全体でアラスカの環境問題について感じたことを共有する

活動のポイント：活動 2 でまとめた内容がどのような内容であっても否定することなく聞く。

3 クラスでアラスカの環境問題について感じたことを共有する

活動 2 をクラス全体で発表し、この活動をとおして、級友の様々な見方や考え方に触れる。最後に、最も印象に残った内容をクラスで決める。

4 本時の振り返りクラスで決めたテーマを基に自分の考えを書く

活動 3 で決めた、クラスで最も印象に残った内容をテーマに10分程度で自分の思いや考えを書く。グループで回し読みをして、他者の良い表現を参考にしたり、間違いを互いにチェックしたりする。チェック項目は、時制、人称、文構造の３点である。

Let's Read ③

本文を読んで感じたことを書こう

本時の目標

Pictures and Our Beautiful Planet を読んで感じたことを書こう。

準備する物

・振り返りカード
・第1時のワークシート
・第2・3時の活動の最後に書き溜めたノート。

【書くことの記録に残す評価】
◎活動 **2** で書いた内容を設定した評価基準をもとに「書くこと」【知識・技能】【思考・判断・表現】の観点から評価する。

本時の言語活動のポイント

本活動は単元のまとめとなる。第1時で内容を捉え、第2時、第3時にグループでの話し合い、発表を聞き、最後に自分の考えを書く活動を通して Pictures and Our Beautiful Planet に対する考えを深めてきた。本時は、総まとめとして、自分の思いや考えを書かせる。ただし、ただ書かせるのではなく、書くことに必然性を持たせるために、目的や場面、状況を設定する。書いたものはグループで回し読みをする。

設定した目的や場面、状況は後日本当になるように準備しておきたい。

本時の展開 ▷▷▷

1 Small Talk をする

Pictures and Our Beautiful Planet について教師と生徒でやり取りをしながら内容について確認する。

2 目的や場面、状況に合わせて文章を書く

書く目的や場面、状況を設定し、3時間で書き溜めたこと等を参考に感想文を書く。

2 目的や場面、状況に合わせて文章を書く

活動のポイント：各活動に目的や場面、状況を明確に設定し、またそれが本当になるように仕掛をする。

目的や場面、状況の設定と本当にするための手立ての縦

例１)【目的や場面、状況】
アラスカの環境問題の解決に向けて、
アメリカではあまり関心時となっていない
アメリカの方々に伝える
【本当にするための手立て】
アメリカの放送局に手紙を送る

例２)【目的や場面、状況】
世界で起こっている環境問題について知ってほしい
学校として何ができるの
これから環境問題を学ぶ後輩に聞いてほしい
【本当にするための手立て】
他学年の英語の時間で伝える
その後、学校として環境問題に取り組む

3 書いたものをグループで回し読みした後、文章を仕上げる

再度書く目的や状況、場面を明確にした後にその視点を持って、グループ内で回し読みをする。その後、参考にしたい表現や間違いを直して仕上げる。

4 本時及び単元の振り返りをする

本単元の活動をとおして、どのように文を読み取り、自分の思いを書いたのかを書く。その際に、どのようなことに気を付けながら書いたのかを書かせる。また、最後の回し読みをとおして今後使ってみたい表現等があれば書き留めさせるようにする。

監修者・執筆者紹介

［監修者］

大城　賢
琉球大学教育学部名誉教授

琉球大学教育学部卒業。琉球大学大学院教育学研究科（教育学修士）修了。教育学部附属中学校・公立中学校・高等学校教諭として15年間勤務した後、沖縄国際大学総合文化学部教授、琉球大学教育学部教授を経て現職。教育学部附属中学校校長、同附属教育実践総合センター長、中教審初等中等教育分科会外国語専門部会委員、文部科学省研究開発学校企画評価会議委員、学習評価WG委員、英語教育強化地域拠点事業企画評価会議委員、学習指導要領（外国語活動）作成協力委員、学習指導要領解説（外国語活動編）作成協力委員など歴任。2017年度は、新学習指導要領解説書作成協力委員、小学校新教材開発検討委員、文部科学省「小学校外国語活動・外国語研修ガイドブック」執筆・編集協力委員、研究開発学校企画評価委員、日本児童英語教育学会副会長、小学校英語教育学会常任理事などを務める。

鈴木　渉
宮城教育大学大学院教育学研究科教授

宮城教育大学を卒業後、東北大学大学院教育学研究科で修士号、トロント大学にてPhD（教育学）を取得。専門は、第二言語習得、英語科教育。主な編著書に『コアカリキュラム対応　小・中学校で英語を教えるための必携テキスト　改訂版』（東京書籍）、『外国語学習での暗示的・明示的知識の役割とは何か』（大修館書店）、『実践例で学ぶ　第二言語習得研究に基づく英語指導』（大修館）などがある。東京書籍『New Horizon English Course 1, 2, 3』編集委員、文部科学省「小学校の新たな外国語教育における補助教材の検証及び新教材の開発に関する作業部会」委員、小学校英語教育学会事務局長などを務める。

［執筆者］ ＊執筆順。所属は令和４年２月現在

		［執筆箇所］
大黒　知行	宮城県仙台市青陵中等教育学校教頭	Unit 0／Stage Activity 3
髙階　絵理	宮城県仙台市立中田中学校教諭	Unit 1
小玉　卓之	宮城県仙台市教育センター指導主事	Unit 2
佐藤康之輔	秋田県羽後町立羽後中学校教諭	Unit 3／Stage Activity 1
末永　　麗	宮城教育大学附属中学校教諭	Unit 4
海野　康太	宮城教育大学附属中学校教諭	Unit 5
松岡　裕司	宮城県東部教育事務所主任主査	Unit 6／Unit 7

『イラストで見る全単元・全時間の授業のすべて　外国語　中学校２年』付録資料について

本書の付録資料は、東洋館出版社ホームページ内にある「マイページ」からダウンロードすることができます。なお、本書のデータを入手する際には、会員登録および下記に記載しているユーザー名とパスワードが必要になります。入手の方法は以下の手順になります。

【東洋館出版社 HP】

URL　https://www.toyokan.co.jp　　東洋館出版社　検索

❶「東洋館出版社」で検索して、「東洋館出版社オンライン」へアクセス

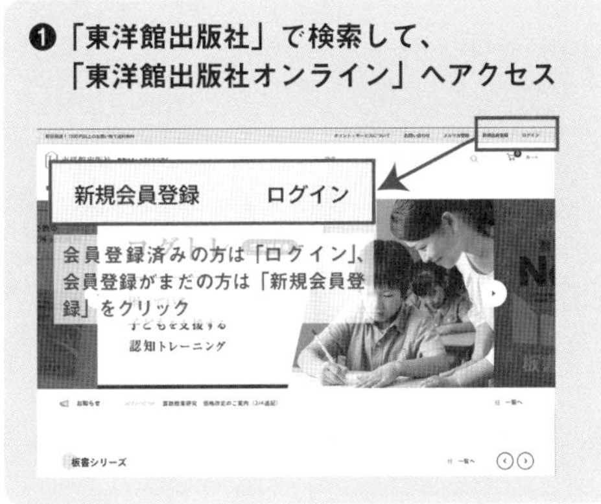

❷会員者はメールアドレスとパスワードを入力後「ログイン」。非会員者は必須項目を入力後「アカウント作成」をクリック

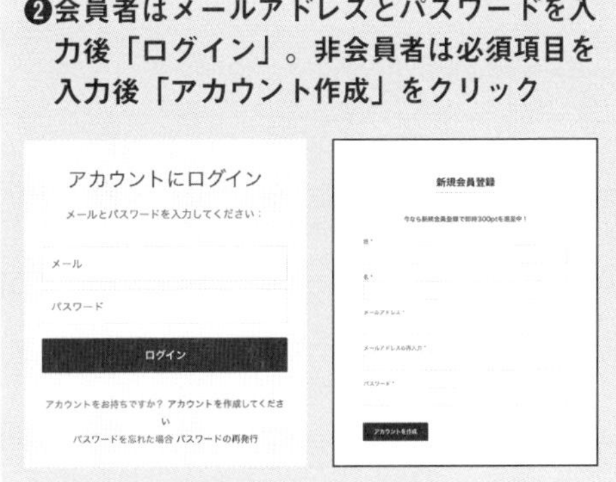

❸マイアカウントページにある「ダウンロードギャラリー」をクリック

❹対象の書籍をクリック。下記記載のユーザー名、パスワードを入力

ユーザー名：gaikokugo02
パスワード：JvhTWq5C

ユーザー名、パスワードを入力

クリック

【使用上の注意点および著作権について】

- リンク先にはパソコンからアクセスしてください。スマートフォンではファイルが開けないおそれがあります。
- PDFファイルを開くためには、Adobe AcrobatまたはAdobe Readerがインストールされている必要があります。
- PDFファイルを拡大して使用すると、文字やイラスト等が不鮮明になったり、線にゆがみやギザギザが出たりする場合があります。あらかじめご了承ください。
- 収録されているファイルは、著作権法によって守られています。
- 著作権法での例外規定を除き、無断で複製することは法律で禁じられています。
- 収録されているファイルは、営利目的であるか否かにかかわらず、第三者への譲渡、貸与、販売、頒布、インターネット上での公開等を禁じます。
- ただし、購入者が学校での授業において、必要枚数を生徒に配付する場合は、この限りではありません。ご使用の際、クレジットの表示や個別の使用許諾申請、使用料のお支払い等の必要はありません。

【免責事項・お問い合わせについて】

- ファイル使用で生じた損害、障害、被害、その他いかなる事態についても弊社は一切の責任を負いかねます。
- お問い合わせは、次のメールアドレスでのみ受け付けます。tyk@toyokan.co.jp
- パソコンやアプリケーションソフトの操作方法については、各製造元にお問い合わせください。

イラストで見る　全単元・全時間の授業のすべて
外国語 中学校２年
～令和３年度全面実施学習指導要領対応～

2022（令和４）年３月10日　初版第１刷発行

編 著 者：大城　賢・鈴木　渉
発 行 者：錦織　圭之介
発 行 所：株式会社東洋館出版社
〒113-0021　東京都文京区本駒込５丁目16番７号
営 業 部　電話 03-3823-9206　FAX 03-3823-9208
編 集 部　電話 03-3823-9207　FAX 03-3823-9209
振　　替　00180-7-96823
U　R　L　https://www.toyokan.co.jp

印刷・製本：藤原印刷株式会社

装丁デザイン：小口翔平＋後藤司（tobufune）
本文デザイン：藤原印刷株式会社
イラスト　：おおたきまりな

ISBN978-4-491-04791-1　　Printed in Japan